编审委员会

天津市高等职业院校提升办学水平项目建设成果系列教材

电力机车电传动

林桂清　主　编

李元元　吕娜玺　副主编

耿幸福　主　审

中国铁道出版社

2017年·北京

内 容 简 介

本书涵盖电力机车电传动的基本理论和我国典型机车运用、维修操作及电路相关原理、故障应急处理等内容。全书共分为十个项目，主要内容有司机室内电器检查与维护、接触器检查与维护、继电器检查与维护、主型电器检查与维护、辅助电器检查与维护、电机的检查与维护、变压器的检查与维护、SS_4 改型电力机车电路分析与电气试验、HXD_3 型电力机车电路分析及电气试验、电力机车常见故障分析处理等内容。

本书供高等职业教育铁道机车车辆专业教学使用，也可供机务系统各相关岗位的新职工岗前培训使用。

图书在版编目（CIP）数据

电力机车电传动/林桂清主编. —北京：中国铁道
出版社，2017.2
天津市高等职业院校提升办学水平项目建设成果
系列教材
ISBN 978-7-113-20849-3

Ⅰ.①电…　Ⅱ.①林…　Ⅲ.①电力机车-电力传动-
高等职业教育-教材　Ⅳ.①U264

中国版本图书馆 CIP 数据核字（2015）第 195733 号

书　　名：**电力机车电传动**
作　　者：林桂清　主编

责任编辑：阚济存　　　　编辑部电话：010-51873133　　　电子信箱：td51873133@163.com
封面设计：王镜夷
责任校对：苗　丹
责任印制：郭向伟

出版发行：中国铁道出版社（100054，北京市西城区右安门西街 8 号）
印　　刷：中国铁道出版社印刷厂
版　　次：2017 年 2 月第 1 版　2017 年 2 月第 1 次印刷
开　　本：787 mm×1 092 mm　1/16　印张：17.5　字数：448 千
印　　数：1～3 000 册
书　　号：ISBN 978-7-113-20849-3
定　　价：39.00 元

序

  为深入贯彻落实《天津市中长期教育改革和发展规划纲要(2010—2020年)》和市政府《关于进一步推进职业教育改革创新的意见》(津政发〔2010〕46号)精神,不断创新高等职业教育办学体制机制,深化教育教学改革,提高人才培养质量和办学水平,全面提升高等职业教育服务经济社会发展能力,加快天津市高水平示范性高等职业院校建设,提升专业服务产业的能力,为天津市经济社会发展和滨海新区开发开放更好的培养高素质高技能人才,天津市政府决定在"十二五"期间,支持我市建设18所高水平示范性高等职业院校(以下简称:示范校)和25个优质特色专业,高等职业院校开展提升办学水平建设。

  天津铁道职业技术学院凭借高水平的办学优势和专业定位,被天津市列为18所示范校建设院校之一。学院在示范校建设中各专业依据专业特点和企业要求,深入探索多样化的"工学结合、校企合作、顶岗实习"人才培养模式,形成特色课程体系,以专业为核心,以课程改革为抓手,以教学条件建设为支撑,全面提升办学水平。

  天津铁道职业技术学院按照"学院与铁路局(集团)紧密合作,教学系与站段(公司)紧密对接,教学团队(专业)与工区(项目部)紧密对接,教师与工程技术人员紧密对接"的模式开展多层次、紧密型合作办学。以校企合作机制为保障,开发融入职业道德与岗位工作标准的工学结合核心课程,结合天津市经济社会和行业发展特点,校企共同培育满足企业需求、具有可持续发展能力的高技能型专门人才,为了更加有效地实施人才培养模式,制定了融入行业企业标准及岗位工作需求的21门核心课程的课程标准。教材建设正是体现课程标准的有效方式之一。因此,我院在明确高等职业教育人才培养标准和规格的基础上,为了对人才培养提供智力支持,根据人才培养目标的要求,构筑"校企合作,产学结合"的人才培养模式,积极进行课程开发。为此,在院领导大力支持和企业具有丰富实践经验的专家的参与和指导下,我院与生产企业合作开发编写了突出职业能力、注重实践技能培养的系列教材。

  本套教材打破了以往学科体系的束缚,具有以下特点:

  (1)以项目为导向。本套教材全部采用项目化教学体系,以实际职业岗位为基本出发点,以工作过程为导向,以现场典型真实任务为主要教学内容,充分突出了技能培养。

（2）体现课证融合特色。在学习任务中融入国家职业资格标准的相关内容。

（3）编写内容和组织方式新颖。学习项目和任务附有与教学内容相关的知识、技能目标及相关的案例，以案例引入教学内容，引起学生的学习兴趣。

（4）一体化教学资源配套。充分利用网络等各种信息技术，建设与教材配套的网络资源，把与课程有关的文献资料、电子教案、教学课件、教学视频，与职业资格考试相关的资料及学生与教师的互动等都放到网上，为学生的自主学习提供便利的环境条件，完善教学资源。

编审委员会
2015 年 3 月

前言

本教材是根据高等职业教育铁道机车专业电力机车电传动教学大纲组织编写的。

一、教材内容的选取原则及特色创新

1. 教材内容选取原则

本教材符合高等职业教育铁道机车专业培养目标，教学内容针对电力机车驾驶、电力机车整备、电力机车检修的岗位要求，以必需够用为原则整合课程资源，以项目—任务式形成《电力机车电传动》课程。本书以电力机车电机及电器基本理论为基础，以电力机车牵引控制理论为核心，电力机车电机、电器检查维护及电力机车故障分析处理为载体，模块化教学为模式，融入机车电工的职业标准、机车试验现场工作环境和工作需求，实现理论实践一体化。其内容涵盖了电力机车电传动的基本理论和我国典型机车运用维修实际操作及电路关联原理、故障应急处理等。在电机、电器检查与维护，机车试验和故障应急处理部分借鉴了生产现场的操作规范和经验，紧贴岗位实际，满足岗位工作所需的理论和实践知识，为毕业生胜任岗位职责打下坚实基础。

2. 本教材的特色及创新

本书针对高等职业教育特点及学生认知规律，完全以就业工种为导向，学生为中心，职业能力为本位进行编写。关注电力机车司机、机车电工、机车钳工等工种的实际操作流程及必要的理论知识，详细具体描述典型工作过程的具体流程与细节，使得读者思路清晰，可操作性强。同时也有助于电力机车电工、电力机车司机驾驶证职业资格证书的获取。

（1）本书图文并茂，文字通俗易懂。针对每一操作模块及工作流程，均有详细工具设备的使用说明及步骤，直观易懂。

（2）与教学平台相结合，实现立体化教学。与本书配套教学标准、课件、视频一应俱全，便于开展立体化全方位教学。

（3）本书结构简洁、重点突出，有助于学生复习与自学。本书注重知识的应用和学生应用能力的培养，不过分强调公式的推导计算。每个任务后均有工作单，有助于增进学生的学习主动性。

（4）内容追踪了我国生产一线的技术水平。机型选择目前国内货运主型干线机车 SS$_4$ 改型和 SS$_8$ 型电力机车和客货运主型机车 HXD$_3$ 型电力机车，同时将机车上应用的新技术和电力机车的发展趋势均做了介绍，使学生的知识结构、能力和素质结构均满足生产现场的需求,突出针对性。

二、课程性质及教学目的

本课程是铁道机车车辆专业的一门核心课程。通过本课程的学习,使学生掌握电力机车电传动基本理论知识,具备机车电路分析,故障应急处理的能力。培养学生严谨、务实的工作作风和综合分析能力,为适应铁路技术现代化,提高综合素质及职业能力打下基础。

三、对本书的使用建议

本书在编写时,本着以职业能力和职业素质培养为主线,以应用性、针对性、先进性为原则,使抽象的理论与具体机型应用有机地结合。根据学生特点及培养目标要求,采用了模块式结构。内容安排上既有必须完成的教学任务,也有选用内容,克服了电路原理分析的平铺直叙带来的零乱和不直观的不足。

对本课程的教学建议如下:

(1)本课程是综合性课程,因此在教学中应注意知识的迁移,贯彻应用性、针对性原则。教学中以学生为主体,可采用讨论课、故障案例分析等方法组织教学,使学生进行探究式学习,培养创新思维。

(2)具体机型电路的教学,可根据实际进行选择,以其中一种机型为主,另一种为辅介绍其区别。这样既可以巩固已有的知识,还可以培养学生综合归纳的能力。

(3)注意追踪生产一线的技术发展,以及时补充、修订教学内容。

(4)改革考核手段和方法,不以考核学生掌握知识的多少为目的,而是以检验学生分析、综合能力为主,可以实训室实际操作、故障分析报告、闭卷、开卷等多种手段相结合进行考核,对在学习中有创新的学生应予以鼓励。

本书由天津铁道职业技术学院林桂清任主编,天津铁道职业技术学院李元元、吕娜玺任副主编,北京铁路局天津机务段梁信栋、天津铁道职业技术学院陈洁参编。苏州大学城市轨道交通学院耿幸福教授主审。编写分工如下:林桂清编写项目一、项目二和项目四,陈洁、梁信栋编写项目三,吕娜玺编写项目五、项目六和项目七,李元元编写项目八、项目九和项目十。

本书编写过程中得到了北京铁路局天津机务段、丰台机务段及大连机车车辆有限公司的大力支持,在此致以诚挚的谢意。

由于编者水平有限,书中存在疏漏和不妥之处,望广大读者批评指教。

编者

2016 年 8 月

目录

项目一　司机室内电器检查与维护

任务一　司机控制器检查与维护

【任务要求】

1. 理解司机控制器的作用。
2. 掌握司机控制器的结构。

【任务内容】

1. 按照要求进行司机控制器操作，并观察调速手柄与换向手柄之间的联锁关系。
2. 检查维护司机控制器。

【任务准备】

1. 所需设备：司机控制器、模拟驾驶操纵台、电器柜。
2. 所需物品：手电、万用表、兆欧表、螺丝刀、手钳、尖嘴钳、剥线钳、棉布、毛刷、气吹装置等。

【相关理论知识】

一、概　述

司机控制器是司机用来操纵机车运行的主令电器，它通过控制电力机车控制电路中的电器，间接控制主电路的电气设备，使司机能安全、方便地操纵机车。

为便于双端操作，在机车的 I、II 端司机室各装有一台结构完全相同的主司机控制器；同时，为了便于调车作业，有的机车在 I、II 端司机室靠近司机座位侧窗下各装有一台结构完全相同的辅助司机控制器，又称调车控制器。

SS$_{4G}$ 型电力机车采用的是 TKS14A（T—铁路机车用；K—控制器；S—司机；14—设计系列号；A—设计序号）型主司机控制器和 TKS15A 型调车控制器，而 SS$_8$ 型电力机车采用的是 TKS14B 型主司机控制器和 TKS15B 型调车控制器。两种型号机车的控制器基本相似，本节只介绍 SS$_8$ 型电力机车采用的司机控制器。

二、TKS14B 型司机控制器

（一）主要技术参数

额定电压	DC 110 V
额定电流	5 A
触头开距	两断点之和≥4 mm
触头超程	0.5～1 mm
触头终压力	2×1.0 N

手柄操作力 ·· ≤50 N

（二）结构及主要部件作用

　　主司机控制器和调车控制器从结构来看都属于凸轮控制器，与鼓形控制器不同的是，它的凸轮是由凸轮架和凸轮块拼装而成，因而每一个凸轮的凸凹形状可根据控制需要而改变。

　　TKS14B型司机控制器由上层、中上层、中下层和下层4部分构成，各层之间由钢板隔开，并由6方支柱支撑：左右两侧装有主轴11和转换轴12，主轴用于调节机车的速度，换向轴用于控制机车的运行状态及方向，如图1-1所示。

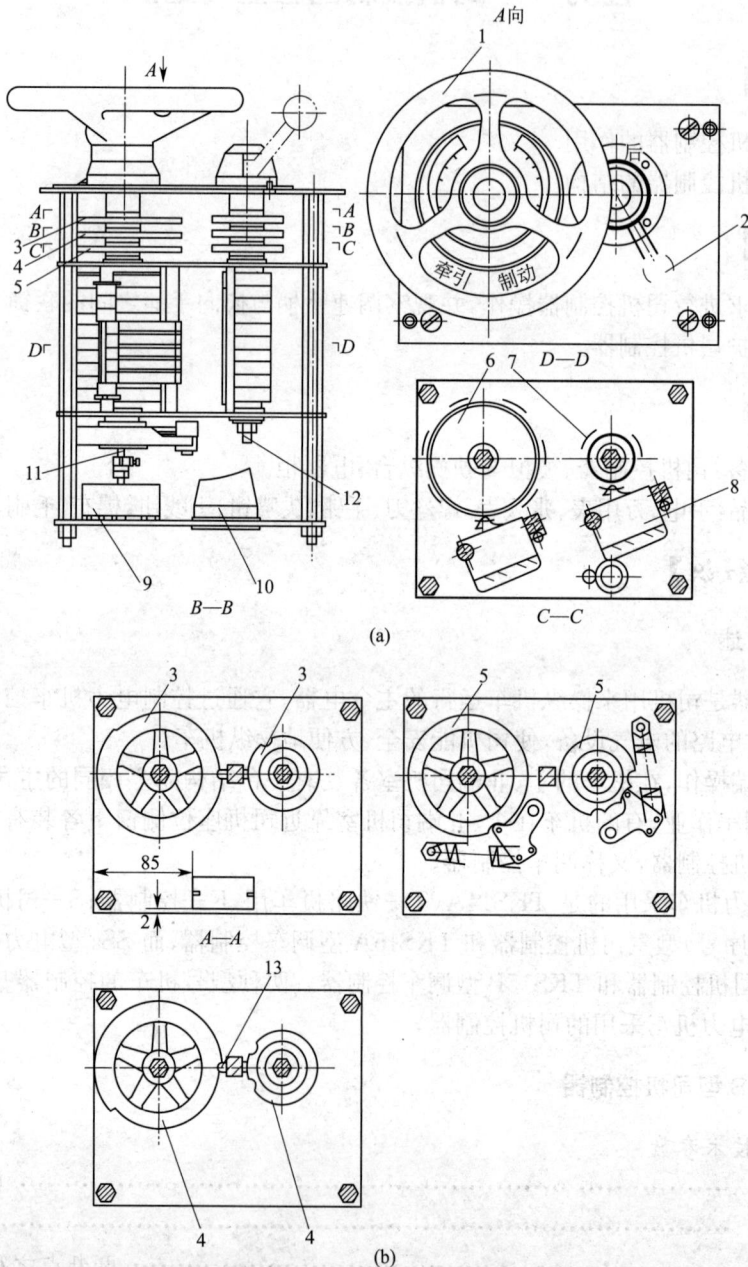

图 1-1　TKS14B型主司机控制器

1—手轮；2—手柄；3、4—凸轮组；5—定位凸轮；6—凸轮架；7—凸轮块；
8—辅助触头盒；9—电位器；10—插座；11—主轴；12—转换轴；13—锁柱

该控制器的上层为主司机控制器的面板,如图 1-1 的 A 向视图,其上有手轮 1,手柄 2;中上层主要为机械联锁装置,包括作为联锁用的凸轮组 3、凸轮组 4。定位用的凸轮组 5(C—C 剖面)及锁柱 13;中下层包括作为控制用以实现电逻辑要求的凸轮架 6 和安装在其上的凸轮块 7,以及辅助触头盒 8(D—D 剖面);下层主要有电位器 9 及接线插座 10。

电位器 9 固定在主轴上,它为塑料导电膜电位器。辅助触头盒 8 由两根档棍固定,其接触元件为双断点桥式常闭型结构,具有自润滑功能。

根据触头闭合表的需要,手轮可在"牵引"区域或"制动"区域内操纵主轴转动,与此同时,带动电位器 9 随主轴一起转动,电位器"1""2"端输出电压的大小随之改变,该电压被作为机车电路的指令来决定电机的转速,最终达到调节机车速度的目的。主轴转动时,自"0"位开始可顺时针方向或逆时针方向各转动 150°:顺时针方向 0°～15°区域为"0"位区,在此区域内,司机控制器无输出(即电位器 1、2 端电压约为 0),15°～150°区域为"牵引"区域;同理,逆时针方向 0°～15°区域为"0"位区,司机控制器无输出,15°～150°区域为"制动"区域。

主轴上装有 10 层凸轮架,其中 7 层为备用层,另 3 层根据主轴触头闭合表的要求,在凸轮架上安装相应的凸轮块。凸轮架上,装有凸轮块的地方形成凸缘,无凸轮块的地方形成凹槽。主轴下方对应安装有辅助触头盒,当主轴转动到凸缘对准辅助触头盒的杠杆时,该辅助触头盒的触点断开,当主轴转动到凹槽对准辅助触头盒的杠杆时,辅助触头盒的触点闭合。转换轴与主轴的结构及控制方式相似,其备用层只有 5 层,凸轮块的位置和形状根据转换轴触头闭合表的要求设计和布置。

换向轴共有"后""0""制""前"4 个位置,这 4 个位置由机械联锁装置中定位凸轮来定位。

(三)控制原理

1. 机械联锁关系

司机借助手轮 1 及手柄 2 实现对司机控制器的操作。手轮 1 固定在面板上,手柄为可取式(钥匙式),利用面板上限位器的缺口,保证只有当转换轴处于"0"位时才能将手柄插入或取出。手柄同时又是调车控制器(TKS15B 型)的手柄。同样,利用调车控制器面板上限位器的缺口,保证只有当调车控制器的主轴处于"取"位时,手柄才能插入或取出。这样,整台机车的主司机控制器和调车控制器共用一个活动手柄,从而保证了机车在运行中,司机只能操作一台司机控制器,其余三台均被锁在"0"位或"取"位,不致引起电路指令发生混乱。

为了防止司机可能产生的误操作,确保机车设备及机车运行安全,司机控制器的手轮与手柄之间设有机械联锁装置,它们之间的联锁要求如下:

(1)手柄在"0"位时,手轮被锁在"0"位不能动作;

(2)手柄在"前"或"后"位时,手轮可在"牵引"区域转动;

(3)手柄在"制"位时,手轮可在"制动"区域转动;

(4)手柄在"0"位时,手柄可在"0""前""后""制"各位间任意转动;

(5)手轮在"牵引"区域时,手柄被锁在"前"位或"后"位;

(6)手轮在"制动"区域时,手柄被锁在"制"位。

上述机械联锁要求是由机械联锁装置来实现的。机械联锁装置主要由凸轮 3、4 及锁柱构成(见图 1-1 中 B—B、A—A 视图)。

2. 触头闭合表要求的实现

电逻辑即闭合表的要求是由主轴、转换轴、辅助触头盒及电连接来实现的,它们的结构分别如图 1-2、图 1-3 和图 1-4 所示。

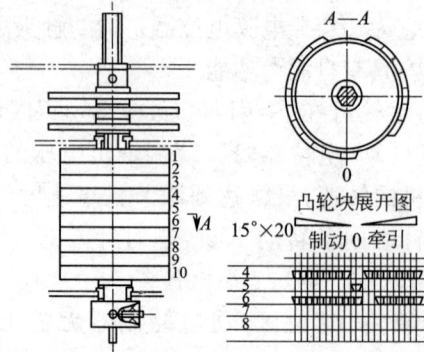

图 1-2　主轴组装

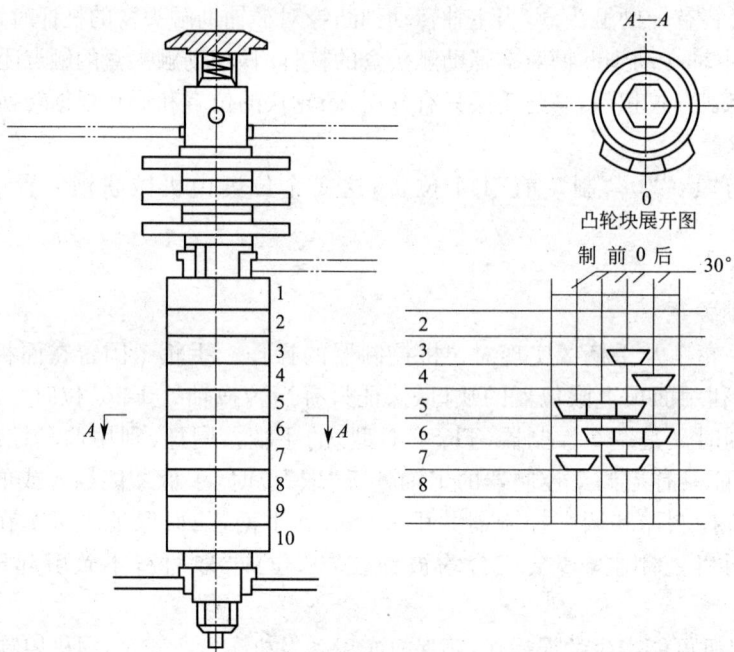

图 1-3　转换轴组装

图 1-1 的 D—D 视图中的凸轮架上装有凸轮块。当转动手轮时,主轴、凸轮架随之转动,当凸轮块的位置转动到辅助触头盒的杠杆位置时,杠杆受到凸轮块的挤压而将与其连动的动触头顶开,此时,与该辅助触头盒相连的控制线失电;当主轴转动到辅助触头盒杠杆处的凸轮架上无凸轮块时,由于辅助触头盒恢复弹簧的作用,辅助触头盒的触点闭合,这样,与该辅助触头盒相连的控制线得电。利用此原理,可根据电路原理图上司机控制器各控制线得、失电情况,在主轴、转换轴的凸轮架上布置相应的凸轮块(见图 1-2 中主轴凸轮块展开图、图 1-3 中转换轴凸轮块展开图)以满足要求。

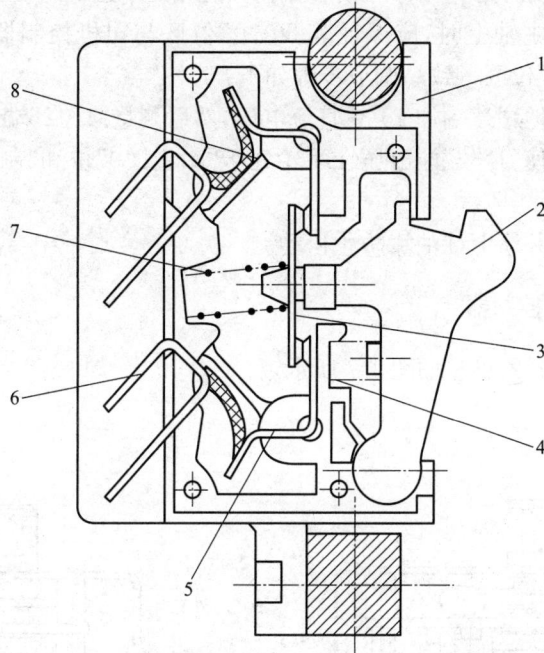

图 1-4　辅助触头盒

1—触头盒体和盖；2—杠杆；3—动触头；4—恢复弹簧；

5—静触头；6—接线片；7—触头弹簧；8—软连接

这种结构非常灵活、方便。对于不同型号的机车，可能有不同的闭合表要求，但使用这种系列司机控制器，不需要重新设计新的凸轮来满足不同闭合表的要求，只需要将凸轮块的位置按照各种闭合表的要求重新拼装即可。所以，这种结构是司机控制器系列化、通用化较理想的结构。

3. 电位器的调节

手轮调速主要是通过调节电位器输出电阻的大小来实现的。

该型司机控制器采用的是塑料导电膜，其电阻分布示意图如图 1-5 所示。135°区域为有效电气角度，30°区域的出线端子为"3"端，60°区域的出线端为"1"端，135°区域为"2"端。在 135°区域内有一个固定电阻与一个均匀分布的同样大小的可调电阻，其电气原理图如图 1-6 所示。

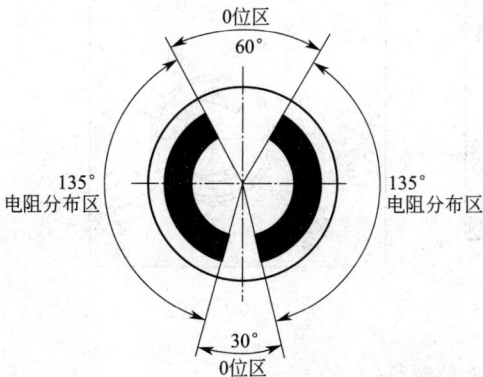

图 1-5　电位器电阻分布示意图

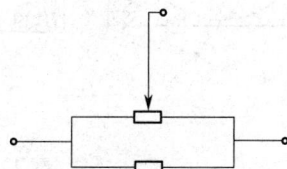

图 1-6　电位器原理图

　　图 1-6 中的电阻代表的是"牵引"区域或"制动"区域的单边电阻,两边的结构以"0"位为中心对称。电位器安装到主轴上时,应保证其 30°"0"位区与司机控制器面板上标牌所标明的"牵引""制动"之间的"0"位区一致。调节步骤如下:

　　(1)电位器"3"端接地,"1"端加 15 V 直流电压,然后测量"1""2"端电压。

　　(2)调整电位器轴,使"1""2"端电压在手轮处于"牵引""0"位和"制动""0"位时,均不超过 0.1 V。

　　(3)拧紧紧定螺钉,并涂上红油漆防止松动。

三、TKS15B 型调车控制器

　　TKS15B 型调车控制器总装如图 1-7 所示。

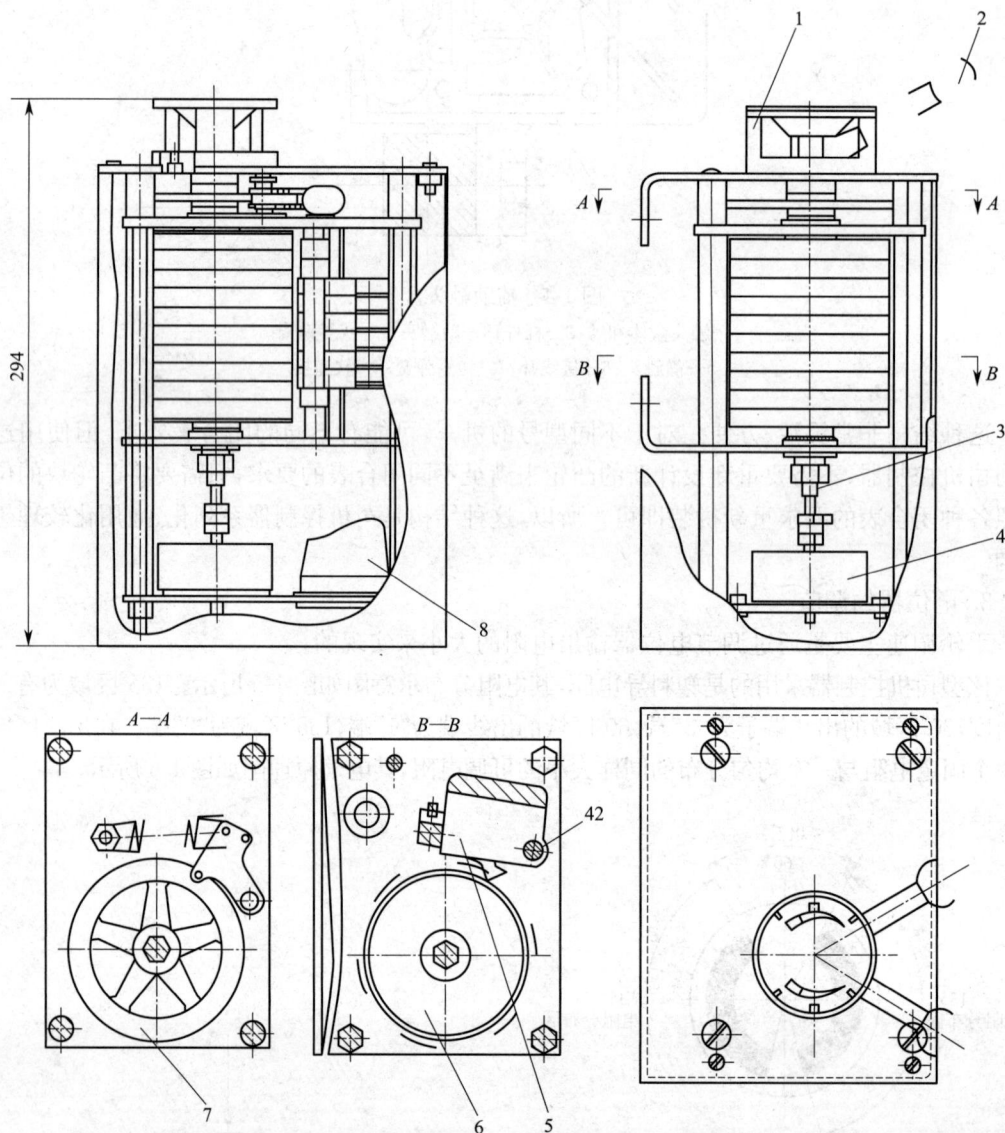

图 1-7　TKS15B 型调车控制器总装

1—限位器;2—手柄;3—主轴;4—电位器;5—辅助触头盒;6—凸轮架;7—定位凸轮;8—插座

　　TKS15B 型调车控制器在结构及原理上与 TKS14B 型司机控制器基本相似。所不同的是 TKS15B 型调车控制器只有一根轴,手柄共有"取""向后""取""向前"4 个位置。

　　如图 1-8 所示,"取"位即为调车控制器的机械"0"位。手柄只能从"取"位插入或取出。它的电位器同 TKS14B 型司机控制器。但其限位器限制了手柄在"向前"或"向后"转动的最大范围为 75°,加上分压电阻(见图 1-9)的作用,限制了司机操作控制器最大只能到 6 级。辅助触头闭合表要求见图 1-8,它是通过主轴上的凸轮块相应的配置来达到要求,如图 1-10 所示。电位器的调节同 TKS14B 型主司机控制器。

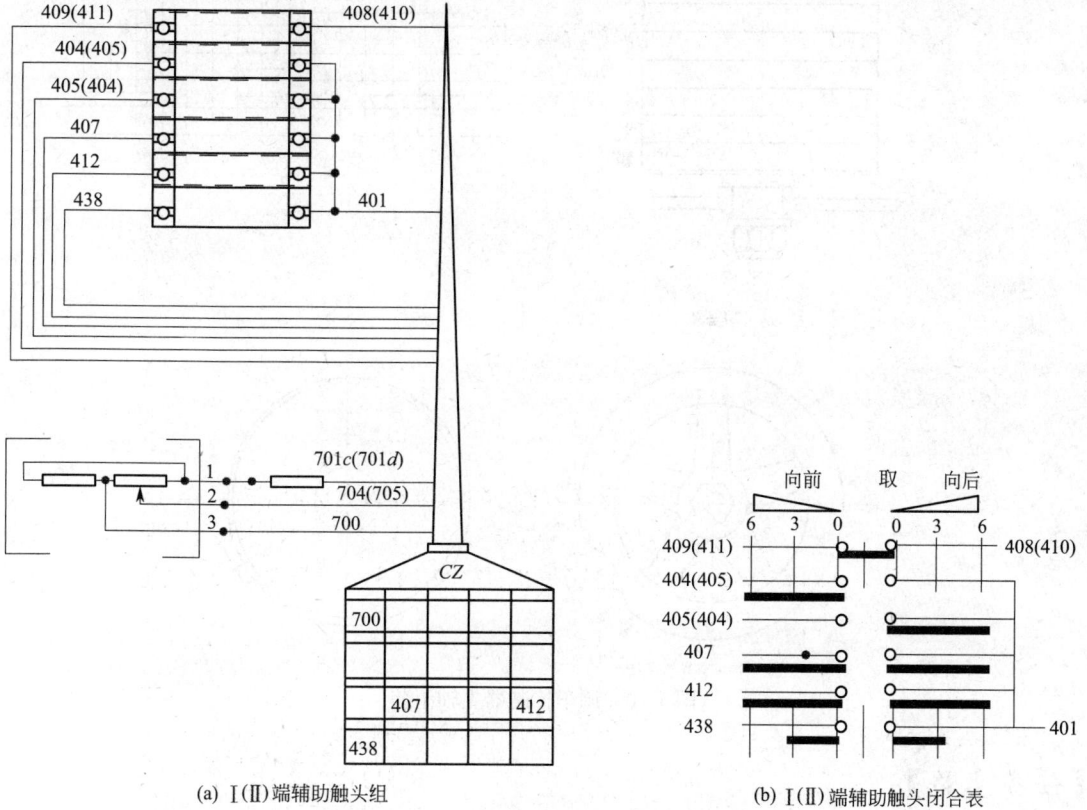

(a) Ⅰ(Ⅱ)端辅助触头组　　　　　　　(b) Ⅰ(Ⅱ)端辅助触头闭合表

图 1-8　辅助触头组及闭合表

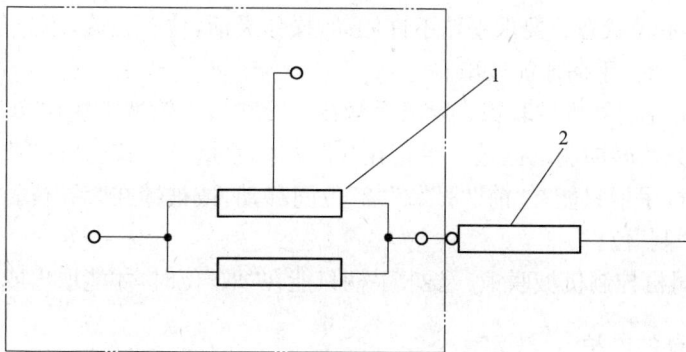

图 1-9　电位器与分压电阻连接原理图

1—分压电阻;2—电位器

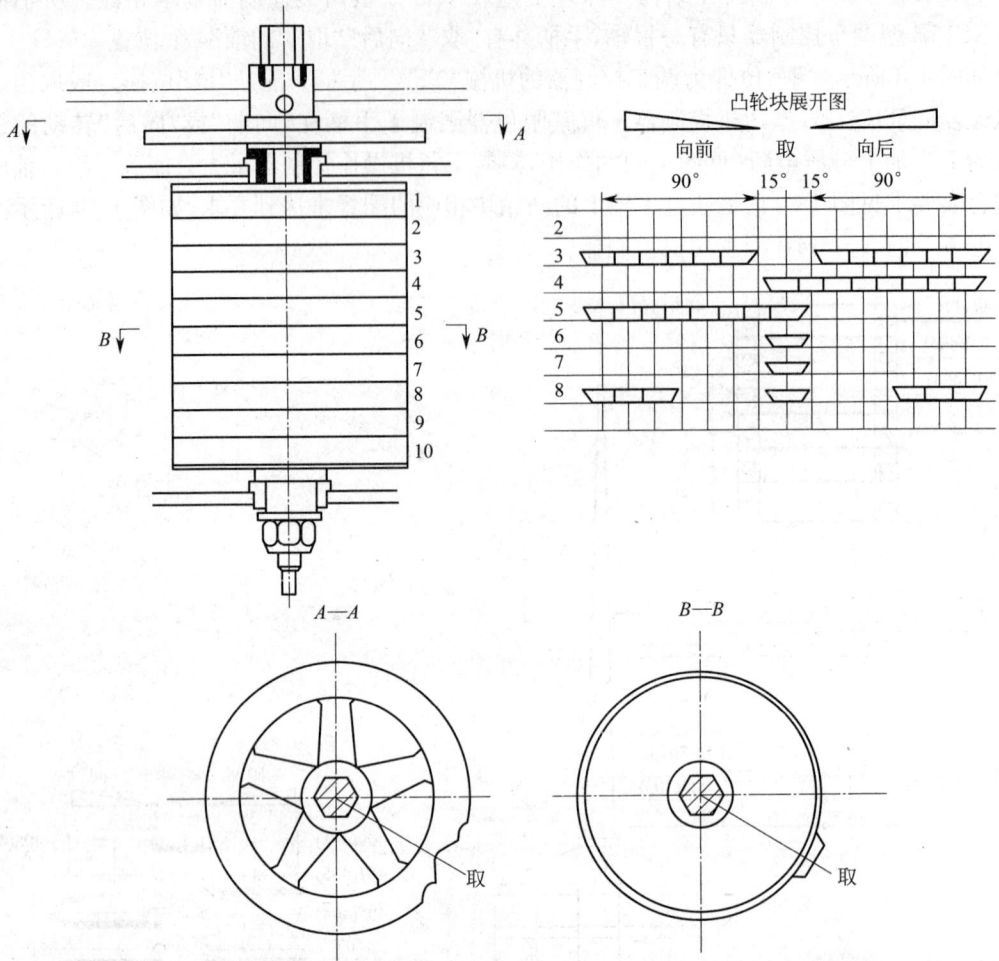

图 1-10　调车控制器主轴组装

【任务实施】

一、司机控制器的检查

1. 检查手柄、手轮状态。要求手轮不许松动,操作灵活,位置正确,不过位,操作力不大于50 N。手轮在"0"位时,手柄才能取出。

2. 检查主司机控制器机械联锁。要求手柄在"0"位时,手轮被锁住在"0"位。手柄在"前"或"后"位时,手轮只可转向制动区域。手轮在"0"位时,手柄只可移向"前"或"后""制"位。手轮在"牵引"区域时,手柄只能在"前""1""2""3"位间移动,或被锁在"后"位。手柄在"制动"区域时,手柄被锁在"制"位。

3. 检查辅助司机控制机械联锁。要求手柄只能在"取"位时,才能取出或插入。

二、司机控制器的维护

1. 用 0.2~0.3 MPa 压缩空气吹扫各部并用毛刷清扫各部灰尘。

2. 机械联锁及主轴、转换轴旷动情况应符合技术要求。

【实践与训练】

工作单 1.1

项目名称	司机室内电器检查与维护
任务名称	司机控制器检查与维护
班 级		姓 名	

【基础知识的认知】

1. 说明司机控制器的作用。

2. 按图叙述司机控制器的结构组成。

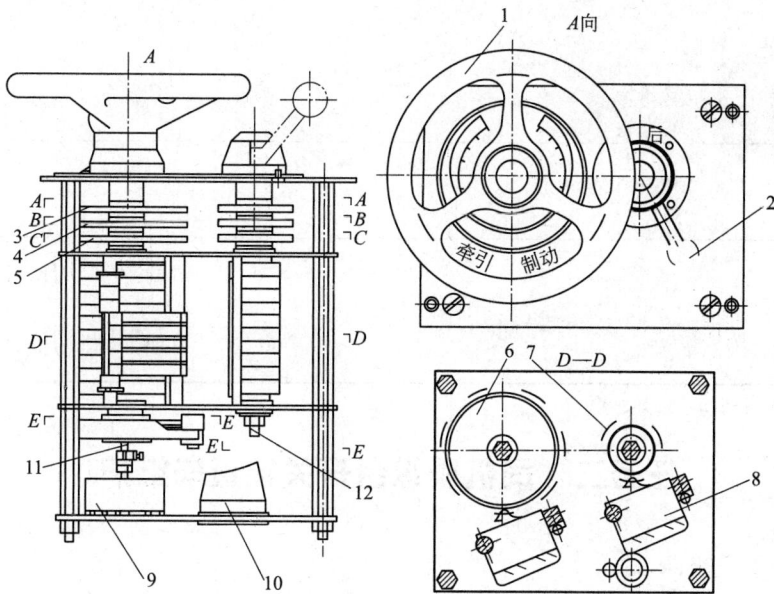

【动手能力训练】

1. 按要求进行司机控制器的操作,并观察调速手柄与换向手柄之间的联锁关系。

2. 通过实际操作,概括司机控制器检查与维护方法。

【工作总结】

说明在本任务的工作过程中所了解、掌握的内容,有何收获。

指导老师评价:

任务完成人签字:	日期: 年 月 日
指导老师签字:	日期: 年 月 日

任务二　司机操纵台开关检查与维护

【任务要求】

　　1. 掌握司机操纵台各种开关的作用。
　　2. 掌握司机操纵台各种开关的结构。

【任务内容】

　　1. 检查维护万能转换开关。
　　2. 检查维护按键开关。

【任务准备】

　　1. 所需设备:万能转换开关、耐压试验台。
　　2. 所需物品:手电、万用表、兆欧表、螺丝刀、手钳、尖嘴钳、剥线钳、棉布、毛刷、气吹装置等。

【相关理论知识】

一、万能转换开关

韶山系列电力机车采用 LW5 系列万能转换开关作为故障隔离、电气联锁、电源控制之用。该系列转换开关是一种组合式凸轮转换开关,适用于交、直流电压 500V 以下的电路。

（一）型号意义

LW 5-15·□□□□/□系列

- 接触系统挡数
- 接线图编号
- 定位特征代号
- 额定发热电流
- 设计序号
- 万能转换开关
- 主令电器

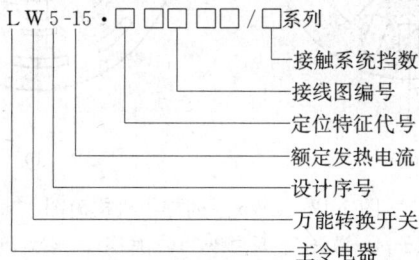

LW5 系列万能转换开关由接触系统、定位和限位机构、凸轮、转轴、手柄、面板等主要部件组成,用长螺栓组装成开关整体。每一挡(层)接触系统有一个独立的接触元件,每个接触元件有一个胶木接线座,内装两对桥式双断点触头。通过凸轮的操作可以带动触头支架动作,进而控制触头的开闭,如图 1-11 所示。每挡的两对触头可以分别控制两条独立的电路。尼龙操作凸轮的Ⅲ形脚部可根据电路控制的需要切除,以做成不同形式的凸轮而构成相应的开关接线图。弧室口安装了透明、耐弧、可拆的尼龙限弧罩,除防尘作用外,它还可以提高触头的接触可靠性,限制电弧扩散范围。由于采用了双断点触头,故分断能力较高;若将触头接成四断点形式,分断能力还可提高。开关的定位特性是由操作机构(或称定位机构)来决定的,如图 1-12 所示。开关的方形转轴从手柄一直贯穿到操作机构及接触系统,起传动作用。棘轮保证了每 45°位置的定位作用,依靠辐射状安装的滚子来卡住棘轮。因为是滚动摩擦,故操作轻便、定位可靠、机械寿命长。开关的操作手柄在两向极限位置的限位采用限制凸轮和限位片来实现,图 1-12(b)所示的是两向极限为 90°位置的限制。

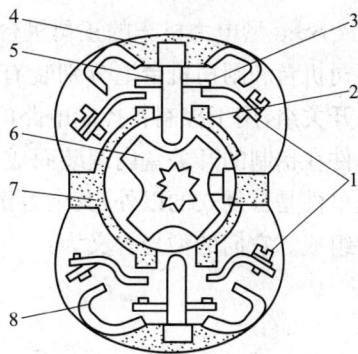

图 1-11　LW5 系列接触
系统结构简图
1—静触头;2—动触头杆;
3—动触桥;4—反力弹簧;
5—超程弹簧;6—凸轮;
7—底座;8—限弧罩

LW5 系列转换开关的零件广泛采用热塑性塑料,产品结构为积木式组合,通用性强,维修方便,外表美观。

（二）LW5 系列万能转换开关主要技术参数

额定电压	500 V
额定电流	15 A
操作频率	120 次/h
电寿命	20 万次
机械寿命	100 万次

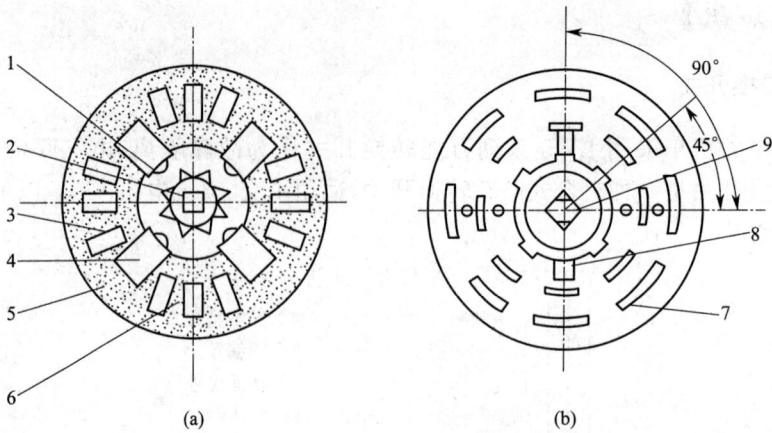

图 1-12　LW5 系列操作机构简图
1—转轴;2—棘轮;3—滚子;4—滑块;5—反力弹簧;6—底座;7—端盖;8—限制片;9—限制凸轮

二、按键开关

1. 按键开关

SS$_{4G}$ 型电力机车的正司机台和副司机台上装有 TKZ1A 型按键开关,SS$_8$ 型电力机车的正司机台和副司机台上分别装有 TKZ1A-10/110 型主按键开关组和 TKZ2B-10/110 型副按键开关组,用于控制各控制电路的得电或断电。它们都是由相同的插销插座式的琴键式开关单件在铝制的开关盒内组装而成。其中,主按键开关组除主断路器的"断"与"合"两个按键开关单件是自复式的以外,其余各键均为非自复式的;副按键开关组全部由非自复式按键开关单件组成。它们的型号含义为:

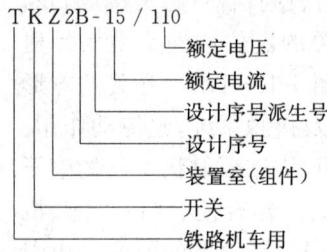

T K Z 2B - 15 / 110

- 额定电压
- 额定电流
- 设计序号派生号
- 设计序号
- 装置室(组件)
- 开关
- 铁路机车用

主按键开关组上装有电气联锁开关装置(又称辅助开关),它是机车控制电路的电源开关,如图 1-13 所示。主按键开关钥匙只有在辅助开关处于断开位时才能插入或取出。当主按键开关钥匙未扳动时,辅助开关处于断开位置,控制电路失电,并通过扇形齿轮及锁杆将靠近钥匙的几个主按键开关锁住(前照灯和后副前照灯两按键除外)。当司机将主按键开关钥匙插入锁孔,向前扳动时,三个扇形齿轮带动辅助开关旋转 45°,使辅助开关处于接通位置,机车的控制电路得电;与此同时,中间齿轮的轴(即连杆)转动,带动锁杆后移,各按键便能脱离锁杆的约束而进行操作。每台机车只配有 1 把主按键开关钥匙,司机离开机车时只要将钥匙带走就可以防止他人违纪操作。

按键开关单件结构如图 1-14 所示。它用绝缘垫 10 和绝缘套管 11 将支板 9 与触头支架 8 绝缘,保证了短静触头 5 和动触头 4 分开后电路能完全断开。自复式的按键开关

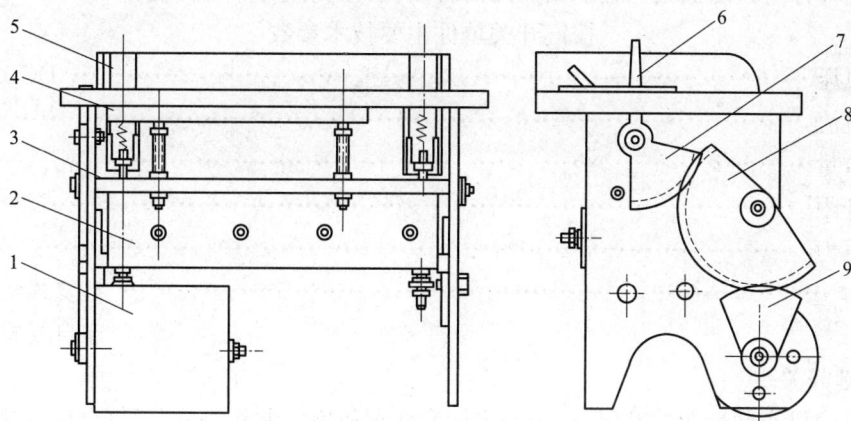

图 1-13 主按键开关组
1—辅助开关;2—紧固板;3—连杆;4—锁杆;5—按键开关单件;6—钥匙;7、8、9—齿轮

还带有自复弹簧 6。按键开关动触头的运动是速动式的,与操作速度无关。按键开关在分断时,动、静触头间首先有一段研磨过程,当触头弹簧 7 过死点后,动触头 4 迅速奔向长静触头 14。插销 15 与插座 17 间的接触压力一方面来自插座 17 的弹性,更主要的是由弹簧箍 16 来保证。

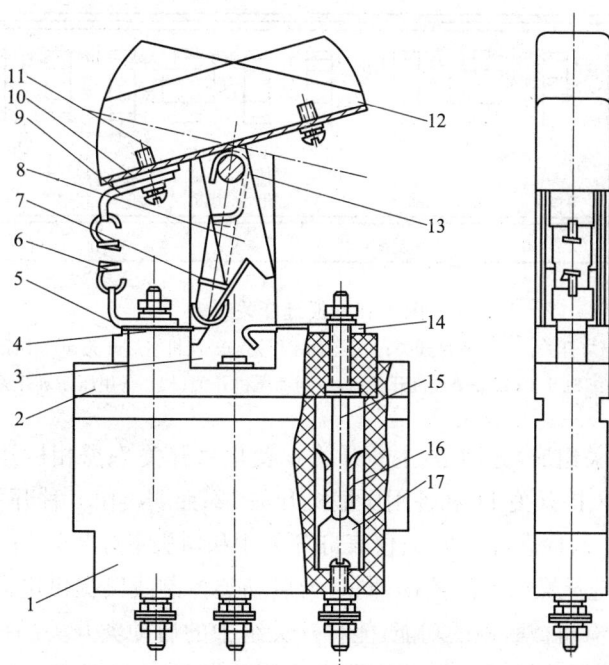

图 1-14 按键开关单件(自复式)
1—底座;2—插销座;3—支架;4—动触头;5—短静触头;6—自复弹簧;7—触头弹簧;
8—触头支架;9—支板;10—绝缘垫;11—绝缘套管;12—按钮;13—轴;
14—长静触头;15—插销;16—弹簧箍;17—插座

此种琴键式按键开关结构紧凑,外表美观大方,由于采用了插销插座式单件结构,插销及

其上部各零部件可以随插销一起取出而无需拆线,检修更换时非常方便。

按键开关单件主要技术参数

额定电压 ·· DC 110 V

额定电流 ·· 15 A

触头数量 ·· 一常开,一常闭

触头开距 ·· ≥6 mm

触头压力 ·· ≥8 N

操作力 ·· 自复式≤35 N

非自复式≤25 N

2. 扳键开关

随着电力机车制造业的发展,机车采用标准化司机室的制作,采用了符合标准化司机室要求的扳键开关组,进而取代按键开关(也称琴键开关)。在机车每端司机室的操纵台上安装有两组扳键开关组,分别是扳键开关组 1(位于主司机的正前方)和扳键开关组 2(位于主司机的右前方)。

(1)扳键开关组 1

扳键开关组 1 由 12 个单体扳键开关组成,包括启动类和照明类两大类开关,如图 1-15 所示。

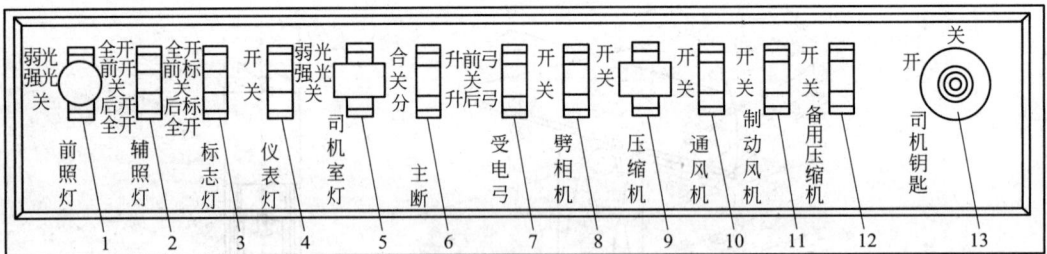

图 1-15　扳键开关组 1

1—前照灯开关;2—辅照灯开关;3—标志灯开关;4—仪表灯开关;5—司机室灯开关;6—主断开关;7—受电弓开关;8—劈相机开关;9—压缩机开关;10—通风机开关;11—制动风机开关;12—备用压缩机开关;13—司机钥匙开关

启动类由 7 种开关组成,分别是:主断开关 6、受电弓开关 7、劈相机开关 8、压缩机开关 9、通风机开关 10、制动风机开关 11 和备用压缩机开关 12;照明类由 5 种开关组成,分别是:前照灯开关 1、辅照灯开关 2、标志灯开关 3、仪表灯开关 4 和司机室灯开关 5;还有一个司机钥匙开关 13,该开关是司机选择操纵端的依据,同时为启动类控制线路提供电源的总开关。司机钥匙与启动类开关还具有机械联锁的功能,能将开关组中的启动类开关的操作手柄锁住,这样,在没有操纵权时,这些开关就不能任意地进行开关动作,能有效地防止因误操作带来的安全隐患。

各开关的位数根据需要设置有两位置(如仪表灯开关 4、劈相机开关 8、通风机开关 10、制动风机开关 11 和备用压缩机开关 12)、三位置(前照灯开关 1、司机室灯开关 5、主断开关 6、受电弓开关 7 和压缩机开关 9)和五位置(辅照灯开关 2、标志灯开关 3)三种。开关的型式有自复式的(主断开关 6 和压缩机的强泵位开关)和自锁式(其余各开关)。

（2）扳键开关组 2

扳键开关组 2 由三个照明类单体扳键开关组成，分别是各室灯开关 2、走廊灯开关 3 和备用开关 1，如图 1-16 所示。该三种开关均为两位置的，且均为自锁式的。

单体扳键开关分别由手柄、安装骨架和微动开关组成。其中手柄共有 4 种，分别是 T 形手柄、球手柄、直手柄和标准手柄。其中前照灯开关的手柄为球手柄，司机室灯开关和压缩机开关的手柄为 T 形手柄，标志灯开关、辅照灯开关和仪表灯开关的手柄为直手柄，其余开关的手柄为标准手柄。

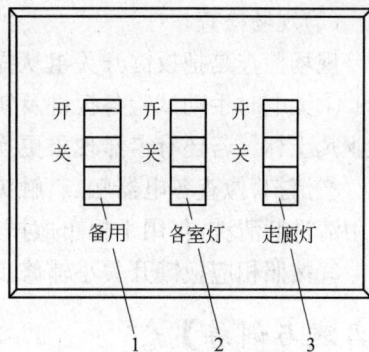

图 1-16　扳键开关组 2
1—备用开关；2—各室灯开关；3—走廊灯开关

【任务实施】

一、万能转换开关的检查与维护

1. 清扫

用 0.2～0.3 MPa 压缩空气吹扫各部并用毛刷清扫各部灰尘，使转换开关各部件清洁无积尘和油污。

2. 检查

（1）外观检查

①对各部件进行目测，有破损裂纹的部件须更换。

②检查导线无老化，线环及各紧固件紧固良好无松动。

（2）检查手柄

检查手柄在各工作位置时动作灵活无卡阻，否则查明原因并排除。

（3）检查接点

①各部件清扫干净（不允许清洗与解体），零部件应齐全完整。

②手压接点动作杆，接点应动作灵活无卡阻。

③采用低电阻测试仪测量触头的接触电阻，电阻值应符合技术要求。

二、按键开关的检查与维护

1. 主要设备及工具

耐压试验台、500 V 兆欧表、电器钳工常用工具、低电阻测量仪、工业凡士林、清洗剂、棉布等。

2. 日常维护

（1）用棉布和清洗液清洁扳键开关组的外表面。

（2）检查扳键开关的开闭状态是否良好。

（3）按照相应型号扳键开关的日常维护要求进行维护。

3. 小辅修工艺

（1）清洁

用棉布和清洗液清洁扳键开关组的面板和安装板表面。

（2）现场检查

现场检查是把扳键开关组从操纵台拿下，不拆除接线，不解体。

①无电时手动试验各扳键及钥匙动作良好，无卡滞。若有卡滞的在凸轮及滚轮之间涂抹工业凡士林。若还有卡滞现象更换扳键开关。

②清扫、检查各电器触点、触头开闭状态、插头、插座、紧固各部连线及插头。辅助触头不需用清洗剂清洗，仅用干棉布擦拭。

③按照相应扳键开关小辅修工艺要求进行检查。

【实践与训练】

工作单 1.2

项目名称	司机室内电器检查与维护	
任务名称	万能转换开关、按键开关检查与维护	
班　级		姓　名	

【基础知识的认知】

1. 阐述万能转换开关、按键开关的作用。

2. 按图说明 LW5 系列万能转换开关接触系统的结构。

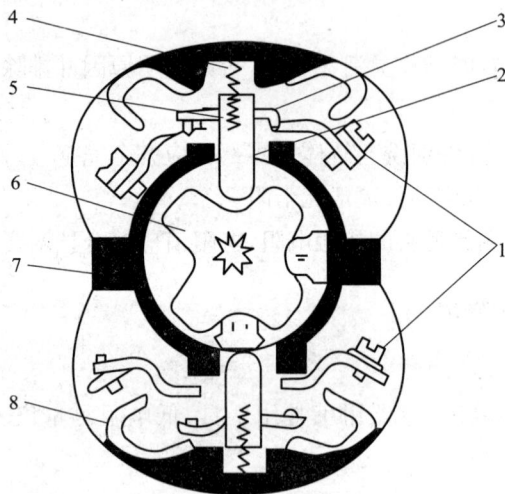

【动手能力训练】
1. 通过实际操作,概括万能转换开关检查与维护方法。
2. 通过实际操作,概括按键开关检查与维护方法。
【工作总结】
说明在本任务的工作过程中所了解、掌握的内容,有何收获。
指导老师评价:
任务完成人签字:　　　　　　　　　　　　　　　　日期: 年　月　日 指导老师签字:　　　　　　　　　　　　　　　　日期: 年　月　日

项目二　接触器检查与维护

任务一　电磁接触器检查与维护

【任务要求】

1. 掌握接触器的基本特点和组成。
2. 了解接触器的参数和分类。
3. 掌握电磁接触器的结构及作用。
4. 掌握电磁接触器的工作原理。

【任务内容】

检查和维护电磁接触器。

【任务准备】

1. 所需设备：高、低压电器柜。
2. 所需物品：手电、万用表、兆欧表、螺丝刀、手钳、尖嘴钳、剥线钳、棉布、毛刷、气吹装置等。

【相关理论知识】

一、接触器的定义和基本特点

接触器是在工业控制中应用非常广泛的一种电器。在电力机车上用来频繁地接通或切断带有负载的主电路、辅助电路或大容量的控制电路。与其他开关电器相比，它具有动作频繁，能通断较大电流，可以实现一定距离的控制等特点。

二、接触器的组成

接触器一般由触头装置、传动装置、灭弧装置和安装固定装置四部分组成。

（一）触头装置

触头装置分主触头和联锁触头。主触头一般由动静主触头组成，用以直接控制相应电路的通断。联锁触头用以控制其他电器、信号或电气联锁等。

（二）传动装置

传动装置包括驱使触头闭合的装置和开断触头的弹簧机构以及缓冲装置，用来可靠地驱使触头按规定要求动作。

（三）灭弧装置

灭弧装置一般与主触头配合使用，在主触头断开电路产生电弧时，用来及时地熄灭电弧，切断电路并保护触头。根据电流的性质、灭弧方法和原理，可以制成各种灭弧装置。

（四）安装固定装置

安装固定装置属于非工作部分，用以合理的安装和布置电器各部件。

三、接触器的分类

接触器的用途广，种类多，一般按以下几种方式分。

（一）按传动方式分

按传动方式分有电磁接触器和电空接触器。电磁接触器采用电磁传动装置，电空接触器采用电空传动装置。电磁接触器一般应用于机车的辅助电路中，电空接触器应用于主电路中。

（二）按主触头通断电流的性质分

按主触头通断电流的性质分有交流接触器和直流接触器。

（三）按线圈接入电路方式分

按线圈接入电路方式分有串联接触器和并联电磁接触器。一般用并联电磁接触器。

（四）按主触头所处的环境分

按主触头所处环境分有空气式接触器和真空式接触器。

（五）按主触头的数量分

按主触头数量分有单极接触器和多极接触器。

四、接触器的基本参数

基本参数除额定电压和电流外，还有以下几种：

（一）切换能力

切换能力又称开闭能力、通断能力，是指触头在规定条件下接通和切断负载的能力。在此电流值下通断负载时，不应发生熔焊、电弧和过分的磨损等现象。保证接触器能在较坏的条件下可靠地工作。

（二）动作值和释放值

对电磁接触器主要是指电压和电流的动作值和释放值。对电空接触器包括电空阀的动作电压及气缸相应的气压值。

（三）操作频率

操作频率是指接触器在每小时内允许操作的次数。接触器的操作频率越高，每小时开闭的次数就越多，触头及灭弧室的工作任务也就越重。对交流接触器来说，线圈受到的冲击电流及衔铁铁芯受到的冲击次数也就越多。操作频率对常用的交、直流接触器来说，常采用每小时150 次、300 次、600 次、1 200 次的规定。

（四）机械寿命和电气寿命

机械寿命是指接触器在无负载操作下无零部件损坏的极限动作次数。电气寿命是指接触器在规定的操作条件下，无零部件损坏的极限动作次数。目前，接触器的机械寿命一般可达数百万到千万次以上，而电气寿命则按不同的使用类别和不同的机械寿命级别有一定的百分比，一般为机械寿命的1/5 左右。

（五）动作时间、释放时间

动作时间又称闭合时间，是指从电磁铁吸引线圈通电瞬间起到衔铁完全闭合所需要的时间。释放时间又称开断时间是指从电磁铁吸引线圈断电瞬间起到衔铁完全打开所需要的时间。为了对有关电路能准确可靠的进行控制,对接触器的动作时间也有一定的要求,如:直流接触器的闭合时间一般为 0.04~0.11 s,开断时间为 0.07~0.12 s;交流接触器的闭合时间一般为 0.05~0.1 s,而开断时间为 0.1~0.4 s。

接触器除应满足以上基本参数的要求外,还应满足在 85% 额定控制电压下保证接触器正常工作。

另外在选择电磁接触器时还应考虑工作制的要求。

电磁接触器采用的是电磁传动装置,通常又分为直流、交流、交直流三大类型,常用的为直流和交流两种。

五、直流电磁接触器

(一)CZ5 系列直流接触器

在 SS$_{4G}$ 型和 SS$_3$ 型电力机车上都采用了 CZ5 系列的直流接触器,用以控制调压开关和机车前照灯。

1. CZ5-22-10/22 型接触器

(1)型号。含义为:C—接触器;Z—直流;5—设计序号;22—派生代号;10/22—分子第 1、2 位分别表示常开和常闭主触头数,分母第 1、2 位分别表示常开和常闭联锁触头数。

(2)作用。该型接触器是用来控制调压开关伺服电动机电源和机车前照灯。

(3)组成。该型接触器主要由触头装置、灭弧装置和传动装置等组成。该型接触器结构如图 2-1所示。

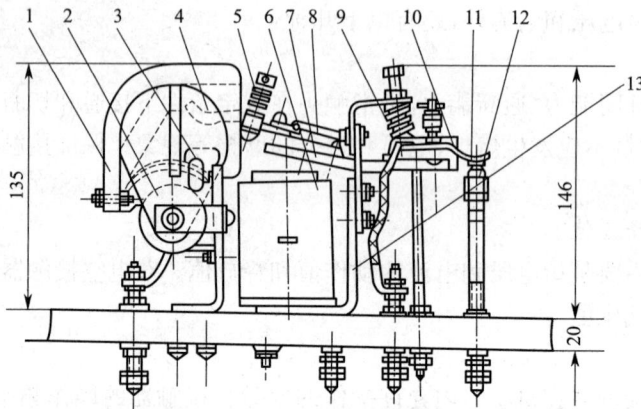

图 2-1 CZ5-22-10/22 型接触器结构简图

1—灭弧罩;2—吹弧线圈;3—主静触头;4—主动触头;5—触头弹簧;6—吸引线圈;7—衔铁;8—软连接;9—反力弹簧;10—绝缘基座;11—动联锁触头;12—静联锁触头;13—磁轭

①触头装置。触头装置是由单相主触头和 2 常开和 2 常闭联锁触头组成。静主触头为铜质 T 形结构,与弧角一起装在支架上;动主触头为铜质指形结构,直接装于衔铁上。动联锁触头为指形结构,亦装于衔铁上,静联锁触头为半球形,装于螺杆上,为提高触头寿命,在联锁触头的紫铜块上镶有耐弧材料——银氧化镉片。另外,动主、辅触头上都有触头弹簧,防止触头闭合时产生有害振动。

②灭弧装置。灭弧装置是由带有灭弧罩的磁吹灭弧装置完成的,只设在主触头上。磁吹线圈与主触头串联,当主触头在打开过程中产生电弧时,电弧受到磁吹线圈产生的电场力而被拉向灭弧罩,使电弧变长变冷而熄灭。

③传动装置。传动装置是由直流拍合式电磁铁组成的,为了改善吸力特性,静铁芯端面装有极靴,改变反力弹簧和工作气隙,可改变其动作值。为了防止剩磁将衔铁粘住,在衔铁的磁极端面处装有 0.1～0.2 mm 厚的紫铜片,亦称非磁性垫片。在铁芯的磁极端面处一般还加装了极靴,以使直流接触器的吸力特性平坦,减少吸合时的冲击。

(4)工作原理。类同电磁铁的工作原理。当吸引线圈未通电时,衔铁在反力弹簧作用下打开,使常开触头打开,常闭触头闭合;当吸引线圈得电时,铁芯与衔铁间产生的吸力将衔铁吸合,使常开触头闭合,常闭触头打开。

2. CZ5-11-00/33 型接触器

该型接触器用来控制调压开关伺服电机的转向。其结构和 CZ5-22-10/22 型基本相同,但无主触头和灭弧系统,只有三个常开和常闭联锁触头。传动装置完全相同。

CZ5 系列电磁接触器主要技术参数如表 2-1 所示。

表 2-1　CZ5 电磁接触器主要技术参数

型　号		CZ5-11-00/33	CZ5-22-10/22
额定电压(V)		DC 220	DC 220
额定电流(A)		20	60
主触头	数量		1
	开距(mm)		9～11
	超程(mm)		3～5
	初压力(N)		5
	终压力(N)		7～14
励磁触头	数量	3 常开,3 常闭	2 常开,2 常闭
	额定电流(A)		20
	开距(mm)		8～10
	超程(mm)		1.5～3.5
	初压力(N)		0.9
	终压力(N)		1.1～2
控制线圈	额定电压(V)		DC 110
	线径(mm)		$\phi 0.23$
	匝数		10 000
	限值		476^{+30}_{25}

注:外接起动电容器为电解电容 470 pF、160 pF。

(二)CZT-20 型直流接触器

1. 型号

CZT-20B 型直流接触器。其含义为 C—接触器;Z—直流;T—铁路用;20—负载级别(A);B—主接点构成:二常开,一常闭;无 B:二常开。

2. 作用

该型接触器现用在 SS₄ 型和 SS₈ 型电力机车的控制电路中。也可用于辅助电路中。

3. 组成

该型接触器主要由触头装置、传动装置和灭弧装置等组成。

(1)触头装置。触头装置是由二常开一常闭的主触头和二常开二常闭的联锁触头组成,联锁触头的通断电流为5A,主触头可通断额定电压DC440 V的直流电路,主触头端子有"＋""－"极性,要按标志接线。

(2)传动装置是一直动式直流电磁铁。

(3)灭弧装置是采用灭弧罩和磁吹装置。灭弧室不能装反,不要拆除灭弧室内的磁铁。

4. 工作原理

其工作原理类同电磁铁工作原理,当吸引线圈得电时,衔铁吸合,带动常开触头闭合,常闭触头打开;当吸引线圈失电时,衔铁在反力弹簧作用下打开并带动常闭触头闭合,常开触头打开,常开主触头上的电弧被灭弧装置熄灭。

六、交流接触器

(一)CJ20 系列三相交流接触器

1. 型号

CJ20-100Z 和 CJ20-160Z。其含义为 C—接触器;J—交流;20—设计序号;100(160)—主触头额定电(A);Z—直流控制。

2. 作用

在 SS$_4$ 型(1-158 号)和 SS$_6$ 型机车辅助电路中,用来接通和断开三相异步电动机或起动电阻(起动电容)等电路。

3. 结构

CJ20 系列三相交流接触器的结构形式为直动式,立体布置、双断点、开启式,并采用压铸铝底座,增强耐弧塑料底板和高强度陶瓷灭弧罩组成三段式结构,使接触器结构紧凑,便于检修和更换线圈。其结构主要由触头装置、传动装置和灭弧装置等组成,如图 2-2 所示。

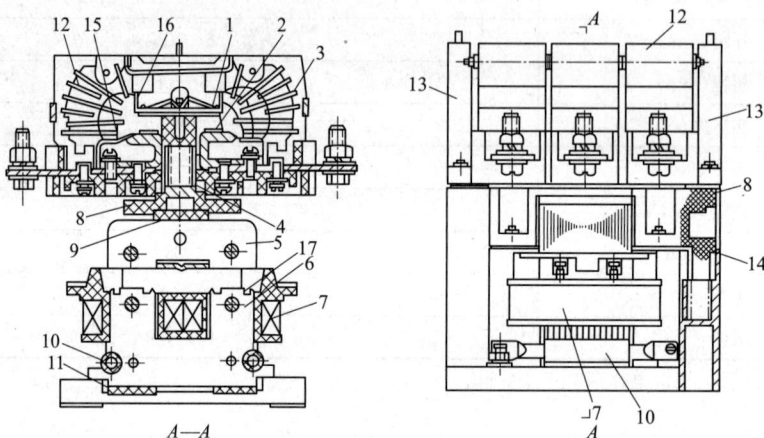

图 2-2　CJ20 型交流接触器结构简图

1—主动触头;2—主静触头;3—灭弧栅片;4—压缩弹簧;5—衔铁;6—静铁芯;
7—线圈;8—绝缘支架;9、11—缓冲件;10—缓冲硅橡胶管;12—灭弧室;
13—联锁触头;14—反力弹簧;15、16—弧角;17—分磁环

(1)触头装置。主触头中的动触桥为船形结构,因而具有较高的强度和较大的热容量。160 A 以下选用黄铜拉伸触桥。静触头选用型材并配以铁质引弧角,使之既具有形状的稳定型又便于电弧的外运动。触头材料选用银氧化镉,其特点是具有较好的抗熔焊性能和耐电磨

损的性能。辅助触头安置在主触头两侧,采用无色透明聚碳酯做成封闭式结构,确保防尘,使接触可靠,160 A 及以下等级为二常开,二常闭。

(2)传动装置是采用具有双线的 U 形铁芯磁系统,衔铁为直动式,没有转轴,气隙置于静铁芯底部中间位置,因而释放可靠。磁系统的缓冲装置采用新型的耐高温吸振材料硅橡胶。还选用了耐磨性能好的聚胺酯橡胶做停挡。

(3)灭弧装置是采用高强度陶瓷纵缝灭弧罩。

4. 动作原理

类似于电磁铁的工作原理,不再详述。

5. 参数

CJ20 系列电磁铁接触器的主要技术参数见表 2-2。

表 2-2 CJ20 系列电磁接触器主要技术参数

型　　号		CJ20-100	CJ20-160
额定工作电压(V)		380	380
额定工作电流(A)		100	160
主触头	开距(mm)	6	6.6
	超程(mm)	2.5±0.5	3±0.6
	初压力(N)	15.7±1.6	24.5±2.5
	终压力(N)	19.6±2	29.4±3
辅助触头	额定发热电流(A)	10	10
	额定工作电流(A)	0.55	0.55
	开距(mm)	4.5	4.5
	超程(mm) 常开	3±1	3±1
	超程(mm) 常闭	3±0.5	3±0.5
	初压力(N)	1.13±0.12	1.13±0.12
	终压力(N)	2.06±0.21	2.06±0.21
控制线圈	线径(mm)	0.41	0.55
	匝数	1 500	1 000
	20 ℃阻值(Ω)	29.0	15.3

6. 特点

其参数、特性出厂时已调好,一般可直接使用,不必调整。

(二)3TB 系列三相交流接触器

1. 型号

3TB5217-OBF4 型、3TB4817-OBF4 型,其含义:3TB—3TB 系列;48—级别代号;17—辅助触头规格与数量(17 代表二常开二常闭);7OB—直流操作(OA 表示交流操作);F4—线圈电压与频率代号。F4 为直流 110 V)。

2. 作用

曾用在 SS4G 型机车的辅助电路中,用来接通和断开三相异步电动机等电气设备。

3. 结构

3TB 系列三相交流接触器结构主要由触头装置、传动装置和灭弧装置组成。3TB 系列接触器采用体积小，重量轻的双断点直动式结构。其中 3TB48、3TB52 接触器均采用单 U 形双绕组磁系统，如图 2-3 所示。

(1)触头装置是采用接触电阻稳定、抗熔焊、耐磨的银氧化镉、银氧化锡及镍等材料，触头支持件与底板均用特别的耐热耐弧的塑料制成。辅助触头安装在基座两侧，为二常开二常闭。

(2)传动装置是采用单 U 形双绕组直流磁系统，线圈按长期工作制设计，寿命长、无噪音、无冲击电流。在 U 形磁系统磁轭中部有一不变气隙，可保证衔铁可靠释放。

(3)灭弧装置是灭弧室中装有桥形灭弧导板，两旁各有带齿形的缺口栅片，使电弧能快速拉出熄灭。

接触器采用机械强度高，导热性能好的铝合金基座。

4. 工作原理

类似电磁铁工作原理。

5. 参数

3TB 系列电磁接触器主要技术参数见表 2-3。

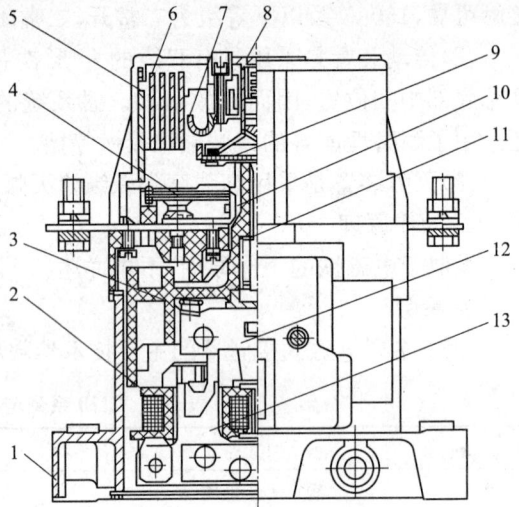

图 2-3　3TB52 型交流接触器结构简图

1—底座；2—线圈；3—弹簧；4—静触头；5—灭弧室；
6—灭弧片；7—导板；8—指示件；9—触桥；
10—触头支持件；11—弹簧；12—衔铁；13—磁轭

表 2-3　3TB 系列电磁接触器主要技术参数

型　号			3TB4817	3TB5217
额定工作电压(V)			380	380
额定工作电流(A)			75	170
主触头	开距(mm)		7.1±1.3	9.3±1.35
	超程(mm)		2.6±0.4	3.2±0.35
辅助触头	额定发热电流(A)		10	10
	额定工作电压(V)		110	110
	额定工作电流(A)	DC1	3.2	8
		DC11	1.8	2.4
	开距(mm) 超程(mm)	常开	5.4±2.4	9.4±2.1
			4.9±1.5	3.11
		常闭	6.2±1.9	7.2±3.2
			4.11	5.3±2.2
控制线圈	线径(mm)		0.25	0.38
	匝数		2×7 839	2×5 560
	20 ℃阻值(Ω)		618～683	300

(三)6C 系列交流接触器

1. 型号

6C180 型、6C110 型，其含义为 6—序号；C—接触器；180、110—主触头额定电流(A)。

2. 作用

在 SS₄、SS₇、SS₈ 型电力机车的辅助电路中控制辅助电机等设备。

3. 结构

两种型号的结构基本相同,其外形及结构如图 2-4 所示。

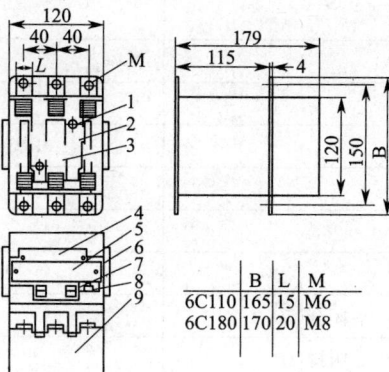

图 2-4　6C180 型接触器外形及结构简图

1—灭弧罩安装螺钉;2—吸引线圈;3—铁芯;4—机械联锁装置;
5—整流器;6—联锁触头;7—线圈插座;8—指示器;9—灭弧罩

（1）触头装置中主触头采用常开直动式桥式双断点。

（2）传动装置中磁系统为单 E 型直动式,具有较陡的吸力特性,控制线圈由起动线圈和保持线圈并联组成,并串加一个桥式整流器,使控制电源为交、直流两用,整流器输入、输出端都加有压敏电阻进行过电压保护。控制线圈通电后,起动线圈和保持线圈同时工作,在接触器快吸合时,起动线圈断开,只有保持线圈工作。起动线圈的分断由接触器自身一常闭联锁触头完成。

（3）灭弧装置中灭弧罩采用高强度耐弧塑料制成,罩内设有割弧栅片。

6C180 接触器的灭弧室与触头支持件之间设有机械联锁装置,当灭弧罩取下后,其联锁装置即将触头支持件锁住,此时即使有人操作,触头系统也不会动作,能可靠保证维修人员的安全。在控制线圈引线边有一红色指示器,指示接触器的闭合或断开。

4. 动作原理

类似电磁铁的工作原理。

5. 特点

6C180 型交流接触器具有操作频率高,主触头压力大,抗熔焊性好,耐电弧等优点,应用较多。在许多电力机车上,原用的 3TB 系列 6C110 型都改用 6C180 型。6C 系列接触器结构为模块化设计,配件通用性大,便于维护及更换。

6. 参数

两种型号交流接触器主要技术参数见表 2-4。

表 2-4　6C110、6C180 型交流接触器主要技术参数

型　　号			6C110	6C180
主触头	额定绝缘电压(V)		1 000	1 000
	运行电流频限(Hz)		25～400	25～400
	运行电流	$I_{功}$(A)	160	260
		AC3(415F)(A)	110	180
	接通能力(均方根值)		1 100	1 800
	分断能力(≤440 V)		1 300	1 800

型　　号			6C110	6C180
辅助触头	型号		6CA21R	
	约定发热电流 $I_功$(A)		15	
	额定绝缘电压(V)		660	
	运行电流(A)		16.5(DC 24 V),15(DC 110 V)	
控制线圈	型号		6CC180/415	
	控制电源		交流或直流	
	额定电压(V)		110	
	电阻	闭合(Ω)	46	
		吸持(Ω)	1 240	
机械寿命(百万次)			10	10
电器寿命(百万次)			1.2	1.2
最大操作频率(次/h)			2 400	2 400

【任务实施】

一、电磁接触器的检查

检查、维护前一定要先断开电源。

1. 外观检查

用毛刷清除接触器各部件灰尘,铁芯极面上的灰尘也可以用毛刷清除。若有油污,可先用棉布蘸少量酒精擦拭,然后用干抹布擦净,并仔细观察接触器外观是否完整无损,注意拧紧所有紧固件。

2. 部件检查

上下基座、动连杆、推杆组件、动触头组件检查

若有烧蚀、裂痕,应更新。编织线不许出现因发热引起变色、变硬现象,断股比例不大于10%;端子、铜排不许有裂纹,有效导电面积减少不大于5%,否则须更新;接线端子要求光滑、平整,表面镀锡完好、均匀,不许有裂纹,否则更新。

3. 灭弧罩检查

用高压风吹扫灭弧室内腔和顶部透气孔,用铲刀铲除灭弧罩内壁上的金属颗粒。若灭弧罩出现破裂、变形、烧损严重,则应更换。

二、电磁接触器的维护

1. 灭弧室维护

取下灭弧罩,用毛刷清除罩内落物及金属颗粒,发现破裂、烧损、零部件(如灭弧栅片)变形松脱、位置变化等现象而不易修复时,及时换新;重装时复原位,不能随意更换极位。

2. 触头维护

定期检查触头的温升是否超过标准(主触头温升 75 ℃)。银或银基粉末冶金制成的触头表面有烧毛发黑的现象属正常,不影响工作,一般可不必清理。触头接触处有金属颗粒或毛

刺,用细锉轻轻锉平,不能用砂纸或砂布擦拭。有铜触头的转动式接触器,若长时间没使用或连续工作 8 h 以上,在使用前先开闭 1～2 次,除去触头的氧化膜。触头有开焊、裂缝或磨损到原厚度的 1/3 时,应换新。

3. 吸引线圈维护

观察线圈外表层有无过热变色;定期检查线圈温升是否超过所规定的值(一般规定,当环境温度为 40 ℃,A 级绝缘的线圈用温度计测得的表面温升不得超过 60 ℃);引线与导线是否有松动、开焊或将断的情况;线圈骨架有无碎裂、磨损或固定不正常现象;缓冲件是否完整。

4. 铁芯维护

观察铁芯极端面有无变形、松开现象;用棉纱沾少量汽油擦拭极面上的污垢;注意交流电磁铁的分磁环有无断裂;中柱气隙是否保持在 0.1～0.3 mm(如发现过小可略锉去一些);观察直流电磁铁铁芯的非磁性垫片是否磨损或脱落;缓冲件是否完整,位置是否正确。

5. 接触器转轴的维护

经常注意接触器的转轴转动是否灵活,在转轴与轴承处可注入少量润滑油,以保持转动灵活。

【实践与训练】

工作单 2.1

项目名称	接触器检查与维护	
任务名称	电磁接触器检查与维护	
班　级		姓　名

【基础知识的认知】

1. 阐述电磁接触器的作用及结构组成。

2. 按图阐述电磁接触器的工作原理。

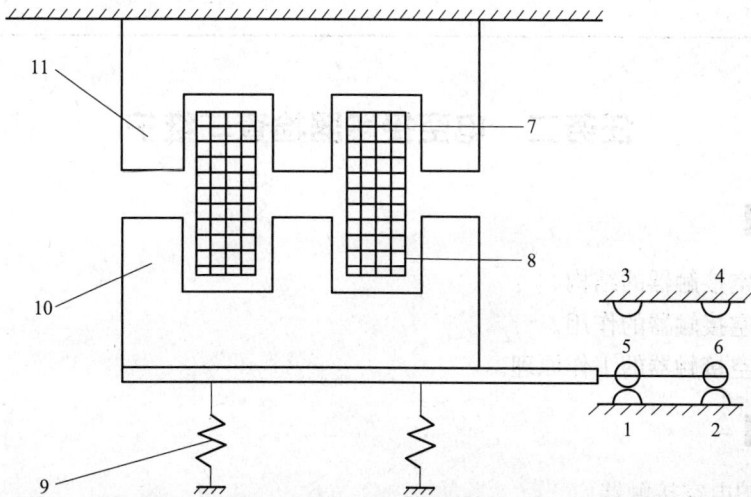

【动手能力训练】
通过实际操作,概括电磁接触器检查与维护方法。

【工作总结】
说明在本任务的工作过程中所了解、掌握的内容,有何收获。

指导老师评价:

任务完成人签字:　　　　　　　　　　　　　　日期:　年　月　日

指导老师签字:　　　　　　　　　　　　　　　日期:　年　月　日

任务二　电空接触器检查与维护

【任务要求】

1. 熟知电空接触器的结构。
2. 熟知电空接触器的作用。
3. 熟知电空接触器的工作原理。

【任务内容】

检查与维护电空接触器。

【任务准备】

1. 所需设备:高、低压电器柜。
2. 所需物品:手电、万用表、兆欧表、螺丝刀、手钳、尖嘴钳、剥线钳、棉布、毛刷、气吹装置等。

【相关理论知识】

电空接触器因其具有较大的开断能力,在电力机车上被用在主电路里。如图 2-5 所示为电空接触器的工作原理示意图。一般由触头装置、灭弧装置和传动装置组成。当电空阀线圈得电时,其控制的压缩空气进入传动气缸 6,推动活塞 8,压缩开断弹簧 5 而向上运动,使动静主触头 3、2 闭合。当电空阀线圈失电时,其控制的压缩空气排向大气,在开断弹簧 5 的作用下,推动活塞 8 带动活塞杆 4 和动主触头 3 下移,动静触头打开,同时灭弧。在主触头动作的同时,联锁触头也相应动作。

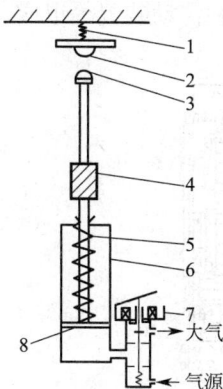

图 2-5　电空接触器工作原理示意图

1—缓冲弹簧;2—静主触头;3—动主触头;
4—绝缘块及活塞杆;5—开断弹簧;6—缸体;
7—电空阀;8—活塞

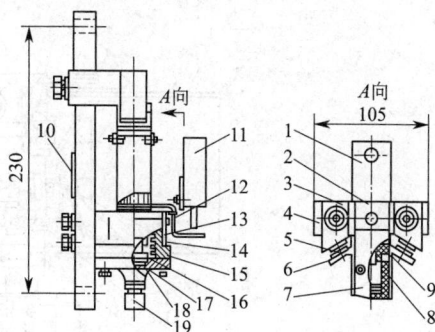

图 2-6　TCK1-400/1500 型电空接触器

1—支柱;2—静触头座;3—静主触头;4—连接片;5—绝缘块;
6—动主触头;7—绝缘杆;8—弹簧;9—动主触头;10—铭牌;
11—联锁触头;12—联锁板;13—气缸座;14—铜套;
15—复原弹簧;16—活塞;17—皮碗;18—气缸盖;19—管接头

一、TCK1-400/1500 型电空接触器

(一)型号

含义为:T—铁路用;C—接触器;K—压缩空气控制;1—设计序号;400—主触头额定电流(A);1500—开断电压(V)。

(二)作用

在 SS$_4$ 型和 SS$_1$ 型电力机车上,用于控制磁场削弱电阻。

(三)结构

如图 2-6 所示,由于磁场削弱电阻上的压降低,且又是电阻性负载,所以不带灭弧装置,主要由触头装置和传动装置组成。

1. 触头装置

主触头为直动桥式双断点,触头表面成 120°夹角,其材质为紫铜,其上焊有银片,且动静触头之间为面接触,有较好的导电性能。联锁触头采用通用件,为一行程开关。

2. 传动装置

采用的是薄膜传动装置,它主要由气缸、活塞、皮碗和复原弹簧等组成,本身不带有专门的电空阀。

(四)动作原理

当电空阀控制的压缩空气通过管接头 19 进入气缸,鼓动皮碗 17 推动活塞 16 克服复原弹簧 15 之反力,使活塞杆、绝缘杆 7 上移,动静主触头闭合,联锁触头 11 相应动作。当电空阀失电时,气缸内的压缩空气经电空阀排向大气,在复原弹簧 15 作用下,使活塞杆、绝缘杆下移,带动主触头打开。

二、TCK7-600/1500 型电空接触器

(一)型号

字母含义同 TCK1 型电空接触器。

(二)作用

该型接触器主要控制机车主电路的有关励磁电流回路和牵引电机回路。

(三)结构

电空接触器结构如图 2-7 所示,主要由触头装置、灭弧装置和传动装置等组成。

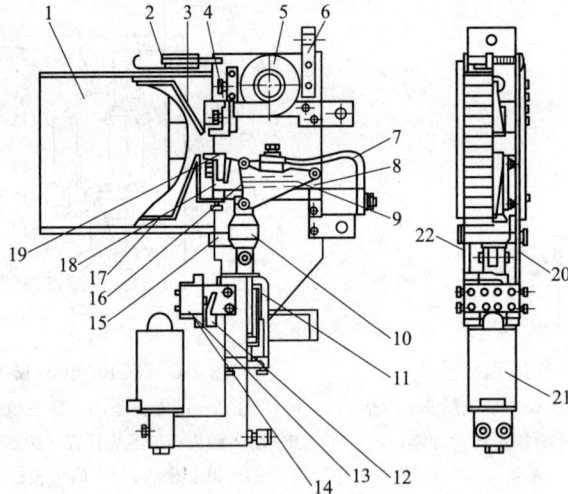

图 2-7　TCK7-600/1500 型电空接触器结构

1—灭弧罩;2—挂钩;3—静触头弧角;4—静主触头;5—吹弧线圈;7—软连接;8—杠杆出线座;9—杠杆支架;
10—绝缘杆;11—传动气缸;12—联锁板;13—联锁触头;14—联锁支架;15—灭弧室支架;
16—动触头弹簧;17—动触头弧角;18—动触头座;19—动主触头;20—右侧板;21—电空阀;22—左侧板

1. **触头装置**

主要由主触头和联锁触头组成,主触头为 L 形,线接触,紫铜基面上镶有银碳化钨粉末冶金片,它有较好的抗熔焊、耐电弧、耐机械磨损和电磨损性能,且导电、导热性能好。联锁触头为 KY1 型盒式桥式双断点触头,材质为银,二常开二常闭。

2. **灭弧装置**

主要由灭弧罩(短弧灭弧和长弧灭弧原理)、灭弧角(由 2 mm 厚黄铜板压制成)、灭弧线圈及铁芯(磁吹装置)等组成。

3. **传动装置**

由电空阀、传动气缸、绝缘杆等组成。电空阀为 TFKIB-110 型闭式电空阀。传动气缸竖放,缸内有活塞及连杆等,绝缘杆用以隔离带电体。

（四）动作原理

同 TCK7-400/1500 型电空接触器动作原理。

（五）参数

TCK7 型电空接触器系列产品参数见表 2-5。电空接触器技术参数见表 2-6。

表 2-5　TCK7 型电空接触器系列产品参数

项目 型号	用于机车型号	额定电压(V)	额定电流(A)	灭弧方式	联锁触头数
TCK7	SS₃	1 500	DC 600	有灭弧罩	2 开 2 闭
TCK7A	DF₄	1 500	DC 600	有灭弧罩	
TCK7B	SS₃	1 500	DC 600	无灭弧罩	2 开 2 闭
TCK7C	SS₃	1 500	DC 600	有灭弧罩	2 开 4 闭
TCK7D	SS₃	1 500	AC 600	有灭弧罩	2 开 2 闭
TCK7E	DF₄	1 500	DC 600	有灭弧罩	2 开 2 闭
TCK7F	SS₄	1 500	DC 1000	有灭弧罩	2 开 2 闭
TCK7G	SS₃	1 500	AC 1000	有灭弧罩	2 开 1 闭

表 2-6　电空接触器技术参数

型　号	NCK-110 (TCK2-830/ 750)	QCt-400 (TCK1-400/ 1500)	TCK7B	NCK-3 (TCK3-8 20/700)	QCK5-1	TCK7 TCK7D	UP-292 9A
绝缘电压(V)	1 000	1 500	1 500	1 000	1 500	1 500	1 000
工作额定电压(V)	750	35	35	770	1 500	1 500	925
额定电流(A)	830	400	600	800/820	400	600	945
触头形式	单断点	双断点	单断点	单断点	单断点	单断点	双断点
开距(mm)	16～19	单边 5＋5.5	＞18	16～19	27～30	19～23	25.5±0.5
超限(mm)	6	2±1	4～6	＞0.5	＞3	7～14	
滚动距离(mm)		＞8			8～12	＞8	
滑动距离(mm)		0.5～1.5			1.5	0.5～1.5	
初压力(N)		68.65±9.8	58.84～83.86		68.65～88.26	58.54～83.86	
终压力(N)	31.37	98±9.8	156.9～196.1	392.2	147.1～196.1	156.9～196.1	558.6±78.4
宽度(mm)		25			25		
接触线宽度(mm)		20			20		
弧触头开距(mm)							15±1
弧触头压力(N)							107.8±29.4
数量	2 常开 2 常闭	同 CJ10 接触器辅助触头	2 常开 2 常闭	2 常开 2 常闭	2 常开 2 常闭	2 常开 2 常闭	
额定电压(V)	110	110	110	110	110	110	110
额定电流(A)	5		10		5	10	10
终压力(N)			3.138		1.96～3.923	3.138	2.94±0.98
开距(mm)							3.5$^{+0}_{-0.5}$
额定工作气压(MPa)	490	490	490	490	490	490	490
气罐直径(mm)			45		45	45	
活塞行程(mm)			22～24		29～30	22～24	
电空阀控制电压(V)	110	110	110	110	110	110	110

　　TCK7 的派生产品很多,结构基本相同,如 TCK7B 没有灭弧装置,TCK7C 仅多了两对常闭联锁触头,TCK7D 取消了灭弧线圈中的铁芯。

【任务实施】

一、电空接触器的检查与维护

　　1. 检查软连线,不许有过热,软连线折损面积不大于原形的 1/10,否则更新。

　　2. 外观检查触头弹簧不许有变形、疲劳、裂损、圈距不均等不良现象,否则应更新。

　　3. 检查辅助联锁动、静触头。动、静触头安装应牢固正确。用砂布打磨其烧痕处。更换严重烧损、过热的触头及其压力弹簧。检查联锁板不许有剥离及过量磨耗。滚轮转动应灵活,不许有过量磨耗。杠杆滑动灵活,不得有卡滞、变形、裂损、否则应更换。弹簧不许有裂损、变形,弹性良好。联锁盒不得破损。检测联锁触头接触压力不小于 3.2 N。

　　4. 检查风缸应光滑、不得拉伤。活塞不许有裂损、变形及拉伤。

　　5. 风缸皮碗更新。检查活塞杆不许有裂损、老化、变形。

　　6. 检查风缸复原弹簧不许有疲劳及断裂现象,否则应更新。

　　7. 外观检查绝缘杆,不许有过热、老化、烧损等现象,销孔无过量磨耗。用砂布打磨绝缘杆烧痕处至本色后,再涂一层绝缘漆晾干,烧损严重、表面龟裂者更新。

【实践与训练】

工作单 2.2

项目名称	接触器检查与维护	
任务名称	电空接触器检查与维护	
班　级		姓　名	

【基础知识的认知】

1. 阐述电空接触器的作用及结构组成。

2. 按图阐述电空接触器的工作原理。

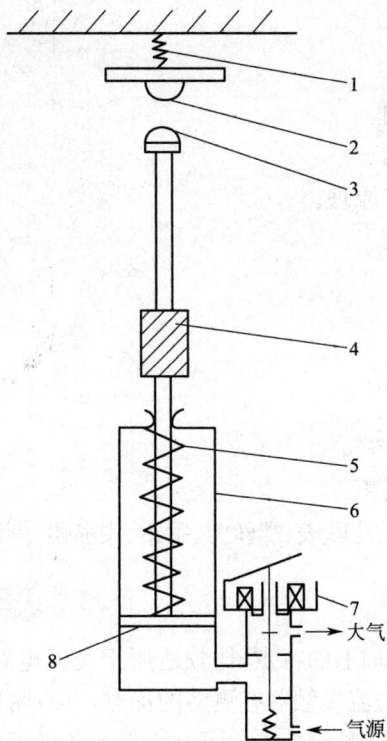

【动手能力训练】

通过实际操作,概括电空接触器检查与维护方法。

【工作总结】

说明在本任务的工作过程中所了解、掌握的内容,有何收获。

指导老师评价:

任务完成人签字:　　　　　　　　　　　　　　　　日期：　年　月　日

指导老师签字:　　　　　　　　　　　　　　　　　日期：　年　月　日

任务三　真空接触器检查与维护

【任务要求】

1. 熟知真空接触器的作用。
2. 了解真空接触器的结构。
3. 了解真空接触器的工作原理。
4. 了解真空接触器的参数。

【任务内容】

检查和维护真空接触器。

【任务准备】

1. 所需设备:高、低压电器柜。
2. 所需物品:手电、万用表、兆欧表、螺丝刀、手钳、尖嘴钳、剥线钳、棉布、毛刷、气吹装置等。

【相关理论知识】

真空接触器由于其灭弧原理上的特点,比较适用于交流电路(若熄灭直流电弧,需采取适当的措施)。它比传统的空气交流接触器有更多的优点,具有耐压强度高,介质恢复速度快,接通、分断能力大,电气和机械寿命长等特点。可在重任务条件下供重要场合使用。

一、型　　号

EVS630/1-110DC、EVS700/1-110DC。其含义:EVS—接触器;630、700—工作电流(A);1—极数;110—电源的电压值;DC—控制电源类型。

二、作　　用

EVS630/1-110DC 型在 SS4G 型电力机车主电路中用来接通或断开功率因数补偿装置(PFC)。EVS700/18110DC 型在 SS8 型机车的列车供电电路中,实现机车向列车供电的控制。

三、结　　构

如图 2-8 所示,在真空接触器的基座 1 上,磁驱动机构 7 和装在其旁的辅助开关组件 8 位于真空开关管 2 的上方。真空开关管的动触头经联轴节组件 9 和磁驱动机构 7 连接,并经软连接 5 和上连接板 6 连接。真空开关管的静触头支杆经连接卡圈 3 和下连接板 4 连接。在断开状态下,真空开关管的两触头拉开 1.5 mm。

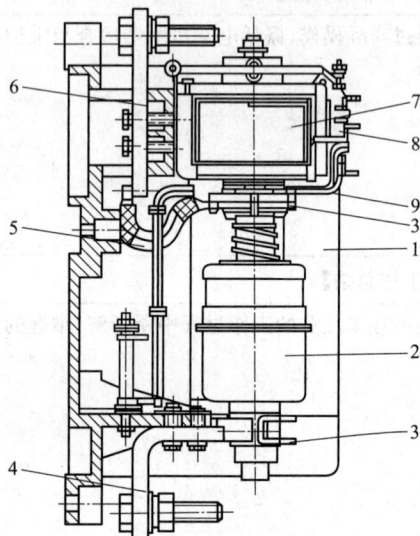

图 2-8　EVS630/1-110DC 型
真空接触器剖视图

1—基座;2—真空开关管;3—连接卡圈;
4—下连接板;5—软连接;6—上连接极;
7—磁驱动机构;8—辅助开关;9—联轴节

由于在真空中断开,这么小的距离已能完全开断电路。触头被拉开的状态是由驱动系统中的压力弹簧实现的。

四、动作原理

真空接触器的电磁铁设计为带节能电阻的直流电磁铁。接通控制电源时,电磁铁对压力弹簧作功。释放动触头支杆,动触头支杆借助外部作用力使动静触头闭合。

五、特　　点

真空接触器具有接通、分断能力大,电气和机械寿命长等特点,可在重任务条件下供重要场合使用。但也易出现电弧电流过零前就熄灭,出现截流现象,因而在电感电路中产生过电压。

六、参　　数

EVS630真空接触器主回路技术参数:

额定工作电流 ……………………………………………………………………	630 A
额定工作电压 ……………………………………………………………………	1 140 V
额定工作频率 ……………………………………………………………………	50 Hz
额定接通能力 ……………………………………………………………………	6 300 A
额定分断能力 ……………………………………………………………………	5 040 A
额定短时耐受电流 ………………………………………………………………	8 000 A
额定峰值耐受电流 ………………………………………………………………	13 600 A
机械寿命(次) …………………………………………………………………	$\geqslant 5 \times 10^6$
电寿命(次) ……………………………………………………………………	0.6×10^5
最大机械操作频率(次/h) ………………………………………………………	3 000
辅助电路技术参数	
额定工作电流 ……………………………………………………………………	DC 0.4 A
额定工作电压 ……………………………………………………………………	DC 220 V

【任务实施】

一、真空接触器的检查与维护

1. 接触器主回路及控制回路的工作电压、电流应符合规定,以免造成损坏。

2. 对新更换的真空开关管,可用真空度测试仪测真空度,应在1.33×10^{-2} Pa以上,也可用工频耐压法检查,触头在额定开距时应能耐受10 kV以上的电压。

3. 对使用中的接触器,其真空度应每隔半年检查一次(工频耐压法),工频耐压应大于6 kV,否则应更换。平时建议用5 kV或2.5 kV兆欧表检查,当开关管绝缘电阻小于100 MΩ时,应加强监视,而小于20 MΩ时应立即更换新管。但应区分潮湿和其他意外引起的绝缘电阻下降,以免误判。

4. 凡属下列情况之一的,均应对接触器作全面的检查和调整:①每年一次的例行检查和清洁工作;②动作10万次后;③真空开关管损坏时。

5. 检查辅助触头是否接触良好。若接触不良应予以维修或更换。

【实践与训练】

工作单 2.3

项目名称	接触器检查与维护		
任务名称	真空接触器检查与维护		
班 级		姓 名	

【基础知识的认知】

1. 阐述真空接触器的作用及结构组成。

2. 叙述真空接触器有何特点。

【动手能力训练】

通过实际操作,概括真空接触器检查维护方法。

【工作总结】

说明在本任务的工作过程中所了解、掌握的内容,有何收获。

指导老师评价:

任务完成人签字:　　　　　　　　　　　　　　　日 期: 年 月 日

指导老师签字:　　　　　　　　　　　　　　　　日 期: 年 月 日

项目三 继电器检查与维护

任务一 电磁式继电器检查与维护

【任务要求】

1. 理解继电器的定义及作用。
2. 熟知继电器的结构组成。
3. 了解继电器的特点、分类和基本参数。
4. 掌握继电器在电路中的表示方法。
5. 理解电磁式继电器的作用。
6. 掌握电磁式继电器的组成。

【任务内容】

1. 电磁接触器的检查。
2. 电磁接触器的维护。

【任务准备】

1. 所需设备:低压电器柜。
2. 所需物品:手电、万用表、兆欧表、螺丝刀、手钳、尖嘴钳、剥线钳、棉布、毛刷、气吹装置等。

【相关理论知识】

一、继电器的定义及组成

继电器是一种根据输入量变化来控制输出量跃变的自动电器,可实现控制、保护有关电器设备,是一种应用非常多的电器。

所有继电器,不论其形状,动作原理有何不同,均可认为是由测量机构、比较机构和执行机构等组成,其原理组成方框图如图 3-1 所示。

输入量可以是电量,如电压、电流、阻抗、功率等,也可以是非电量,如压力、速度、温度等。输入量可以是一个量,也可以是两个或多个量。

图 3-1 继电器原理组成方框图

测量机构(亦称环节或部分)的作用是反应输入量并进行物理量的相应转换。比如电磁型继电器,测量机构是线圈和铁芯构成的磁系统,用来测量输入电量的大小,并在衔铁上将电量的大小转换成相应的电磁吸力。

比较机构的作用是将输入量(或转换量)与其预设的整定值进行比较,根据比较结果决定执行机构是否动作。如电磁继电器的反力弹簧等。当电磁力大于反力时,衔铁吸合,接点动作;当电磁力小于反力时,衔铁不吸合,接点不动作,没有输出。一般可以在比较环节上调整(整定)继电器的动作值。

执行机构的作用是根据比较结果决定是否动作,执行机构对有触点电器来说是接点。对无触点电器来说一般是晶体管的导通和截止。

输出量是根据比较结果来决定有无的。不管输入是何物理量,输出量往往是电量。需要说明的是,对于有触点的继电器来说,可将其分为触头装置和传动装置。

二、继电器的分类

继电器的用途广,种类多,有时对同一种继电器,也常从不同的方面去说明它的特点。下面仅根据目前电力机车上使用的情况来分类。

1. 按用途分,有控制用继电器和保护用继电器。
2. 按输入的物理量分,有电量和非电量之分,如电压、电流继电器,风压、风速继电器等。
3. 按动作原理分,有电磁式、电子式、机械式等。
4. 按输入电流性质来分,有直流继电器和交流继电器。
5. 按接点情况分,有触点继电器和无触点继电器。
6. 按作用分,有电流继电器、电压继电器、时间继电器、中间继电器和压力继电器等。

三、继电器的特点

在电力机车上,继电器一般不直接控制主电路(或辅助电路),而是通过其他较大的电器来控制主辅电路。同像接触器一样较大的电器相比,继电器一般没有灭弧装置,体积小、质量轻、动作灵敏。

四、继电器的动作原理和继电器特性

继电器的输入量与输出量之间有一特定的关系,这就是继电器最基本的输入—输出特性,亦称继电特性。

继电特性可以通过分析继电器的工作过程来得到。下面我们分析电磁继电器的工作过程。

如图 3-2 所示为继电器的继电特性,输入量用 X 来表示,输出量用 Y 表示。当输入量从零增加时,在 $X < X_{dz}$ 的过程中,衔铁不吸合,常开接点保持打开,继电器不动作,输出量 $Y=0$;当 $X=X_{dz}$ 时,衔铁吸合,常开接点闭合,输出量即达到 $Y=Y_1$;继续增加 X 到 X_e(额定输入量),输出仍保持 Y_1(常开接点继续闭合)。当输入量 X

图 3-2　继电器的继电特性

从 X_e 减少时,在 $X < X_{fh}$ 过程中,常开接点继续闭合,输出保持 Y_1 不变。当 $X=X_{fh}$ 时,输入量产生的吸力不足以吸合衔铁,衔铁释放,常开触头打开,继电器返回,输出量 $Y=0$,继续减少输入量 X 到零,输出均保持在 Y 为零状态。

可见,继电特性由连续输入、跃变输出的折线组成,只要某装置有该输入——输出特性就能称为继电器。图中 X_{dz} 称为接点的动作值,X_{fh} 称为接点的返回值。

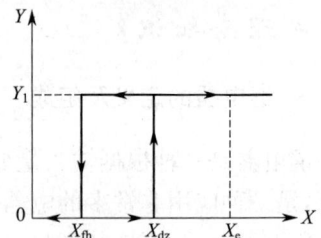

五、继电器的基本参数

（一）额定值

这里的额定值指输入量的额定值及输出量的额定值。如额定电压、电流、额定气压等。

（二）动作值

动作值能使接点闭合的输入物理量中的最小值。有时也称整定值。

（三）返回值

返回值是能使接点打开的输入物理量中的最大值。需要注意的是衔铁的释放值不一定是继电器的返回值（如常闭接点）。

（四）返回系数

继电器的返回值 X_{fh} 与动作值 X_{dz} 之比，称为返回系数，用 K_{fh} 表示，即：

$$K_{fh} = \frac{X_{fh}}{X_{dz}} \tag{3-1}$$

返回系数是继电器的重要参数之一。对继电器来说，一般 $K_{fh} < 1$，K_{fh} 越接近于 1，继电器动作越灵敏，但抗干扰能力就差，所以返回系数也不完全是越高越好。对控制继电器返回系数要求不高，对保护继电器要求有较高的返回系数。

（五）动作值的调整

继电器的动作值（或返回值）的调整，也称继电器参数的整定。对电磁继电器的整定，可通过改变反力弹簧和工作气隙来实现。对电子继电器来说，可改变比较环节的电位器的阻值等来实现。

六、继电器在电路中的表示方法

继电器和接触器的符号表示方法，在电路图中一般都有说明，同一电器的输入（如线圈）和输出（如接点）往往不画在一起，但代号是相同的。以表示控制和被控制的关系。不同车型的代号编制方法是不同的。另外国产车和进口车的常开、常闭接点的表示方法也相反。国产电力机车的电器接点表示方法为"上开下闭，左开右闭"。

电磁继电器具有工作可靠，结构简单及易于制造等优点，所以在电力机车上被大量采用。电磁继电器又分为直流和交流两种。为了与接触器对比认识，并利用电器学的基本理论，在以后介绍有关有触点继电器的组成时，我们有时还按传动装置和触头（接点）装置两部分来认识有关继电器。

七、直流继电器

（一）JZ15-44Z 型中间继电器

1. 型号

SS 型电力机车上装有 JZ15-44Z 型中间继电器。其含义：J—继电器；Z—中间；15—设计序号；44—4 常开、4 常闭接点数；Z—直流控制。

2. 作用

该型继电器用在直流控制电路中，用来控制各种控制电器的电磁线圈，以使信号放大或用一个信号控制几个电器。

3. 组成

如图 3-3 所示，主要由传动装置和触头（接点）装置组成。

传动装置由直流螺管式电磁铁构成。铁芯 3 和线圈 1 布置在继电器中央，为了获得较平坦的吸力特性和足够的开距，铁芯采用锥形衔铁 4，继电器的反力特性依靠动触头支架上的一对拉伸弹簧调节，衔铁上还有手动按钮 5，以供检查及故障操作之用。

触头装置的接点（联锁触头）为 8 对桥式，可根据需要任意组合成 2 开 6 闭、4 开 4 闭、6 开 2 闭的方式，但必须注意两个触头盒中的常开常闭接点数应对称布置。为了防尘和便于观察接点，继电器带有透明的防尘罩 7。

该型继电器的接点容量为 10 A，为了既实现体积小，结构紧凑，又保证大电流分断能力，静接点下采用永磁钢，以使电弧拉长熄灭。该型继电器的参数见表 3-1。

该型继电器还用在功率因数补偿装置（PFC）中，用来控制并联电阻，使电容尽快放电，结构要求有些不同，也称为放电接触器，型号为 JD15D-22ZF 型。

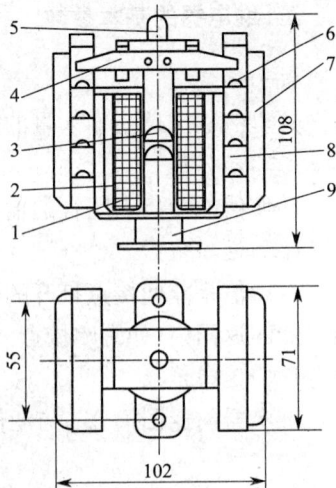

图 3-3　JZ15 继电器结构

1—线圈；2—磁；3—铁芯；4—衔铁；
5—按钮；6—触头组；7—防尘罩；
8—反力弹簧；9—支座

表 3-1　电磁继电器的主要参数

	型　号	JZ15-44Z	JT3 系列	JL14 系列		TJJ2 系列
触 头	数量	4 常开、4 常闭	1 常开、1 常闭	2 常开		2 常开、1 常闭
	额定电压(V)	DC 110	DC 110	DC 110		DC 110
	额定电流(A)	10	10	5		5
	开距(mm)	<3	<3	<2.5		>4
	超距(mm)	<2	<1.5	<1.5		<1.5
	初压力(N)	0.7	0.7			0.9
	终压力(N)	0.9	0.9	0.25		1.4
吸 引 线 圈	额定电压、电流	DC 110 V	DC 110 V	3 A	1 200 A	
	线径(mm)	ϕ0.16	ϕ0.18			ϕ0.29
	匝数	13 100	6 750	216	1	4 000
	阻值(Ω)	1 000	644	0.417	0	120
	线径(mm)					0.12
	根数					3 000
	阻值(Ω)					205
	整定值		12KT、21KT 为 1 s， 11 KT～20 KT 为 3 s			1KE、2KE 为 18 V

（二）JT3-21/5 型时间继电器

1. 型号

JT3-21/5 型时间继电器。其含义:J—继电器;T—通用;3—设计序号;21—2 开 1 闭接点数目;5—动作值(s)(延时时间)。

2. 作用

该型继电器作为直流控制电路中的延时控制环节。有三个时间等级 1 s(0.3~0.9 s)、3 s(0.8~3 s)、5 s(2.5~5 s)。

3. 组成

如图 3-4 所示,该型继电器的铁芯和磁轭采用圆柱整体电工钢,使铁芯与磁轭成为一体,再用铝基座浇铸而成,从而减小了装配气隙,降低磁阻,有利于提高继电器的灵敏度,极靴为一圆环,套在铁芯端部,衔铁制成板状,装在磁轭端部,可绕棱角转动,继电器在不通电释放状态情况下,借助于反力弹簧的作用使衔铁打开,铁芯上套有线圈,而在磁轭上套装有阻尼铜套(或阻尼铝套)起延时作用。在衔铁内侧与铁芯相接触处,装有一非磁性垫片,可减少衔铁释放时剩磁的影响。继电器的联锁触头装置装在前侧,衔铁支件与联锁触头支架联接,衔铁的动作即带动联锁触头支架上下动作,使联锁触头相应的开或闭。触头采用标准的 CI—1 型组件。

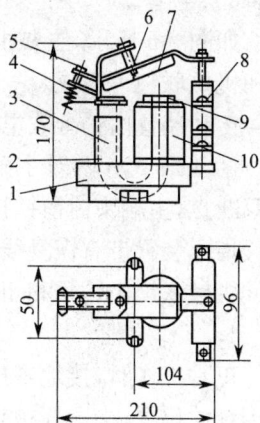

图 3-4　JT3 系列时间
继电器结构简图

1—底座;2—阻尼套筒;3—铁芯;
4—反力弹簧;5—反力调节螺母;
6—衔铁;7—非磁性垫片;
8—触头组;9—极靴;10—线圈

4. 动作原理(延时原理)

当继电器的线圈通电时,在磁路中产生磁通。当磁通增加到能使衔铁吸动的数值时,衔铁开始动作,随着衔铁与铁芯之间气隙的减小,磁通也增加。当衔铁与铁芯吸合以后,磁通最大(此时的磁通大于将衔铁吸住时所需的磁通)。在线圈通电时,因为磁通的增长和衔铁的动作时间很短,所以联锁触头的动作几乎是瞬时的。当线圈断电时,电流将瞬时下降为零,相应于电流的主磁通亦迅速减小;但因其变化率很大,根据楞次定律,在阻尼铜套(或阻尼铝套)内部将产生感应电势,并流过感应电流,此电流产生与原主磁通相同方向的磁通以阻止主磁通下降,这样就使磁路中的主磁通缓慢地衰减,直到磁通衰减到不能吸住衔铁时,衔铁才释放,接点才相应地打开(或闭合),这样就得到了所需的延时。

延时时间的长短与阻尼铜套(或阻尼铝套)的电阻有关,电阻愈小,延时愈长,该型继电器的延时调整方法有两种,一种是更换不同厚度的非磁性垫片,亦即改变衔铁闭合后的工作气隙,增加垫片厚度可减少延时,反之将增加延时。非磁性垫片一般由磷钢片制成,厚度为 0.1 mm、0.2 mm、0.3 mm,这种延时调节为阶梯形,用于粗调。另一种是改变反力弹簧的松紧程度,反力弹簧愈紧,延时愈短,反之延时愈长。但反力弹簧不能调得太松,否则有被剩磁粘住不释放的危险。这种方法可以平滑连续调节,用于延时的细调。

JT3 型时间继电器的主要参数见表 3-1。

(三)TJJ2-18/20 型接地继电器

1. 型号

TJJ2-18/20 型接地继电器,其含义:T—铁路;JJ—接地继电器;2—设计序号;18—动作值(18 V);20—2 开 0 闭接点数目。

2. 作用

该继电器用作直流主电路接地保护。

3. 组成

如图 3-5 所示,主要由传动装置、触头装置、指示装置和机械联锁等组成。

传动装置由拍合式电磁铁构成,带有吸引线圈 14。

触头装置有两对主触头和一对联锁触头,均为桥式双断点,主触头由衔铁控制,联锁触头由指示杆带动。

指示装置带有恢复线圈,螺管式电磁铁和指示杆。

机械联锁由钩子和扭簧组成。

4. 工作原理

正常工作时,接地继电器的控制线圈无电流,衔铁处于释放位置,指示杆被钩子勾住,接地继电器的联锁触头处于常开位置。当机车主电路发生接地故障时,控制电磁铁吸合动作带动触头切换有关电路,使主断路器跳闸切断机车总电源,保护了主电路。与此同时,衔铁与钩子的尾部相接触,迫使钩子克服扭簧的作用力,而使其顺时针旋转,使得钩子不再钩住指示杆并在弹簧的作用下跳出罩外,显示机械信号,联锁触头也随之闭合,司机台上信号显示屏中显示主接地信号。

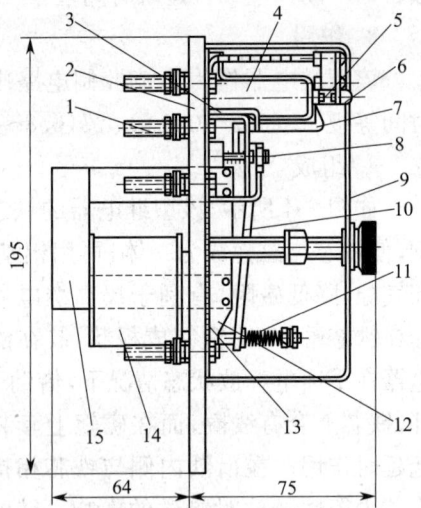

图 3-5　TJJ2 系列接地继电器结构简图
1—接线端子;2—底版;3—主触头;4—恢复线圈;
5—联锁触头;6—指示器;7—钩子;8—扭簧;
9—外罩;10—衔铁;11—反力弹簧;12—支座;
13—非磁性垫片;14—吸引线圈;15—铁芯

当故障消失时,衔铁在反力弹簧的作用下复位,但指示杆发出的机械信号仍保持。如需继续投入运行,则按"主断路器合"按钮,使恢复线圈短时得电,将指示杆吸入罩内,指示杆重新被钩子勾住,联锁触头也随之断开,于是接地继电器发出的机械信号和电信号一起消失。

5. 参数

TJJ2 型继电器的主要技术参数见表 3-1。

(四)过载继电器

在 SS$_1$ 型电力机车上曾采用过 TJL1 型过载继电器,包括牵引过载(过流)和制动过载(过流)继电器。用于牵引电动机的牵引过流保护和制动过流保护。

该继电器与接地继电器属同一系列,但它自己不带吸引线圈,牵引过流继电器的吸引线圈就是穿过铁芯窗口的一根母线(1 匝),而制动过流继电器的吸引线圈为便于调整返回系数,选用 2 匝。

SS$_1$ 型、SS$_3$ 型、SS$_{3B}$ 型、SS$_4$(1～158♯)型等电力机车也采用过 TJJ2 型接地继电器,用作牵引电动机的过载保护,它是通过电流传感器接入牵引电机回路,但动作值不同。

现在 SS$_{3B}$、SS$_4$ 改型和 SS$_8$ 型电力机车上,牵引电机的过载保护采用直流传感器采样送至电子柜或微机柜,通过中间继电器来断开主断路器或控制相应电路的电空接触器来切除故障电机。

八、交流继电器

(一)型号

JL14-20J 型,其含义:J—继电器;L—电流;14—设计序号;20—2 常开、0 常闭触头数;J—交流控制。

（二）作用

该型号交流继电器是作为主电路原边过流保护和辅助电路过流保护之用。主电路原边过流保护采用 JL14-20J/5 型交流继电器，辅助电路过流保护采用 JL14－20J/1 200 型交流继电器。其动作电流分别是 5A 和 1 200 A。

（三）组成

JL14 系列继电器磁系统是由呈角板形的磁轭、固定在磁轭上的圆形铁芯、平板形衔铁所组成，如图 3-6 所示。衔铁绕磁轭棱角支点转动而成拍合式动作。磁系统上部衔铁一端装有反力弹簧，继电器不通电时，借助于反力弹簧的反力使衔铁打开。同样也利用改变反力弹簧的压力大小来调节继电器动作电流整定值。在磁系统下部装有触头组，与衔铁支件联接，并由衔铁带动触头开闭。在铁芯端的衔铁上装有非磁性垫片，利用调整非磁性垫片的厚薄来调节继电器的释放电流值，即调整返回系数。另外，JL14-20J/5 型交流继电器自带线圈，JL14-20J/1200 型交流继电器不带专门线圈，而是一根母线。

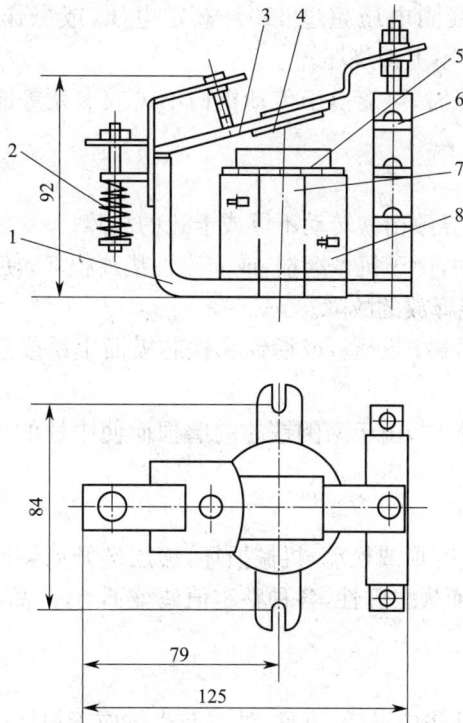

图 3-6　JL14 系列继电器结构简图

1—磁；2—反力弹簧；3—衔铁；4—非磁性垫片；5—极靴；6—触头组；7—铁芯；8—线圈

【任务实施】

一、电磁式继电器的检查

（一）触头故障检查

1. 由于触头的机械咬合（触头上形成的针状凸起与凹坑相互咬住）、熔焊或冷焊而产生无法断开的现象。

2. 由于接触电阻变大和不稳定使电路无法正常接通的现象。

3. 由于负载过大，或触头容量过小，或负载性质变化等引起触头无法分、合电路的故障。

4. 由于电压过高，或触头开距变小而出现触头间隙重新击穿的故障。

5. 由于电源频率过高，或触头间隙电容过大而产生无法准确开断电路的故障。

6. 由于各种环境条件不满足要求而造成触头工作的失误。

7. 由于没有采用熄弧装置或措施，或参数选用不当而造成触头磨损，或产生不必要的干扰。

（二）线圈故障检查

1. 由于环境温度的变化（超过技术条件规定值）导致线圈温升超过允许值而引起线圈绝缘的损坏；由于潮湿而引起绝缘水平的严重降低；由于腐蚀而引起内部断线或匝间短路。

2. 由于线圈电压超过 110％额定电压而导致线圈损坏。

3. 在使用维修时，可能由于工具的碰伤而使线圈绝缘损坏，或引起线折断。

4. 由于线圈电压接错，如额定电压为 110 V 的线圈接到 220 V 的电源电压上，或将交流电压线圈接到同样等级的直流电压上而使线圈立即烧坏。

5. 交流线圈可能由于线圈电压超过 110％额定电压，或操作频率过高，或当电压低于85％额定电压时因衔铁吸合不上而烧坏。

6. 当交流线圈接上电压时，可能由于传动机构不灵或卡死等原因，使衔铁不能闭合而使线圈烧坏。

（三）磁路故障

1. 棱角和转轴的磨损，导致衔铁转动不灵或卡死的故障。

2. 在有些直流继电器中，由于机械磨损，或非磁性垫片损坏，使衔铁闭合后的最小气隙变小，剩磁过大，导致衔铁不能释放的故障。

3. 交流继电器铁芯上分磁环断裂，或衔铁和铁芯极面生锈或侵入杂质时，将引起衔铁振动，产生噪声。

4. 交流继电器 E 型铁芯中，由于两侧铁芯的磨损而使中柱的气隙消失时，将产生衔铁粘住不放的故障。

（四）其他

其他包含各种零件产生变形或松动，机械损坏，镀层裂开或剥落，各带电部分与外壳间的绝缘不够，反力弹簧因疲劳而失去弹性，各种整定值调整不当，产品已达额定寿命等。

二、电磁继电器的维护

1. 继电器活动部分的动作应灵活、可靠，外罩及壳体应无损坏或缺少零件等情况。

2. 继电器线圈引出端子及外部连接线必须牢固、可靠，电磁继电器吸引线圈的阻值必须符合有关的技术规定。

3. 有指示件的继电器应检查指示件的自锁和释放作用，保证其正确、可靠。

4. 绝缘状态良好，磨耗件及易损件（包括胶木件、外罩、分磁环、非磁性垫片等）有缺损时应更新，各连接部分的紧固状态应良好。

5. 测量继电器触头厚度、开距、超程及终压力等技术参数，必须符合有关规程和工作文件的要求。

6. 调整继电器动作参数的整定值，并加漆封固定。有特殊要求时要测量继电器的返回系数。

【实践与训练】

工作单 3.1

项目名称	继电器检查与维护	
任务名称	电磁式继电器检查与维护	
班　级		姓　名	

【基础知识的认知】

1. 阐述电磁式继电器的分类。

2. 简述 JZ15-44Z 型中间继电器的结构组成。

3. 简述 TJJ2-18/21 型接地继电器的结构组成。

【动手能力训练】

通过实际操作，概括电磁式继电器检查维护方法。

【工作总结】

说明在本任务的工作过程中所了解、掌握的内容,有何收获。	
指导老师评价:	
任务完成人签字:	日期:　年　月　日
指导老师签字:	日期:　年　月　日

任务二　机械式继电器检查与维护

【任务要求】

1. 理解机械式继电器的作用。
2. 掌握机械式继电器的结构。

【任务内容】

1. 检查机械式继电器。
2. 维护机械式继电器。

【任务准备】

1. 所需设备:机械式继电器。
2. 所需物品:手电、万用表、兆欧表、螺丝刀、手钳、尖嘴钳、剥线钳、棉布、毛刷、气吹装置等。

【相关理论知识】

在 SS 系列电力机车上使用的机械式继电器有风道(风速)继电器、风压继电器和油流继电器。

一、风道(风速)继电器

风道继电器包括 TJV1-7/10 型风速继电器和 TJY5(TJY5A)型风道继电器。分述如下:

(一)TJV1-7/10 型风速继电器

1. 型号

TJV1-7/10 型继电器。其含义:T—铁路;J—继电器;V—速度;1—设计序号;7—动作值 (m/s);10—常开常闭联锁触头数。

2. 作用

该型继电器装在各通风系统的风道里,用来反映通风系统的工作状态是否正常,以确保通风系统有一定的风量,保护发热设备。

3. 组成

该型继电器主要由测量、比较和执行三个环节组成,如图 3-7 所示。测量环节由风叶 4 组成,用以感测风速。比较环节由扭簧 10 和反力弹簧 7 等组成,以决定继电器是否有输出(动作)。执行环节由 LW-11 型微动开关 2 来担任。在风叶轴上铆有传动块 9,并套有轴套,在套上套有扭簧,通过扭簧和传动块将叶片上的力矩传到传动组件。传动组件由传动板、滚轮和弹性传动件组成。传动块固定在轴套上,通过传动板上的拨杆、传动块又与扭簧相连,弹性传动件上端套在动开关的支架上,下端装有滚轮,通过滚轮与传动板接触。

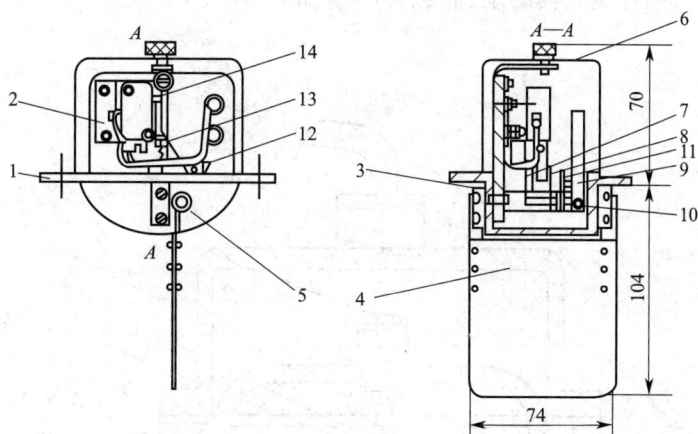

图 3-7　TJV1-7/10 型风速继电器结构简图

1—底座;2—微动开关;3—挡块;4—风叶;5—转轴;6—盖;7—反力弹簧;8—传动元件;
9—传动块;10—扭簧;11—拨杆;12—滚轮;13—弹性传动件;14—微动开关按钮

4. 动作原理

当叶片在风压力作用下转动时,传动块随着转动,传动块通过扭簧拨动传动组件,克服反力弹簧的作用,压迫微动开关动作,使其常开触头闭合,接通相应的控制电路正常工作。

当通风系统发生故障无风量或风量很小时,风叶片在扭簧和反力弹簧的作用下恢复到原位,使继电器返回,微动开关释放,其常开触头打开,从而切断相应的控制电路。

继电器的动作值(风速)靠调节反力弹簧来整定,其返回值约为 6 m/s。

5. 参数

TJV1-7/10 型风速继电器主要技术参数

触头额定电压 ··· DC 110 V

触头额定电流 ··· 3 A

触头数量 ··· 1 常开

风速整定值 ·· 6.3~7.7 m/s

(二)风道继电器

1. 型号

TJY5-0.3/10 型和 TJY5A-0.3/10 型。其含义:T—铁路机车用;J—继电器;Y—压力型;

5、5A—设计序号；0.3—动作整定风压值(kPa)；10—常开常闭触头。

2. 作用

在 SS8 型和 SS4G 型电力机车上，安装在牵引电机，硅整流装置柜和制动电阻柜的通风系统风道中，用来反映通风系统的工作状态，保护发热设备。

3. 组成

新型风道继电器外形为圆丘型铸铝合金壳体，电器各部件封闭其内。其可分为触头装置和传动装置，亦可分为测量机构、比较机构和执行机构。

(1)测量机构为一很薄的尼龙编织制品，上下铆以膜式铝片，用来感受风压，并带动动触头。

(2)比较机构为反力弹簧。

(3)执行机构为铝合金壳内的动、静触头，如图 3-8 所示。

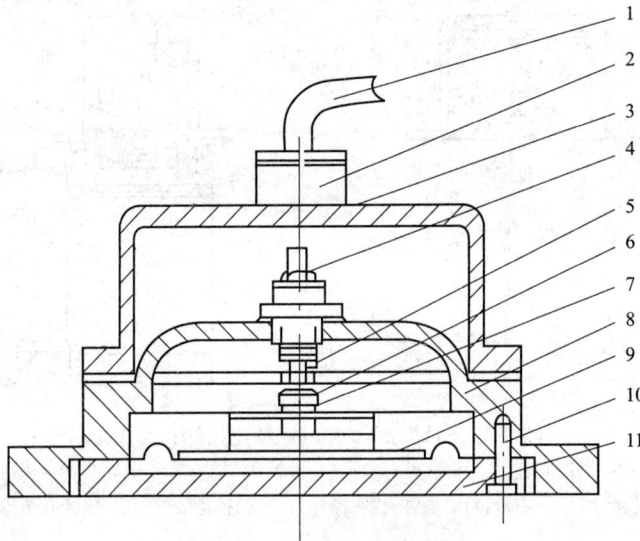

图 3-8　TJY5-0.3/10 型风道继电器
1—导线；2—出线座；3—盖；4—接线头；5—静触头；6—动触头；7—反力弹簧；
8—壳体；9—膜片；10—螺钉；11—护板

4. 动作原理

当风机启动后，各风道内产生的静压值为 294(1±10％)Pa 以上时，膜片 9 动作，带动动触头 6 克服反力弹簧 7 的作用，使常开触头闭合，接通相应的控制电路正常工作；当通风系统发生故障，风道内无风压或风压低于 294 Pa 时，动触头在反力弹簧及膜片的作用下恢复到原位，常开触头打开，从而切断相应的控制电路。

5. 特点

TJY5A 型为正压型，装在 SS4G 型和 SS8 型机车的牵引风机和制动风机的风道中。TJY5 型为负压型，装在 SS8 型电力机车的硅机组风道中。在使用及维护时应注意型号不要搞错。

6. 参数

触头额定电压 ··· DC 110 V

触头额定电流 ·· 3 A

触头数量 ·· 1 常开

风压整定值 ·· 294(1±10％)Pa

质量 ·· 0.75 kg

二、风压继电器

(一)型号

TJY3-1.5/11 型和 TJY3A-4.5/11 型风压继电器,其含义:T—铁路机车用;J—继电器;Y—压力型;3(3A)—设计序号;1.5(4.5)—动作值(kPa/cm²);11—常开常闭联锁触头数。

(二)作用

TJY3-1.5/11 型是作为电力机车电阻制动和空气制动间的安全联锁,在电阻制动时,空气制动不能太强,以免车轮被抱死。

TJY3A-4.5/11 型是作为主断路器的欠气压保护,防止在低气压下分合主断路器。

(三)组成

两种型号的继电器结构基本相同,主要由传动装置和联锁触头组成(当然亦可分为测量、比较和执行三部分)。TJY3 型压力继电器结构如图 3-9 所示,空气传动装置由橡胶薄膜 13、活塞 11、反力弹簧 6、调节螺母 8 及拉力弹簧 5 等组成。反力弹簧 6 套装在铜质活塞 11 上,其一端压装在基座上;另一端与调节螺母 8 相接。可旋转调节螺母 8 来调整反力弹簧 6 对活塞 11 的作用力,从而达到对该继电器的整定值的调整。当调节后,止挡弹出,防止调节螺母的误动,影响整定值。联锁触头采用 LX19K 行程开关。

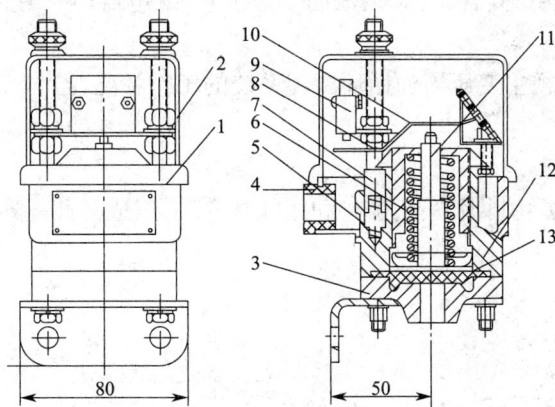

图 3-9　TJY3 型压力继电器结构简图

1—壳体;2—上盖;3—下盖;4—橡皮环;5—拉力弹簧;6—反力弹簧;7—止销;8—调节螺母;
9—行程开关;10—支架组装;11—活塞;12—阀体;13—橡胶薄膜

TJY3A-4.5 型的结构与 TJY3-1.5 型相似,只是行程开关换成微动开关,安装支架、反力弹簧和壳体也略有不同。

(四)动作原理

当气压达到动作值时,空气压力大于反力弹簧的反力,推动橡胶薄膜及活塞上行,通过传动件使接点动作。

SS₈ 型机车上采用一个 TJY3-1.5/11 型风压继电器,使电阻制动和空气制动间的安全联锁。采用一个 TJY3-4.5/11 型风压继电器,作主断路器的欠气压保护。而另一个 TJY3-4.5/11 型风压继电器,用来检测机车蓄能制动器供风的停车制动风管的风压,当停车制动风管压力低于 450 kPa 时,蓄能制动器会上闸抱轮,若司机不注意就会引起动轮迟缓。它的作用是当停车制动风管风压低于 450 kPa 时,继电器触头闭合,司机台上"停车制动"信号灯亮,提醒司机现在风管压力偏低应采取措施。

（五）主要技术参数

触头形式 ……………………………………………………………………… 桥式双断点

触头数量 ……………………………………………………………………… 1 常开 1 常闭

触头额定电压 ………………………………………………………………… DC 110 V

触头额定电流 ………………………………………………………………… 5 A

额定气压 ……………………………………………………………………… 900 kPa

TJY3 型

触头接通风压 ………………………………………………………………… 150 kPa

触头断开风压 ………………………………………………………………… 90～110 kPa

TJY3A 型

触头接通风压 ………………………………………………………………… 450～465 kPa

触头断开风压 ………………………………………………………………… 400～425 kPa

三、油流继电器

（一）型号

TJV2 型油流继电器。其含义:T—铁路机车用;J—继电器;V—速度;2—设计序号。

（二）作用

该型继电器用来监视主变压器油循环冷却系统的工作状况,当油流停止或不正常时,给司机发出警告信号。

（三）组成

如图 3-10 所示,主要由叶片 3、扭簧 4 和接线柱 9、10 组成。此外还有 LJ-38 和 YJ-100 等型号,结构基本相同。

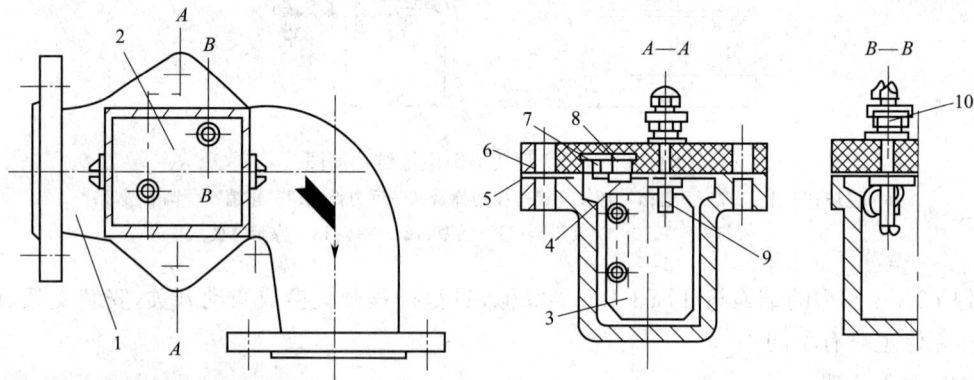

图 3-10　TJV2 型油流继电器

1—连管;2—外罩;3—叶片;4—扭簧;5—橡皮垫;6—底板;7—球轴承;8—转轴;9、10—接线柱

（四）动作原理

油流正常循环时,油流推动叶片 3 克服扭簧 4 的扭力而转动,使其常闭联锁触头(叶片和接线柱)断开,从而使司机台上油流信号不显示。

　　当油流停滞时,叶片在扭簧的作用下返回,其常闭联锁触头接通,司机台上油流信号显示,表示油流不正常。该型油流继电器管体上标有油流方向箭头,分左、右两方向,不能装错。

【任务实施】

一、机械式继电器的检查与维护

　　各继电器外观良好,触头无烧损,接线无松脱,动作压力标准。油污多时用专用清洗液清洗。

【实践与训练】

工作单 3.2

项目名称		继电器检查与维护	
任务名称		机械式继电器检查与维护	
班　级		姓　名	

【基础知识的认知】

1. 阐述 TJV1-7/10 型风速继电器的作用及组成。

2. 阐述 TJY5-0.3/10 和 TJY5A-0.3/10 继电器的作用及组成。

3. 阐述 TJY3-1.5/11 和 TJY3A-4.5/11 继电器的作用及组成。

【动手能力训练】

通过实际操作,概括机械式继电器检查维护方法。

【工作总结】

说明在本任务的工作过程中所了解、掌握的内容,有何收获。

指导老师评价:

任务完成人签字:　　　　　　　　　　　　　　　　日期:　年　月　日

指导老师签字:　　　　　　　　　　　　　　　　　日期:　年　月　日

任务三　电子式时间继电器检查与维护

【任务要求】

1. 了解电子式时间继电器的结构。
2. 理解电子式时间继电器的原理。

【任务内容】

1. 检查电子式时间继电器。
2. 维护电子式时间继电器。

【任务准备】

1. 所需设备：电子式时间继电器。
2. 所需物品：手电、万用表、兆欧表、螺丝刀、手钳、尖嘴钳、剥线钳、棉布、毛刷、气吹装置等。

【相关理论知识】

一、电子式时间继电器

在电力机车上还采用了新型的电子继电器（晶体管保护装置），它具有功能好、体积小、动作灵敏、可靠等优点。其组成可分为测量环节、比较环节和执行环节等三大部分。通过触发器的翻转状态变化（晶体管的导通和截止）来完成控制电路的通和断，由于电路的通或断是靠晶体管的导通和截止来实现，无明显的开断点，所以也称无触点电器（实际上，为了扩大输出功率，有时晶体管继电器的最终输出用的是小型中间继电器）。

一般采用晶闸管或者集成电路和电子元件等构成。具有延时范围广、精度高、体积小、耐冲击和耐振动、调节方便及寿命长等优点。

二、TJS 型电子时间继电器

1. 型号含义
T—铁路机车用；J—继电器；S—时间。
2. 作用
电力机车上一般安装两个电子式时间继电器，一个用于自动停车信号的延时，整定值 7 s；另一个用于动力制动与空气制动配合时的延时，整定值 25 s。
3. 工作原理
如图 3-11 所示为 TJS 型电子式时间继电器原理图。当时间继电器接线柱 1 由外电路得电后，经降压电阻 R1，在稳压管 DW1 上获得 24 V 直流电压，通过电阻 R2 给 C2 充电，获得延时作用（延时时间由时间常数决定）。当 C2 上的电压充至单晶体管 BT31F 的峰点电压时，C2 经 BT31F 向电阻 R4 放电，由此产生脉冲触发晶闸管 T，由接线柱 2 输出电压，使得外接中间继电器线圈得电。
4. 延时时间的调整
由于电子式时间继电器的延时时间由 R2 和 C2 充电电路的时间常数决定，因此只要改变电阻 R2 的阻值即可方便地调整延时时间。

【任务实施】

一、电子式时间继电器的检查与维护

时间继电器的故障现象，主要是延时时间不合规定或不能延时接通相应的线圈电路。若

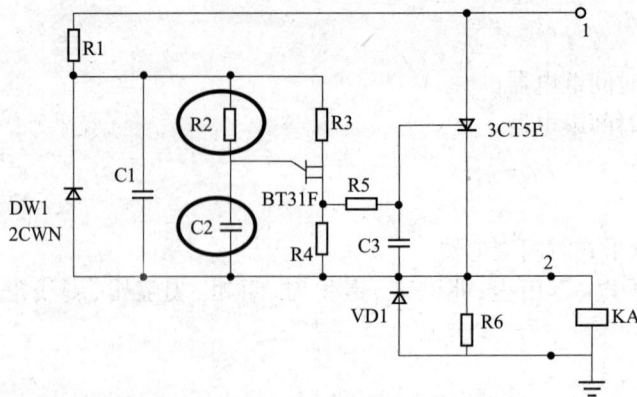

图 3-11　TJS 型电子式时间继电器原理图

延时时间不合规定时,应松开时间继电器上电位器的锁紧螺母,转动电位器中心轴,改变其电阻值,顺时针转延时加长,反之延时缩短。调整后应将锁紧螺母上紧;若转动电位器不能改变延时时间为电位器不良。

时间继电器不能延时应分别检查其三个电路组成部分工作是否正常。稳压电源正常与否。

【实践与训练】

工作单 3.3

项目名称	继电器检查与维护		
任务名称	电子式时间继电器检查与维护		
班　级		姓　名	

【基础知识的认知】

1. 阐述 TJS 型电子式时间继电器的作用。

2. 绘图描述 TJS 型电子式时间继电器的工作原理。

【动手能力训练】
列举 TJS 型电子式时间继电器内部涉及的电子元器件。
【工作总结】
说明在本任务的工作过程中所了解、掌握的内容,有何收获。
指导老师评价:
任务完成人签字:　　　　　　　　　　　　　　　　　　日期:　年　月　日
指导老师签字:　　　　　　　　　　　　　　　　　　　日期:　年　月　日

项目四　主型电器检查与维护

任务一　弹簧式受电弓检查与维护

【任务要求】

1. 掌握弹簧式受电弓的结构。
2. 理解弹簧式受电弓的工作原理。

【任务内容】

1. 检查弹簧式受电弓。
2. 维护弹簧式受电弓。

【任务准备】

1. 所需设备：弹簧式受电弓(试验台)，高、低压电气柜，模拟驾驶操纵台。
2. 所需物品：电器钳工常用工具、秒表、兆欧表(2 500 V)、游标卡尺、降弓弹簧拆装工具、钢板尺、垫木、汽油、润滑脂、毛刷、棉纱、绝缘材料。

【相关理论知识】

一、概　　述

受电弓是电力机车、电动车辆从接触网接触导线上受取电流的一种受流装置。它通过绝缘子安装在电力机车、电动车辆的车顶上，当受电弓升起时，其滑板与接触网导线直接接触，从接触网导线上受取电流，通过车顶母线传送到机车内部，供机车使用。

受电弓靠滑动接触而受流，是电力机车、电动车辆与固定供电装置之间的连接环节，其性能的优劣直接影响到电力机车、电动车辆工作的可靠性。随着电力机车、电动车辆运行速度的不断提高，对其受流性能也提出了越来越高的要求。其基本要求是：滑板与接触导线接触可靠，磨耗小；升、降弓时不产生过分冲击；运行中受电弓动作轻巧、平稳、动态稳定性好。为此，在接触导线高度允许变化的范围内，要求受电弓滑板对接触导线有一定的接触压力，且升、降弓过程具有先快后慢的特点，即升弓时滑板离开底架要快，贴近接触导线要慢，以防弹跳；降弓时滑板脱离接触导线要快，落在底架上要慢，以防拉弧及对底架有过分的机械冲击。

电力机车上安装有两台受电弓，正常运行时一般只升后弓，前弓备用。按结构形式分，受电弓分为双臂受电弓和单臂受电弓两种。双臂受电弓结构对称，侧向稳定性好，但结构复杂，调整困难。单臂受电弓结构简单，尺寸小，重量轻，调整容易，具有良好的动特性，高速时动态跟随性及受流特性较好，故而被现代电力机车、电动车辆广泛采用。

电力机车上采用有各种型号的受电弓，如 SS₁ 型、SS₃ᵦ 型机车采用的 TSG1-600/25 型受电弓,SS$_{4G}$ 型机车采用的 TSG1-630/25 型和 LV260-2 型受电弓,SS$_6$ 型机车上采用的 TSG3-630/25 型单臂受电弓等。各型受电弓的某些零部件虽略有不同,但其基本结构有许多相似之处。这里介绍 SS$_8$ 型电力机车上采用的 TSG3-630/25 型单臂受电弓。

二、主要技术参数

额定工作电压	25 kV
额定工作电流	630 A
最大运行速度	170 km/h
静态接触压力	(90±10)N
工作高度	500~2 250 mm
最大升弓高度	2 600 mm
弓头总长度	2 085 mm
滑板长度	1 250 mm
传动气缸工作气压	520~1 000 kPa
从 0~1 800 mm 升弓时间	6~8 s
从 1 800~0 mm 降弓时间	5~7 s
降弓位保持力	80 N

三、基本结构及主要部件的作用

TSG3-630/25 型单臂受电弓由底架、铰链机构、弓头部分、传动机构、控制机构等组成,其基本结构如图 4-1 所示,现分述如下。

(一)底架

底架由纵梁 2 和横梁 12 组成,用矩形钢管、钢板压形件及部分铸钢件焊接成"T"字形的基座,并通过 3 个绝缘子安装在机车车顶盖上。它是整个受电弓受流运动部件的安装基座,应具有足够的机械强度和耐受一定电压的电气性能。

纵梁 2 上组焊有推杆支座 3,此外,底架上还装有两组升弓弹簧 8,一套铰链机构和一个阻尼器 14 等部件。升弓弹簧由外圈和内圈两组弹簧套装而成,其一端与纵梁相连,另一端与下臂杆的底部相连。阻尼器用于有效地吸收机车高速运行时产生的冲击和振动,保证滑板与接触导线良好的接触,其一端与下臂杆铰链连接,另一端与推杆支座铰链连接。

(二)铰链机构

铰链机构由下臂杆 5、推杆 16、中间铰链座 17、平衡杆 18、上部框架 15 等部件组成,是实现弓头升降运动的机构。其中,下臂杆 5、推杆 16、平衡杆 18、上部框架 15 由无缝钢管组焊而成,通过铰链座铰链,各铰链处都装有滚动轴承,并采用金属软编织线进行短接,防止电流对轴承的电蚀。

下臂杆 5 由两根钢管焊接成"T"字形构件,横向管两端装有两个转轴,纵向管的前部装有升弓弹簧支架和升弓弹簧 8。升弓弹簧 8 的连接钢丝绳与弧形调整板 6 的背部紧贴,以此保证当受电弓在工作高度范围内升弓弹簧的拉力发生变化时,能产生足够的升弓转矩,维持弓头的静态接触压力基本不变。调节调整螺栓 4,可以改变弧形调整板 6 的倾角,也就改变了压力特性的摆动趋向。

平衡杆 18 的作用是保证弓头部分的滑板面在受电弓整个工作高度范围内始终保持水平状态。

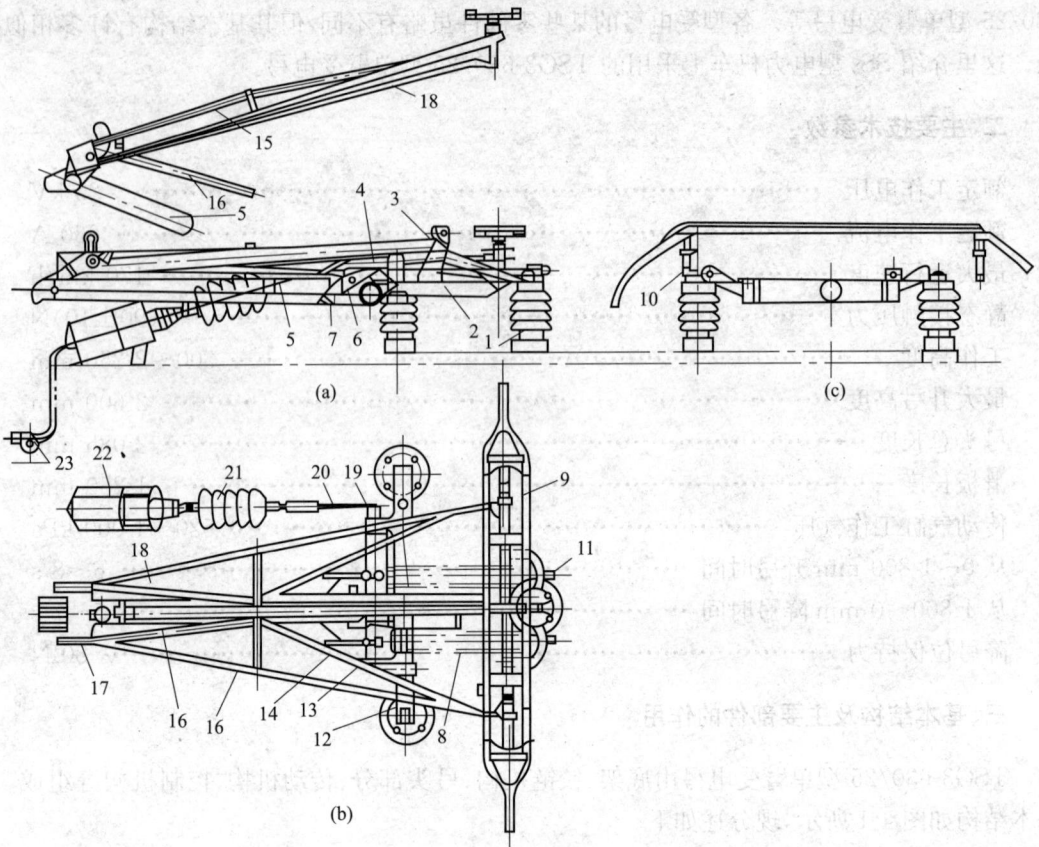

图 4-1　TSG3-630/25 型单臂受电弓结构示意图

1—绝缘子；2—纵梁；3—推杆支座；4—调整螺栓；5—下臂杆；6—弧形调整板；7—挂绳；8—升弓弹簧；
9—弓头；10—弹簧盒；11—升弓弹簧调整杆；12—横梁；13—转轴；14—阻尼器；15—上部框架；16—推杆；
17—中间绞链座；18—平衡杆；19—转臂；20—U 形连杆；21—传动绝缘子；22—传动气缸；23—缓冲阀

上部框架 15 由 5 根钢管焊接成一个构架，保证了上框架有较强的横向刚度和较小的质量。其一端与弓头上弹簧盒 10 的铰链用螺栓连接，另一端借助于压板用螺栓装在中间铰链座 17 上。

（三）弓头部分

弓头部分由滑板框架、羊角、滑板、弹簧盒、固体润滑剂等组成，如图 4-1(c)所示。

滑板框架用钢板压制后镀锌而成，羊角为铸铝件。羊角与滑板框架组装，连接成整个弓头外形。在滑板框架上装有两排粉末冶金滑板和两排固体润滑剂。

滑板是直接与接触导线接触受流的部件，它是受电弓故障率较高的部件之一，最常见的故障是磨耗到限和拉槽。目前采用的滑板有碳滑板、钢滑板、铝包碳滑板、粉末冶金滑板等。其中，碳滑板较软，滑板自身磨耗较大，需经常更换，适用于钢接触导线；钢滑板较硬，对接触网磨耗较大，适用于钢铝接触导线；粉末冶金滑板的主要成分是铁、铜和润滑油，它有较好的自润滑性和一定的机械强度，电阻率也较小，与接触网导线接触受流性能良好，既能同时适用于钢接触导线和钢铝接触导线，又有助于减少因滑板损坏而造成的刮弓事故，是较为理想的滑板材料。SS8 型电力机车上采用的 TSG3-630/25 型单臂受电弓使用的就是粉末冶金滑板，其原始厚度为 10 mm，磨损至 3 mm 时到限。

　　弹簧盒使弓头与铰链机构进行弹性连接，保证机车运行时，弓头能随着接触网导线高度和驰度的变化而上下动作，以改善受流特性。

　　（四）传动机构

　　传动机构由传动气缸 22、传动绝缘子 21、U 形连杆 20、转臂 19 等组成。传动绝缘子 21 连接在传动气缸 22 与 U 形连杆 20 之间对形连杆与转臂连接，转臂再与下臂杆转轴连接在一起。这种安装方式保证了受电弓高、低压之间的电绝缘，并能方便地传递和控制升、降弓作用力矩。

　　传动气缸的结构如图 4-2 所示，它由缸体 1、活塞 2、降弓弹簧 3、进气口 4、防尘套 5 等组成。气缸体与水平面成 15°仰角，安装在车顶上，如图 4-1 所示。

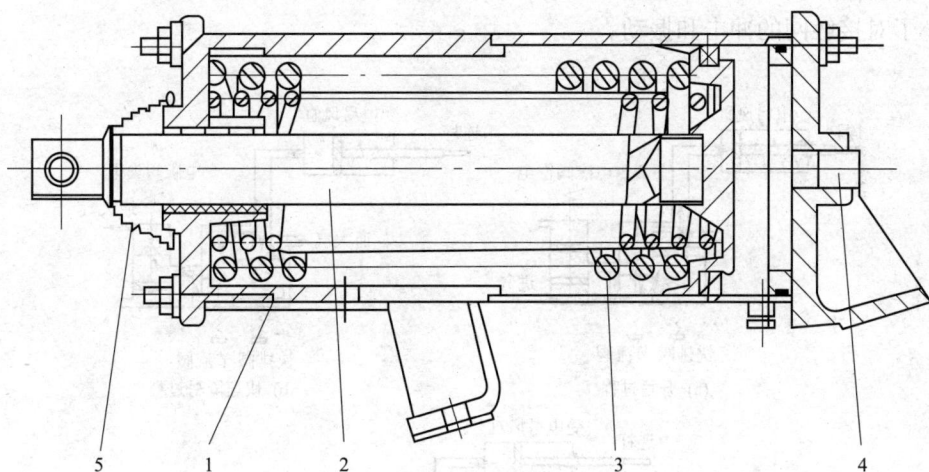

图 4-2　传动风缸

1—缸体；2—活塞；3—降弓弹簧；4—进气口；5—防尘套

　　（五）控制机构

　　TSG3-630/25 型受电弓的控制机构由缓冲阀和升弓电空阀组成，安装在机车内部，以便在机车内部调整升、降弓时间。

　　缓冲阀实际上是一个流量控制阀，它借助改变通流管路的截面大小来调节流量，满足受电弓升、降弓过程先快后慢的动作要求，减小对接触网和车顶的冲击振动，避免降弓时的

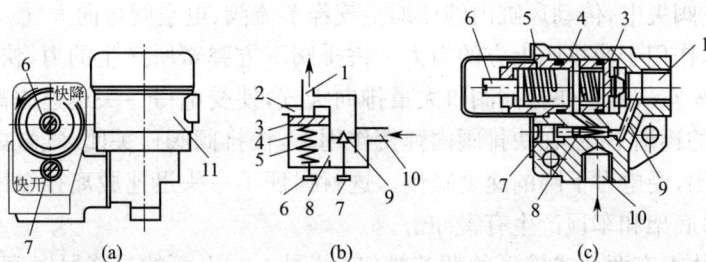

图 4-3　缓冲阀结构示意图

1—缓冲阀排气口；2—快排阀快排口；3—快排阀活塞；4—阀体；5—快排阀反力弹簧；

6—快排阀调节螺钉；7—节流阀调节螺钉；8，9—暗道；10—进气口；11—电空阀

拉弧现象。它由快排阀和节流阀两部分组成,如图 4-3 所示,主要包括阀体 4、快排阀活塞 3、快排阀反力弹簧 5、快排阀调节螺钉 6、节流阀调节螺钉 7、暗道 8 和 9 等部件。缓冲阀的进气口 10 与升弓电空阀下方的进气口相连,压缩空气经缓冲阀阀体内的小孔,通过不同截面的暗道,分别送入节流阀和快排阀。缓冲阀的排气口 1 与受电弓传动风缸的进风口(图 4-2 中的 4)相连。

如图 4-4 所示分别表示了受电弓升弓、快速降弓、缓慢降弓的动作原理示意图。升弓过程是压缩空气压缩降弓弹簧的过程,节流阀口的大小直接控制着压缩空气进入传动风缸的快慢。当节流阀口调好后,升弓初始,降弓弹簧的压力最小,克服该力所需要的气压较小,节流阀口的进出气压差最大,此时传动气缸中活塞的移动较快,升弓迅速;随着弓头的逐渐上升,降弓弹簧的压力逐渐增大,克服该力所需要的气压也逐渐增大,因此,节流阀口的气压差逐渐减小,进入风缸的气流逐渐减小,升弓的速度也逐渐减慢。这就实现了受电弓升弓时先快后慢的动作要求,减小了对接触网的冲击和振动。

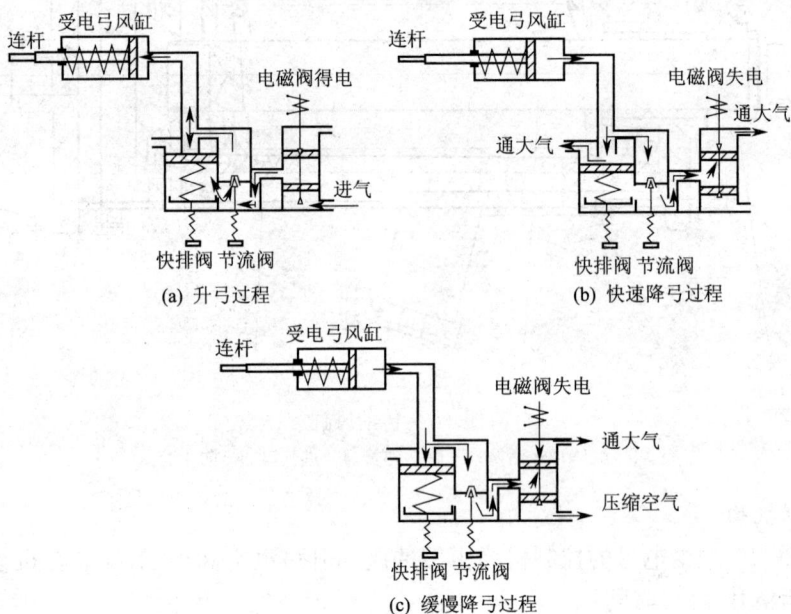

图 4-4 缓冲阀动作原理示意图

降弓时,电空阀失电,传动风缸内的压缩空气经节流阀、电空阀排向大气。降弓初始,传动风缸内气压较大,作用于快排阀上方的力大于快排阀下方弹簧所产生的力,快排阀阀口打开,传动风缸内的压缩空气通过快排阀阀口大量排向大气,使受电弓弓头迅速脱离接触网。随着传动风缸内气压的逐渐下降,在快排阀内弹簧作用下,快排阀阀口关闭,气缸内的残余气体从节流阀口徐徐排出,受电弓下降的速度减慢。这就保证了弓头迅速脱离接触网后变成缓慢下降,不会对受电弓底架和车顶产生有害冲击。

缓冲阀的阀体上有两个成锥形的调节螺钉,见图 4-3,上面的是降弓时间调节螺钉,下面的是升弓时间调节螺钉。顺时针旋转升弓时间调节螺钉时,节流阀阀口进风量减小,升弓时间延长;反之则升弓时间缩短。同理,可以调整降弓时间。

四、动作原理

升弓时,司机按下受电弓按键开关,升弓电空阀得电,压缩空气经缓冲阀的节流阀进入传动风缸,推动活塞克服降弓弹簧的作用力,带动传动绝缘子和 U 形连杆右移,解除了对下臂杆的约束力,升弓弹簧拉动下臂杆和推杆顺时针转动,推杆推动铰链座和上部框架逆时针旋转,带动受电弓弓头升起。

降弓时,司机恢复受电弓按键开关,受电弓电空阀失电,传动风缸内的压缩空气经快排阀、电空阀排向大气,在降弓弹簧的作用下,活塞带动 U 形连杆左移,当 U 形连杆与下臂杆转轴接触后,迫使转轴向下移动,强制下臂杆做逆时针转动,最终使弓头下降到落弓位。

五、静 特 性

在静止状态下,受电弓滑板在工作高度范围内对接触网导线的压力称为受电弓的静态接触压力。该值的大小直接影响受电弓受流的质量。静态接触压力偏小,则接触电阻增大,功率损耗增加,机车运行时易产生离线和电弧,从而导致接触导线和滑板的电磨损增加;压力偏大,则机械磨损增加,甚至造成滑板局部拉槽进而造成接触导线弹跳拉弧,以致刮弓。因此,要求受电弓在其工作高度范围内有一个较为合适的、基本不变的接触压力,这个接触压力由受电弓机械结构和各部分参数决定。适当的静态接触压力可以使受电弓与接触网导线正常接触,减少离线,克服风和高速气流及轮轨传来的机械振动的影响,保证良好的受流特性。

受电弓的静态接触压力与工作高度之间的关系称为受电弓的静特性,它可以用受电弓的静态特性曲线来表示,如图 4-5 所示。

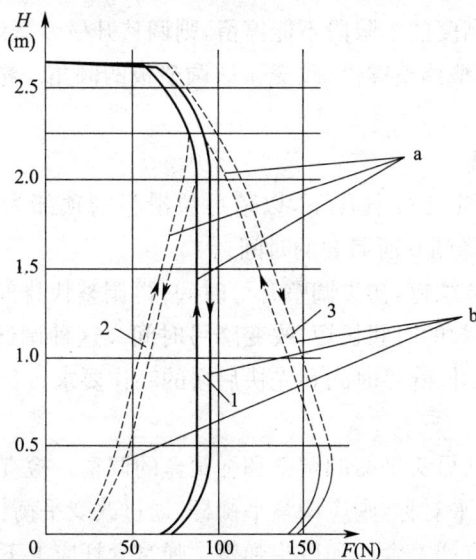

图 4-5　受电弓的静态特性曲线
1—正常压力的静态特性曲线;2—弧形调整板倾角小时的静态特性曲线;3—弧形调整板倾角大时
的静态特性曲线;a—受电弓上升的静态特性曲线;b—受电弓下降时的静态特性曲线

由图 4-5 可以看出以下三点：

（1）在工作高度范围内，受电弓的静态接触压力变化不大。这是因为产生接触压力的升弓弹簧在升弓高度变化时变形不大和弧形调整板的作用所致。

（2）受电弓上升过程与下降过程的静态特性曲线不重合。其原因是受电弓活动关节存在着摩擦力。由于该摩擦力始终与运动方向相反，因此，在升、降弓过程的静特性曲线之间的接触压力差约为两倍的摩擦力。当接触网导线向下倾斜而要求弓头滑板跟随下降时，该摩擦力使接触压力增加；同理，当接触网导线向上倾斜而要求弓头滑板跟随上升时，该摩擦力使接触压力减小。所以，为了减小摩擦力，在受电弓的各铰接部分均装有滚动轴承。

（3）调整弧形调整板的倾角，可以改变受电弓静态接触压力的大小。倾角减小，静态特性曲线的下端左移，反之则右移。

【任务实施】

一、弹簧式受电弓检查与维护

（一）维护

使用前，应检查所有的紧固件状态是否良好；软编织导线是否完整，断股严重的应及时更换；绝缘子是否清洁，有无裂痕；弓头滑板是否平整，连接是否平滑，已磨耗到限的滑板和润滑剂应及时更换。

（二）调整

1. 静态接触压力的调整

一般调整时，在受电弓弓头上加挂一个 90 N 的重物，正常情况下，弓头在任意工作高度上应能停留。若弓头在工作高度的上限段不能停留，则调整升弓弹簧调节螺钉；若弓头在工作高度的下限段不能停留，则调整调整螺栓，改变弧形调整板的倾角。精细调整时，须在专用的实验台上进行。

2. 升、降弓时间的调整

升、降弓时间是指在额定工作气压下，以落弓位滑板的顶部为参考点，受电弓由 0 升到 1 800 mm 或由 1 800 mm 降到 0 所需要的时间。

一般先调整节流阀调节螺钉，初步调整升弓时间；再调整快排阀调节螺钉，改变快排阀弹簧的压缩量，从而调整快排阀的时间长短，改变降弓时间。这种调试过程要反复进行多次，相互兼顾，以便满足受电弓的升、降弓时间和先快后慢的动作要求。

3. 弓头的调整

受电弓弓头的调整包括弓头平衡的调整和弹簧盒的调整。检查弓头在工作范围内任一高度的前后摆动量，若不为水平对称，则应调整平衡杆，通过改变平衡杆的长度，保持弓头滑板面的水平。弓头弹簧盒内装有弹簧盒杆和弓头弹簧。弹簧盒杆应上下活动自如，无阻滞现象，否则应对弓头进行详细的检查，找出影响盒杆运动的原因。因为弓头受到来自于接触网上硬点的冲击，常伴随有弓头的变形，所以此项调整较为复杂。若为盒杆内弹簧的原因，则应更换弹簧。

【实践与训练】

工作单 4.1

项目名称	主型电器检查与维护	
任务名称	弹簧式受电弓检查与维护	
班　级		姓　名

【基础知识的认知】

对照下图说明弹簧式受电弓的基本结构组成。

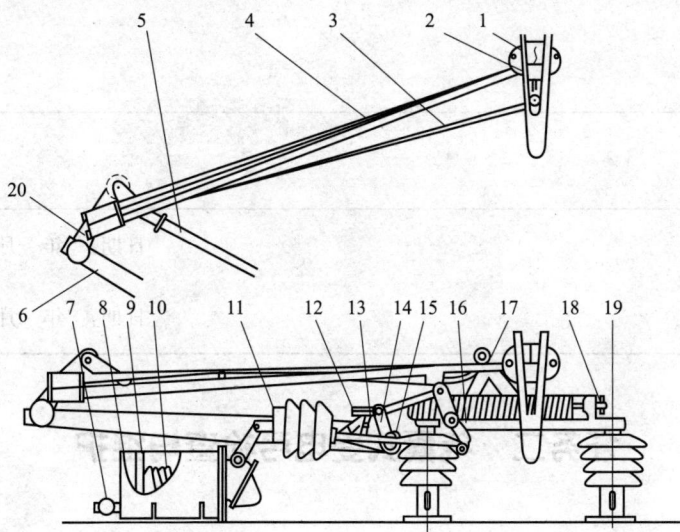

【动手能力训练】

1. 说明 TSG1 型受电弓的动作过程。

2. 通过实际操作,概括弹簧式受电弓的检查维护方法。

【工作总结】
说明在本任务的工作过程中所了解、掌握的内容,有何收获。
指导老师评价:
任务完成人签字:　　　　　　　　　　　　　　　　　日期:　年　月　日
指导老师签字:　　　　　　　　　　　　　　　　　　日期:　年　月　日

任务二　气囊式受电弓检查与维护

【任务要求】

1. 掌握气囊式受电弓的结构。
2. 理解气囊式受电弓的工作原理。

【任务内容】

1. 检查气囊式受电弓。
2. 维护气囊式受电弓。

【任务准备】

1. 所需设备:气囊式受电弓(试验台),高、低压电气柜,模拟驾驶操纵台。
2. 所需物品:电器钳工常用工具、秒表、兆欧表(2 500 V)、游标卡尺、降弓弹簧拆装工具、钢板尺 、垫木、汽油、润滑脂、毛刷、棉纱、绝缘材料。

【相关理论知识】

一、DSA200 型单臂受电弓的结构

DSA200 型单臂受电弓主要由集电头装置、四连杆机构、阻尼装置、驱动装置和自动降弓装置(ADD)等组成,如图 4-6 所示。

1. 集电头装置

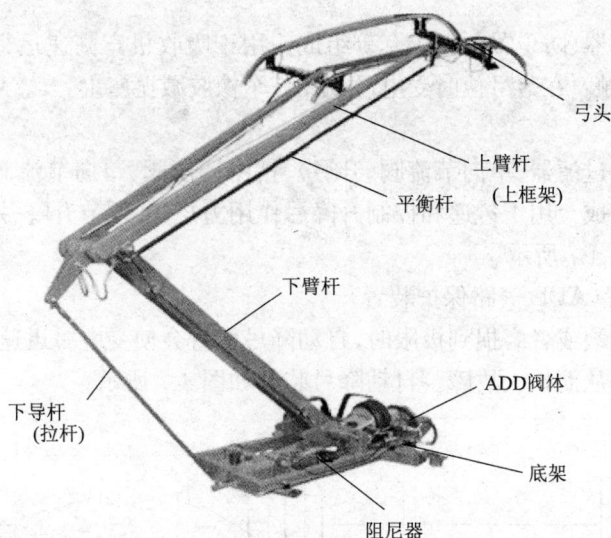

图 4-6　DSA-200 受电弓外形结构图

集电头装置包括集电头支撑和集电头组成。

集电头支撑是滑板与弓角的支撑。滑板安装在集电头支撑上,集电头支撑垂悬在四个拉簧下方,两个扭簧安装在集电头和上臂杆间,这种结构使滑板在机车运行方向移动灵活,而且能够缓冲各方向上的冲击,达到保护滑板的目的。

集电头是直接与接触导线接触受流的部分,由弓角和滑板组成。弓角是为了防止在接触网分叉处接触网导线进入滑板底部而造成刮弓事故。弓角插入集电头支架并用螺栓固定。滑板是直接与接触网接触受流的部件。DSA 碳滑板采用整体碳滑板,碳条高度为 22 mm,极限尺寸为 5 mm。滑板中有风道,通有压缩空气,如果滑板磨损到极限或断裂时,自动降弓装置发生作用,受电弓会迅速自动下降,防止弓网事故进一步扩大。为保证安全受流,碳滑板与集电头托架连接的部位有一层凝脂导电胶,该材料使得连接部位导电阻性减小,并降低了连接部位的温升,有效地避免了整个集电头部分过高的温升效应。

集电头部分大量采用铝合金结构,降低质量,保证良好的弓网力学性能。

2. 四连杆机构

第一套四臂连杆机构主要由底架、下臂杆、上臂杆以及下导杆构成,该机构的作用是使受电弓完成工作过程中的升降动作。

底架由高级合金钢焊接成方框结构,具有很高的机械结构强度和抗振性能。底架是整个受电弓的基座,是静臂杆,同时也是驱动装置,ADD 系统与其他连杆机构的安装和连接枢纽。

下臂杆由圆管合金钢焊接而成,四连杆的主动杆,传递驱动装置的输出力矩给上框架系统,并最终作用弓头系统,保证所需的弓网解除压力,同时也是 ADD 气路保护传输的通道。

上臂杆由铝合金焊接框架组成,具有较小的归算质量,作为四杆机构,从动杆传递力矩给弓头结构,同时也作为平衡系统的一个重要环节。

下导杆不同于弹簧受电弓的推杆,该部件在工作中承受拉力,与上框架和底架连接。

第二套四臂连杆机构主要由下臂杆、上臂杆、上导杆、集电头组成,该机构作用是在受电弓的工作高度保持弓头的水平状态。

各铰链座处都装有滚动轴承并采用金属软编织线进行短接,以防止电流对轴承的烧损。

3. 阻尼装置

阻尼装置由阻尼器、防尘罩和保护套等组成。用于吸收机车高速运行时产生的冲击和振动,保证滑板可靠接触。在落弓位时受电弓放在三个橡胶减振座上。

4. 驱动装置

驱动装置由空气过滤器、单向节流阀(升弓)、精密调压阀、单向节流阀(降弓)、安全阀、升弓装置和电空阀等组成。用于传递和控制升降弓作用力矩,并调节升降弓时间,保证动作先快后慢。驱动装置如图 4-7 所示。

5. 自动降弓装置(ADD 气路保护装置)

在受电弓滑板断裂或者磨损到极限时,自动降弓装置会使受电弓迅速自动下降,避免受电弓和接触网继续损坏从而扩大故障。自动降弓装置如图 4-7 所示。

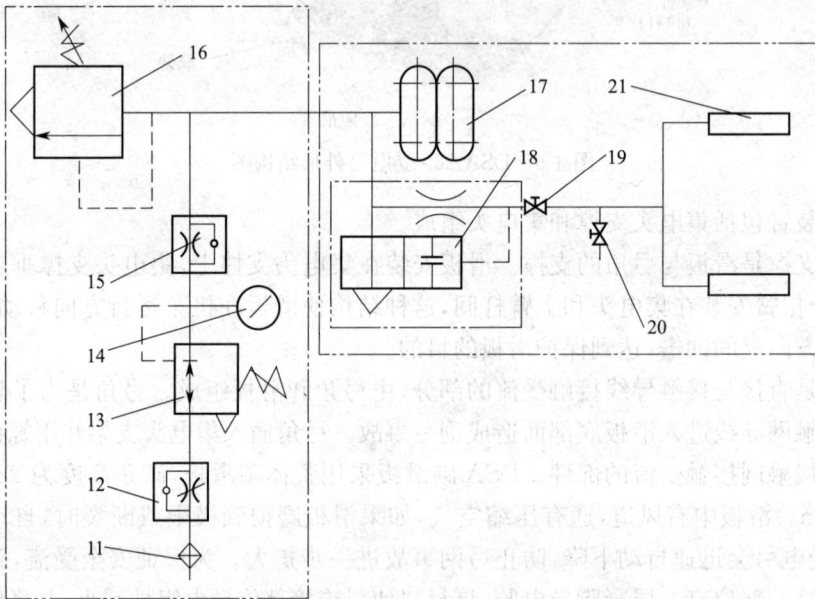

图 4-7　DSA-200 受电弓气路原理图

1—空气过滤器;2—单向节流阀(升弓);3—调压阀;4—气压表;5—单向节流阀(降弓);6—稳压阀;
7—气囊;8—快速降弓阀;9—ADD 关闭阀;10—ADD 试验阀;11—碳滑板(2 件)

二、主要技术参数

额定电压	25 kV
额定电流	1 000 A
额定运行速度	200 km/h
最大运行速度	220 km/h
静态接触压力(不带阻尼器)	70±10 N(可调)
落弓位保持力	≥120 N
输入空气压力	0.4~1 MPa
额定工作气压	约 0.36 MPa(可调)
升高到 2 m 的升弓时间(自绝缘子底面)	≤5.4 s(可调)
从 2 m 高度落下的降弓时间(至绝缘子底面)	≤4 s(可调)

【任务实施】

一、受电弓的检查与维护

（一）受电弓运用前检查维护要求

1. 用干燥的压缩空气(压力不大于 4 kPa)清除受电弓各部位的灰尘和脏物。

2. 受电弓各铰接部分应转动灵活。

3. 受电弓气囊、空气管路及各接头连接处不得有漏气现象。

4. 所有紧固件应紧固到位，各导电软连线应安装良好，无断裂或破损现象。

5. 滑板不得有严重缺损，安装牢固，接缝处应平整、密贴。滑板托及弓角无裂损、变形。滑板托顶面平整，不得有严重锈蚀。弓角与滑板之间应平滑过渡，间隙不得超限。滑板支架活动部分在任何高度均能动作灵活。

6. 各弹簧件无裂损、锈蚀。

（二）受电弓保养、维护及存放要求

1. 区段往返后，受电弓支持绝缘子和拉杆表面必须进行维护保养，在车顶无电状态下，用带有干净汽油或酒精的白布擦抹绝缘子表面。

2. 应使用弹簧秤经常对正常工作高度下受电弓接触压力作检测，如有异常，须及时修理、调整或更换滑板，并重新测定和调整接触压力使之符合要求。

3. 受电弓升降特性、滑板横动量及高低偏差等均应符合《受电弓技术条件和试验大纲要求》。

4. 保持活动框架、转轴、铰链部分清洁，可用沾有汽油或酒精的白布擦拭，并定期用汽油清洗铰接部分，然后用白布擦净并涂以适量润滑脂。

5. 运行中如发现受电弓有强大火花、不正常的上举和下降情况，必须进行调整。

6. 升起状态下，如果压缩空气供应故障、滑板断裂或磨损到限，受电弓将自动降下。经检查恢复后必须重新启动自动降弓装置。

7. 阀板上的滤清器应定期清洗，间隔期由压缩空气供应装置的情况决定，特别是空气的污染程度。建议开始一周检查一次，随着时间延长而延长检查周期。

8. 每 1 个月进行一次整个受电弓检查。若存在损坏的绝缘子、破损的软编织线、损坏的滑动轴承和变形的部件都应更换。若滑板磨损到限，也得更换。

9. 每 6 个月进行一次接触压力检测(包括整个受电弓功能检测)，软连线外观检测、弓头功能检测。

10. 每 1 年进行一次螺栓连接的检测。必须拧紧螺母和螺纹接头，特别注意滑板弹簧系统处的螺钉连接。注意：拧紧螺栓时一定要符合相应图纸规定的扭矩。

11. 轴承的润滑。滚动轴承终生都需要润滑。在最初安装时，两年一次的维修或常规维修时，油杯应加密封油脂(Shell Alvania R3)，以防止灰尘和水进入。

12. 更换软连线，维修周期为 4 年；更换轴承，维修周期为 8 年。

13. 如果发生以下情况，必须更换滑板：

(1)残余碳高度为 5 mm 时。

(2)发生刻痕或剥落。

(3)由于电弧产生变形或缺陷。

(4)滑板松动或渗水。

如果只需更换一块滑板，要保证该滑板与另一滑板的高度差不超过 3 mm。如果需要更换两块滑板，更换时，拧开底部的 4 个 M8 螺母便可拆下滑板。

14. 检查阻尼器。当损坏、功能不全或漏油时一定要更换阻尼器。

15. 建议每 4～6 周在降弓位检查一次钢丝绳的松紧。若需要，则把钢丝绳拉紧，但两螺母拧紧量要相同，以避免升弓装置松弛（降弓位）。

16. 建议在安装好的状态下储存小装配，以方便使用。如果需要，将整体更换然后立即使用。

17. 受电弓不使用而需存放时，应对受电弓进行一次全面检查。若有零部件缺损、绝缘子裂纹、涂层脱落、水泥胶合剂脱落、紧固件松动等都应进行更换、修整。

【实践与训练】

工作单 4.2

项目名称	主型电器检查与维护		
任务名称	气囊式受电弓检查与维护		
班　级		姓　名	

【基础知识的认知】

对照下图说明气囊式受电弓 DSA200 的基本结构组成。

【动手能力训练】

1. 通过实际操作观察 DSA200 的动作过程并加以总结。

2. 通过实际操作,概括气囊式受电弓的检查维护方法。
【工作总结】 说明在本任务的工作过程中所了解、掌握的内容,有何收获。
指导老师评价:
任务完成人签字:　　　　　　　　　　　　　　　　　　　　日期:　年　月　日
指导老师签字:　　　　　　　　　　　　　　　　　　　　　日期:　年　月　日

任务三　空气断路器检查与维护

【任务要求】

1. 理解主断路器的作用。
2. 熟知空气主断路器的结构。
3. 理解空气主断路器的工作原理。

【任务内容】

1. 空气主断路器的检查。
2. 空气主断路器的维护。

【任务准备】

1. 所需设备:主断路器(试验台),高、低压电气柜,模拟驾驶操纵台。
2. 所需物品:电器钳工常用工具、万用表、兆欧表(2 500 V)、游标卡尺、轴承拆卸工具、铜棒、垫木、汽油、润滑脂、毛刷、棉纱、绝缘材料。

【相关理论知识】

主断路器连接在受电弓与主变压器原边绕组之间,安装在机车车顶中部,它是电力机车电源的总开关和机车的总保护电器。当主断路器闭合时,机车通过受电弓从接触网导线上获得电源,投入工作;若机车主电路和辅助电路发生短路、过载、接地等故障时,故障信号通过相关控制电路使主断路器自动开断,切断机车总电源,防止故障范围扩大。

主断路器属于高压断路器的一种,按其灭弧介质可分为油断路器、空气断路器、六氟化硫断路器和真空断路器等。

一、型　　号

目前,在 SS₁ 型、SS₃A 型、SS₃B 型等电力机车上采用的是 TDZ1-200/25,其含义 T—铁路机车用;D—断路器 Z—表示主断路器;1—设计序号;200—额定分断容量(MV·A);25—额定电压(kV),其中,在 SS₄ 型、SS₄G 型、SG 型、SS₇C 型、SS₇D 型及 SS₈ 型等电力机车上采用的是 TDZ1A-10/25 型空气断路器,T—铁路机车用;D—断路器;Z—表示主断路器;1A—设计序号;10—额定电流(kA);25—额定电压(kV)。6K 型电力机车上采用的是真空断路器。与其他类型的断路器相比,空气断路器具有下列优点:

(1)压缩空气具有可压缩性,对灭弧室各零部件所产生的机械应力较小。

(2)压缩空气流动性好,传导速度高。灭弧时动作迅速、可靠,可使气体的流动与电弧柱的膨胀和收缩紧密相随,因此燃弧时间短,灭弧性能好,触头寿命长。

(3)防爆,使用安全可靠。

(4)适用于温度变化较大的工作环境。

它的不足之处主要是:

(1)操作时噪声较大。

(2)分断能力受电压恢复速度的影响较大。

(3)在气压和分断能力一定的情况下,分断小电感电流时,常因灭弧能力过大而产生截流过电压。

(4)结构复杂,制造工艺要求较高。

上述不足之处在采取了若干措施后,可以得到改善,加之在电力机车上有现成的压缩空气气源,因此,在 SS 系列电力机车上广泛采用了空气断路器。本节只介绍 TDZ1A-10/25 型空气断路器。

二、主要技术参数

额定电压 ·· 25 kV

额定电流 ·· 400 A

额定频率 ·· 25 Hz

额定分断电流 ··· 10 kA

额定分断容量 ··· 250 MV·A

额定工作气压 ··· 700～900 kPa

固有分闸时间 ··· ≤30 ms

延时时间 ·· 35～55 ms

合闸时间 ·· ≤0.1 s

额定控制电压 ·· DC 110 V

总质量 ·· 150 kg

三、基本结构及主要部件的作用

TDZ1A-10/25 型空气断路器结构如图 4-8 所示,它安装在机车顶盖上(铸铝制成)以底板为界,分上、下两大部分。露在车顶上的为高压部分,主要有灭弧室 1、非线性电阻瓷瓶 2、支持瓷瓶 20、隔离开关 6 和转动瓷瓶 7 等部件。装在底板下部的为低压部分,主要有储气缸 21、主阀 18、延时阀 15、传动气缸 22、起动阀 12、辅助开关 23 等部件。

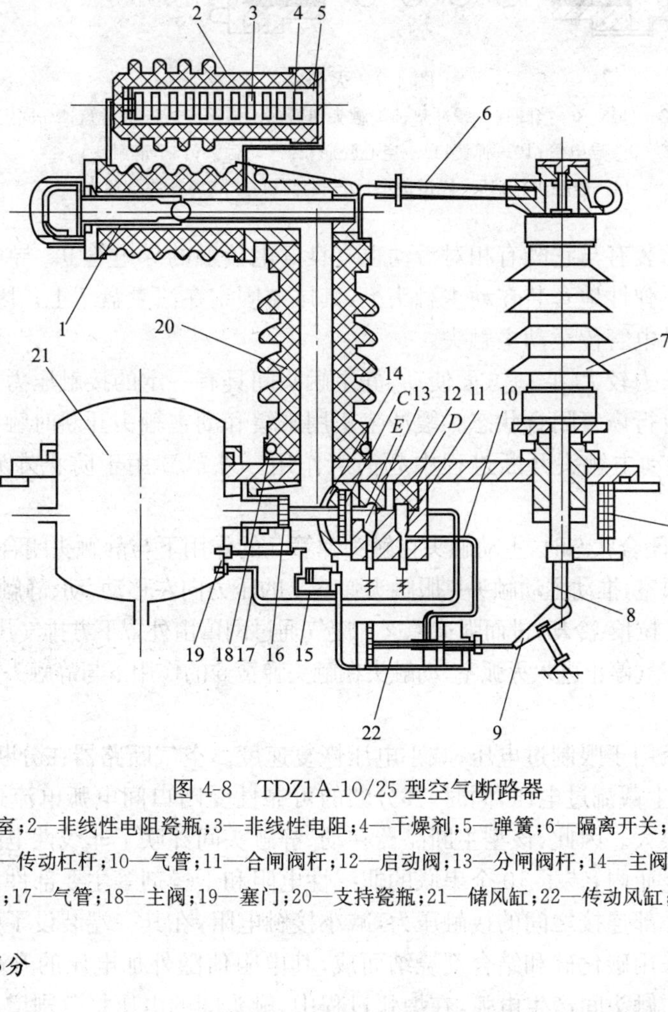

图 4-8　TDZ1A-10/25 型空气断路器

1—灭弧室;2—非线性电阻瓷瓶;3—非线性电阻;4—干燥剂;5—弹簧;6—隔离开关;7—转动瓷瓶;
8—控制轴;9—传动杠杆;10—气管;11—合闸阀杆;12—启动阀;13—分闸阀杆;14—主阀活塞;15—延时阀;
16—阀门;17—气管;18—主阀;19—塞门;20—支持瓷瓶;21—储风缸;22—传动风缸;23—辅助开关

(一)高压部分

1. 灭弧室

灭弧室的结构如图 4-9 所示,它是主断路器安装主触头、熄灭电弧的重要部件。其主体为空心瓷瓶 11,一端装风道接头 15,通过支持瓷瓶的中心空腔与主阀的气路相连;另一端装法兰盘 7,以此将高压电引入主断路器。

静触头 13 的头部为球状,端部镶着耐电弧的钼块,以提高耐弧性能;它固定在风道接头 15 上,通过套筒 16 与隔离开关静触头 17 相连。动触头 12 呈管状,其一端为工作端,工作端的管内壁作成弧形,成一"喷口",以利于与静主触头球面有良好接触及产生良好的吹弧作用;另一端与一圆环形弹簧座 6 相贴。弹簧座后顺次接有触头弹簧 5、缓冲垫 4、挡圈 3、网罩 1 和外罩 2。

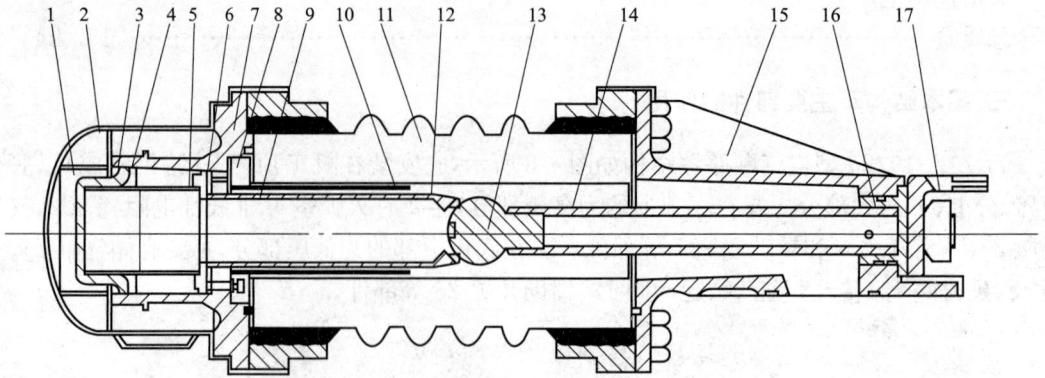

图 4-9　灭弧室

1—网罩；2—外罩；3—挡圈；4—缓冲垫；5—触头弹簧；6—弹簧座；7—法兰盘；8—固定盘；
9—导电管；10—弹簧；11—空心瓷瓶；12—动触头；13—静触头；
14—静触头杆；15—风道接头；16—套筒；17—隔离开关及触头

　　动主触头的外面装有与它既有相对滑动也有良好电接触的导电管 9。导电管由铜管铣成多瓣形，通过弹簧 10 弹性地套装在动主触头上，其尾端固定在法兰盘 7 上。因此，从法兰盘引入的高压电源通过导电管传至动主触头。

　　触头弹簧 5 的张力较大，它一方面使动、静主触头间具有一定的接触压力，另一方面使动、静主触头开断后能自行恢复闭合状态。缓冲垫 4 用来缓和动主触头开断时触头弹簧 5 对挡圈 3 的撞击。网罩 1 在动主触头开断过程中起消声作用。外罩 2 用于防止外界脏物沾污主触头，其下部有排气孔。

　　当主断路器处于闭合状态时，主动触头在触头弹簧 5 的作用下与静触头闭合。当分闸阀得电时，压缩空气进入灭弧室，推动主动触头克服触头弹簧 5 的压力向左移动，动、静触头间产生的电弧进入主动触头"喷口"，拉长、冷却，进而强迫熄灭。废气通过网罩由外罩下方排气孔排入大气。主断路器分闸完成，压缩空气停止进入灭弧室，动触头在触头弹簧 5 的作用下与静触头重新闭合。

　　2. 非线性电阻

　　非线性电阻瓷瓶用于限制过电压，减小电压恢复速度。空气断路器在分断小电流时，由于熄弧能力太强，易产生截流过电压；同时，其分断的可靠性受断口间电弧电流过零瞬时恢复电压上生的速度影响很大。因此，该型主断路器在动、静触头间并联了非线性电阻瓷瓶。

　　在非线性电阻瓷瓶内，装了 10 个串联的非线性电阻和干燥剂等主要部件。为了保证非线性电阻片之间及与外部连接之间的接触压力，减小接触电阻，在其一端装设了弹簧。

　　非线性电阻片采用碳化硅和结合剂烧结而成，其电阻值随外加电压的升高而下降。主断路器分闸时，动、静主触头间产生电弧，在熄弧过程中，触头间的电压将急剧增加。当电压增加到一定值时，非线性电阻值迅速下降，主触头上的电流迅速转移到非线性电阻上，既可限制过电压，减小电压恢复速度，又有利于主触头上电弧的熄灭，减少触头电磨损。随着非线性电阻两端电压的降低，其阻值又迅速增大，以减小残余电流，保证隔离开关几乎在无电流下断开，提高断路器的分断可靠性。为了避免非线性电阻片受潮后性能发生改变，在放置非线性电阻片的空心瓷瓶内设有密封圈和干燥剂。

　　3. 隔离开关

　　隔离开关结构如图 4-10 所示。它由静触头（见图 4-9 中的 13）、动触头 7、弹簧装置 6、隔离开关闸刀1(动触杆)、法兰盘2(下转动座)、铜滚珠　4、连接件5(上转动座)及弹簧装置3等组成。

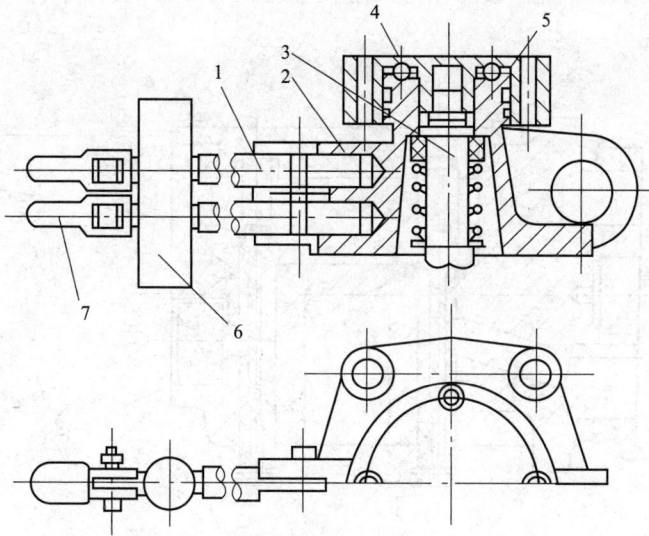

图 4-10　隔离开关

1—隔离开关闸刀;2—法兰盘;3、6—弹簧装置;4—铜滚珠;5—连接件;7—动触头

　　隔离开关静触头固定在弯接头上,它与灭弧室内的静主触头相连。其接触面有沟槽,以便与动触指良好的接触。动触杆紧固在下转动座上。动触指套装在动触杆上,并用螺钉紧固,便于在动触指磨耗到限时拆下更换,或反过来继续使用。弹簧装置6设在动触杆上,用来保证动触指能夹紧隔离开关静触头,并保持一定的接触压力。下转动座、转动瓷瓶与操纵轴用螺钉固为一体。上转动座通过铜滚珠、轴承及弹簧固定在下转动座上。上、下转动座之间的铜滚珠用来减小摩擦,同时用作上、下转动座之间的电联接。在主断器动作过程中,连接件5不转动,它与变压器原边绕组相连接。

　　隔离开关自身不带灭弧装置,不具有分断大电流的能力,它与主触头协调动作,完成主断路器的分、合闸动作。主断路器分闸时的动作顺序是:主触头分断电路并在灭弧室内熄灭主动、静触头之间的电弧、隔离开关打开,主触头重新闭合。此时,隔离开关保持在打开位置从而保持主断路器处于分闸状态。即主断路器分闸时,隔离开关比主触头延时动作,待主触头断开并熄弧后再无电断开,主断路器合闸时,主触头不再动作,仅需操纵隔离开关闸刀闭合即可。

　　(二)低压部分

　　1. 启动阀

　　启动阀由左边的分闸阀和右边的合闸阀两部分组成,呈对称分布,如图4-11所示。两阀有各自的阀杆3、弹簧5和密封垫4,由各自的电磁铁控制,共用阀体2、密封垫1和盖板6。D、E、F 3个空腔分别与储风缸、主阀C腔、传动风缸相通。

　　当分、合闸线圈失电时,D腔充满了来自储风缸的压缩空气,分闸阀和合闸阀在弹簧5和D腔压缩空气的共同作用下处于关闭状态。

　　当合闸电磁铁线圈得电时,合闸电磁铁撞块撞击合闸阀阀杆,使阀杆克服弹簧5的作用向上移动,阀门打开,D腔内的压缩空气经阀门从F腔进入传动气缸,带动主断路器闭合。F腔内有直径为2 mm的排气孔,而进入D腔的压缩空气管径为8 mm,所以,F腔仍能保持相当高的气压使传动气缸装置动作。

当分闸电磁铁线圈得电时,分闸电磁铁撞块撞击分闸阀阀杆,使阀杆克服弹簧 5 的作用向上移动,阀门打开,D 腔内的压缩空气经阀门从 E 腔送往主阀的 C 腔,主阀动作,带动主断路器分闸。

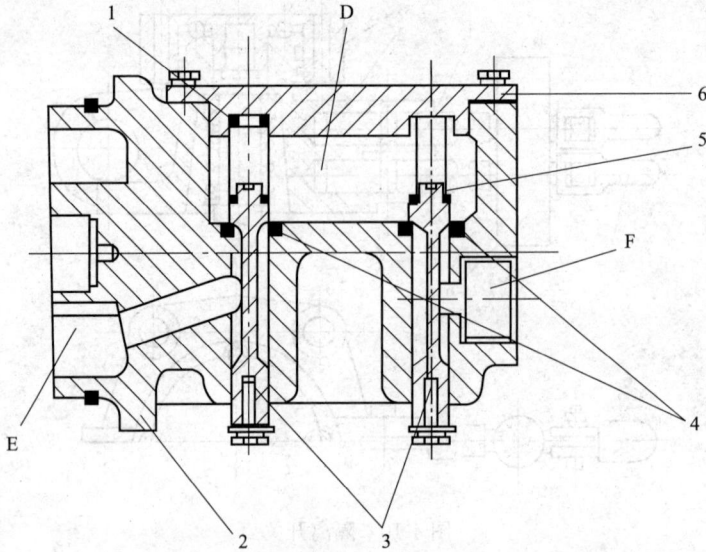

图 4-11 启动阀
1、4—密封垫;2—阀体;3—阀杆;5—弹簧;6—盖板

2. 主阀

主阀采用气动差动式结构,如图 4-12 所示。它由阀体 1、阀杆 2、活塞 3、阀盘 5、弹簧 6 等部件组成。主阀共有 5 条气路:A 腔与储风缸相连,B 腔经支持瓷瓶通向灭弧室,C 腔与启动阀的 E 腔相连,下方与延时阀进气孔相通,另有一条小气路将储风缸内少量的压缩空气由通风塞门经主阀送入支持瓷瓶和灭弧室,保证灭弧室内始终有一个对外的正压力,防止外界潮湿空气进入灭弧室。

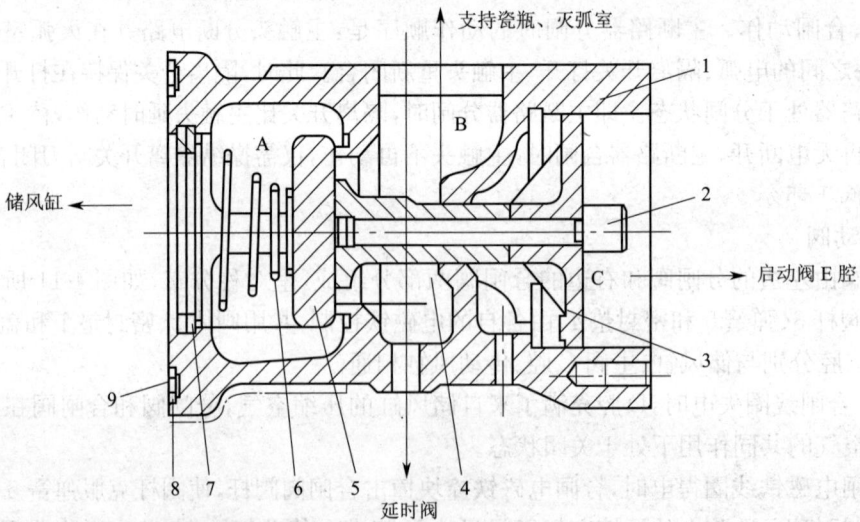

图 4-12 主阀
1—阀体;2—阀杆;3—活塞;4—滑块;5—阀盘;6—弹簧;7—垫圈;8—挡圈;9—密封圈

当分闸电磁铁线圈失电时,在 A 腔压缩空气和弹簧 6 的共同作用下,主阀处于关闭状态。

当分闸电磁铁线圈得电时,分门阀动作,起动阀 D 腔内的压缩空气经阀门从 E 腔送往主阀的 C 腔,虽然主阀阀盘 5 和活塞 3 两端都受到压缩空气的作用,但活塞 3 的直径大于阀盘 5 的直径,使阀杆 2 带动阀盘 5 和活塞 3 左移,主阀打开,储风缸内大量的压缩空气向上经主阀、支持瓷瓶进入灭弧室,带动主触头动作;向下送入延时阀的进气孔。

3. 延时阀

延时阀的作用是使传动风缸较灭弧室滞后一定时间得到储风缸的压缩空气,确保隔离开关比主触头延时动作,无电弧开断。

延时阀的结构如图 4-13 所示。它由阀座 1、膜片 3、阀杆 4、阀体 5、阀门 6、弹簧 7、阀盖 8、调节螺钉 9 等部件组成。调节螺钉 9 用于调整进入膜片 3 下部空腔的气路大小,改变延时时间。

当延时阀进气孔无压缩空气送入时,延时阀阀门 6 在弹簧 7 的作用下处于关闭状态。

当主阀打开时,压缩空气经延时阀进气孔、阀盖 8 上的进气管路、阀体 5 上的通道、调节螺钉 9 与阀座 1 之间的间隙,进入膜片 3 下部的空腔。因为管路截面小,膜片 3 的面积大于阀门 6 的面积,膜片下部的气压经过一定时间延时达到一定压力后,足以克服弹簧 7 的作用,推动阀杆 4 向上移动,阀门 6 打开,大量的压缩空气进入传动气缸的进气孔。

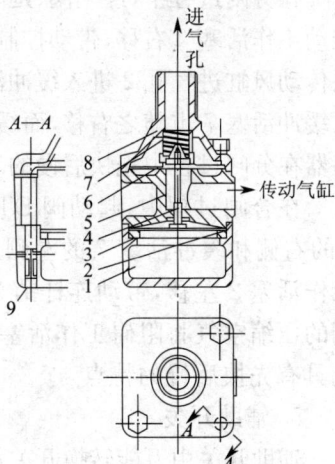

图 4-13　延时阀

1—阀座;2—密封环;3—膜片;4—阀杆;
5—阀体;6—阀门;7—弹簧;
8—阀盖;9—调节螺钉

4. 传动气缸

传动气缸以隔板 5 为界,分为左边的工作腔和右边的缓冲腔两大部分,如图 4-14 所示。活塞杆 3 上装有工作活塞 2、缓冲活塞 7 和套筒 1,连杆销 9 与控制轴相连。

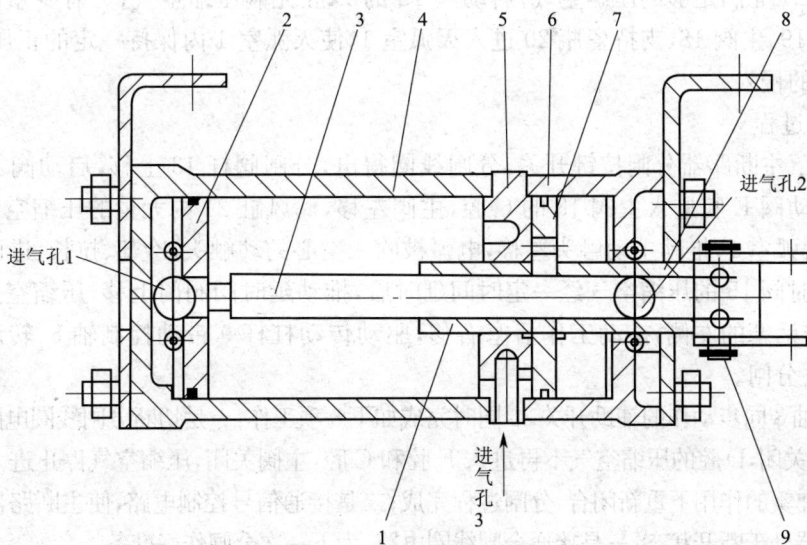

图 4-14　传动气缸

1、8—套筒;2—工作活塞;3—活塞杆;4—工作气缸体;5—隔板;6—缓冲气缸体;7—缓冲活塞;9—连杆销

　　由于隔离开关和转动瓷瓶均具有一定的质量。在隔离开关动作过程中,要使其瞬间制停到位,必然会产生很大的惯性冲击,容易发生控制轴、隔离开关刀杆或转动瓷瓶断裂。为此,在传动风缸的隔板 5 上设有一排气孔,隔板 5 和缓冲气缸体 6 上各设有一个逆止阀。

　　在分闸过程中,经主阀、延时阀的压缩空气一路从传动风缸进气孔 1 进入工作活塞左侧,推动工作活塞 2 右移,带动控制轴、转动瓷瓶转动,隔离开关分闸。与此同时,另一路压缩空气从传动风缸进气孔 2 进入缓冲活塞 7 右侧,当工作活塞 2 向右运动,碰到套筒 1 时,迫使套筒 1、缓冲活塞 7 也随之右移,而缓冲活塞 7 右侧的压缩空气将阻碍它们的运动,这就保证了主断路器在分闸过程中先快后慢的动作要求,起到了缓冲的作用。

　　在合闸过程中,起动阀 D 腔的压缩空气经 F 腔、传动风缸进气孔 3,分别进入工作活塞 2 的右侧和缓冲活塞 7 的左侧。一方面,工作活塞 2 左移,带动隔离开关合闸;另一方面,当工作活塞 2 左移,带动连杆销 9 碰到套筒 8 时,会迫使缓冲活塞 7 左移,同理,缓冲活塞 7 左侧的压缩空气将阻碍工作活塞 2、套筒 1 和缓冲活塞 7 的运动,保证主断路器在合闸过程中也具有先快后慢的特点。

　　5. 辅助开关

　　辅助开关由万能转换开关承担,其引出线通过插销或插座同机车有关电路相连。辅助开关的作用如下:一是接受机车整备控制电路的电信号,控制分、合闸电磁铁的动作;二是作分、合闸之间的电气联锁,即分闸完成后切断分闸线圈电路,接通合闸线圈电路,为下一步合闸动作作好准备,保证下一步只能是合闸动作而非分闸动作,反之亦然;三是与信号控制电路相连,显示主断路器所处的状态,分闸状态时信号灯亮,合闸状态时信号灯灭。

四、动作原理

　　主断路器的动作原理用图 4-8 来说明。

　　1. 准备工作

　　储风缸 21 充满足够的压缩空气;启动阀 12 的 D 腔充满压缩空气;另有少量的压缩空气经通风塞门 19、主阀 18、支持瓷瓶 20 进入灭弧室 1,使灭弧室 1 内保持一定的正压力,防止外部潮湿空气的侵入。

　　2. 分闸过程

　　司机按下主断路器分闸按键开关,分闸线圈得电,分闸阀杆 13 上移,启动阀 12D 腔的压缩空气经启动阀 E 腔进入主阀 18 的 C 腔,主阀左移,储风缸 21 内大量的压缩空气经支持瓷瓶 20 进入灭弧室 1,推动主动触头左移,电弧被吹入空心的动触头、冷却、拉长、进而熄灭。

　　进入延时阀 15 的压缩空气经一定时间延时后,推动延时阀阀门上移,压缩空气进入传动风缸 22 工作活塞的左侧,推动工作活塞右移,驱动传动杠杆 9 带动控制轴 8、转动瓷瓶 7 转动,隔离开关分闸。

　　与控制轴 8 同步动作的辅助开关 23 同时完成如下 3 项工作:一是切断分闸线圈电路,分闸线圈失电,分闸阀关闭,D 腔的压缩空气不再进入 E 腔和 C 腔,主阀关闭,压缩空气停止进入灭弧室,主触头在反力弹簧的作用下重新闭合,分闸过程完成;二是接通信号控制电路,使主断路器信号灯亮,显示主断路器处于断开状态;三是接通合闸线圈电路,为下一次合闸作好准备。

　　3. 合闸过程

　　司机按下主断路器合闸按键开关,合闸线圈得电,合闸阀杆 11 上移,启动阀 12D 腔的压缩空气经启动阀 F 腔进入传动风缸 22 工作活塞的右侧,推动工作活塞左移,驱动传动杠杆 9 带动控制轴 8、转动瓷瓶 7 转动,隔离开关合闸。

同理,与控制轴 8 同步动作的辅助开关 23 同时完成如下三项工作:一是切断合闸线圈电路,合闸线圈失电,合闸阀关闭,压缩空气停止进入传动风缸 22,合闸过程完成;二是切断信号控制电路,使主断路器信号灯灭,显示主断路器处于闭合状态;三是接通分闸线圈电路,为下一次分闸作好准备。

【任务实施】

一、空气主断路器的检查与维护

为了使主断路器处于良好的工作状态,必须加强维护管理,主要应做到以下几个方面。

(一)保持气路洁净

压缩空气潮湿或不洁,管道不干净,可能造成以下后果:

(1)在电弧作用下分解成氢、氧等混合气体,破坏主触头分断后断口间的绝缘,使熄弧困难或电弧重燃,严重时会造成灭弧室炸裂。

(2)使支持瓷瓶和灭弧室内腔绝缘强度降低,造成沿面放电。

(3)管道中的漆皮、锈渣等异物可能堵塞气口,使主断路器动作失灵,发生卡位现象。

(4)异物若进入灭弧室,可能会造成主触头接触不良,使非线性电阻长期通电而烧损,严重时会造成非线性电阻瓷瓶炸裂。

因此,在主断路器储气缸的进气管上装有油水分离器,下部有放水阀,使用维护时应定期排水,保持气路洁净。

(二)定期更换橡胶件

主断路器是一种结构复杂的气动电器,各部件对密封性能要求较高,为保证良好的密封性,应定期更换橡胶件。

(三)定期检查各主要部件,保持各部件良好的技术状态

1. 灭弧室

定期检测主触头超程和动触头复原弹簧的状态。动、静触头由于分、合频繁,会因相互摩擦而磨损,从而造成超程减小,接触压力减小。当超程减小到一定程度时,要更换动、静触头。

动触头复原弹簧变形超过一定限度时,必须及时更换。

2. 非线性电阻

保持非线性电阻瓷瓶内腔清洁,密封良好。定期更换非线性电阻瓷瓶中的干燥剂,检测非线性电阻片的阻值。阻值变化超过一定限度时,必须及时更换。

3. 主阀

定期检查活塞与阀体间的配合尺寸,尺寸不符合要求应及时更换。

4. 传动气缸

适当调节好传动气缸的缓冲,保证隔离开关动作良好。定期检查活塞与缸体之间的配合精度,通过修整或更换零部件,保证其良好的动作性能。

5. 通风塞门

必须定期更换塞门中的填料,检测塞门的通风量,将其调整至允许范围之内。

【实践与训练】

工作单 4.3

项目名称	主型电器检查与维护	
任务名称	空气断路器的检查与维护	
班　级		姓　名	

【基础知识的认知】

对照下图说明空气断路器基本结构组成。

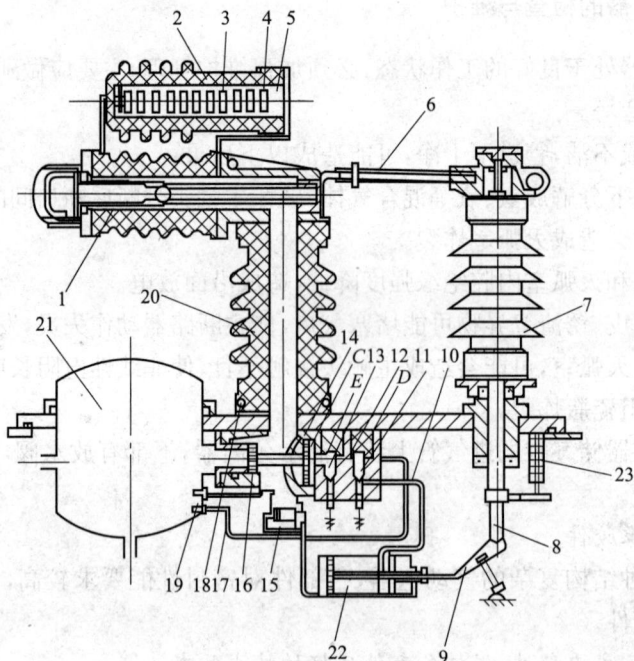

【动手能力训练】

通过实际操作,概括空气断路器的检查维护方法。

【工作总结】

说明在本任务的工作过程中所了解、掌握的内容,有何收获。

指导老师评价：	
任务完成人签字：	日期：　年　月　日
指导老师签字：	日期：　年　月　日

任务四　真空断路器检查与维护

【任务要求】

1. 熟知真空断路器的结构。
2. 理解真空断路器的工作原理。

【任务内容】

1. 真空断路器的检查。
2. 真空断路器的维护。

【任务准备】

1. 所需设备：真空主断路器(试验台)，高、低压电气柜，模拟驾驶操纵台。
2. 所需物品：电器钳工常用工具、万用表、兆欧表(2 500 V)、游标卡尺、轴承拆卸工具、铜棒、垫木、汽油、润滑脂、毛刷、棉纱等。

【相关理论知识】

一、概　　述

BVACN99 交流真空主断路器用于开断、接通 25 kV 主电路，同时用于过载、短路和接地保护。BVACN99 交流真空主断路器是利用压缩空气进行操作并利用真空进行灭弧的高压电器。其具有如下特点：

(1)绝缘性高；

(2)采用真空灭弧，环境稳定性好；

(3)结构简单；

(4)开断容量大；

(5)机械寿命长；

(6)维护保养简单；

(7)与空气断路器有互换性。

二、主要技术参数

标称电压 ………………………………………………………………… 25 kV

额定电压　···　30 kV(工作范围 17.5～31 kV)

额定频率　···　50～60 Hz

额定工作电流···　1 000 A

额定短路接通能力　···　40 kA

额定短路开断能力　···　20 kA

额定短时耐受电流　···　25 kA(1 s)

机械寿命··　25 万次

热电流···　1 000 A

开断容量···　600 MV·A

固有分闸时间　···　20～60 ms

标称控制电压　···　DC110 V

标称闭合功率　···　50～200 W

标称保持功率　···　15～50 W

额定工作气压　··　450～1 000 kPa

每次合闸的耗气量　···　2.5 dm³

绝缘子爬电距离：

A. 垂直绝缘子　···　≥1 020 mm

B. 水平绝缘子　···　≥1 067 mm

绝缘间隙···　≥310 mm

三、结构及主要部件的作用

BVAC N99 型交流真空主断路器结构如图 4-15 所示，分为高压、中间绝缘和控制三个部分。

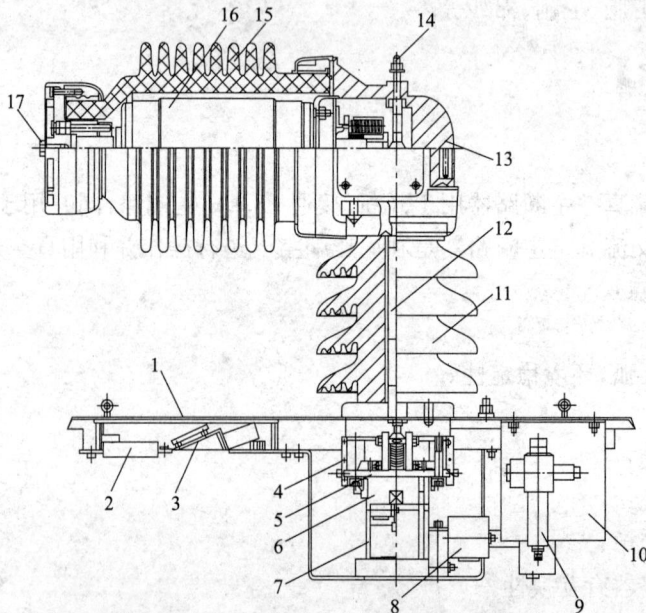

图 4-15　BVAC N99 型交流真空主断路器
1—底板；2—插座连接器；3—110 V控制单元；4—辅助触头；5—肘节机构；6—保持线圈；7—压力气缸；8—电磁阀；9—调压阀；
10—储风缸；11—垂直绝缘子；12—绝缘操纵杆；13—传动轴头组装；14—高压输出端(HV1)；15—水平绝缘子；
16—真空包组装；17—高压输入端(HV2)

(一)高压部分

高压部分结构包括水平绝缘子 15、真空包组装和传动轴头组装 13 等。真空包组装安装于水平绝缘子内部,构成机车顶上的高压回路。真空包通过密封与大气隔离,真空包包括动触头、静触头和瓷质外罩等。金属波纹管的设置既可保持密封,又可使动触头在一定范围内移动,保证动、静触头在一定的真空度下断开。真空度是真空包最重要的参数之一,和真空包的开断能力成一定关系。

真空包的分、合闸操作体现了整个主断路器的分合闸状况,具体表现为对动触头的操作,通过右端传动轴头组装导向来自气动部分产生的机械动力来完成,这样就可以保证它的轴向运动。

(二)中间绝缘部分

中间绝缘部分包括垂直绝缘子 11 和底板 1 以及安装于车顶与断路器之间的 O 形密封圈。

垂直绝缘子 11 安装在底板 1 上用以提供 30 kV 的绝缘要求,同时绝缘操纵杆 12 通过垂直绝缘子 11 的轴向中心孔,连接电空机械装置和真空包的动触头。底板 1 安装于车顶,O 形密封圈用以保证断路器与车顶之间的密封。

(三)控制部分

BVAC N99 型交流真空主断路器采用电空控制。该控制的实现主要由储风缸 10、调压阀 9、压力开关、电磁阀 8、压力气缸 7、保持线圈 6、肘节机构 5、110 V 控制单元 3 等操纵控制部件完成,通过控制空气管路,在动触头快速合闸过程中提供必需的压力。

各部件的作用如下:

(1)储风缸是实现断路器气动控制的气压源,能够满足在机车对断路器不供气的状态下,其残存压缩空气至少能使断路器完成一次动作。

(2)调压阀安装在断路器进气口与储风缸之间,通过对其气压值的整定,保证进入储风缸内的气压值。

(3)调压阀上安装有一空气过滤阀,用于保证进入储风缸气体的清洁与干燥。

(4)压力开关安装于储风缸上与调压阀相对一侧,与储风缸内气体相连,用以监控断路器合闸的最小气压值,当储风缸内气压低于其整定值时,就会自动断开,并通过低压控制线路将信息反馈给 110 V 控制单元,以使断路器拒绝进行操作。

(5)电磁阀控制储风缸内的气流的通断。

(6)压力气缸把空气压力转化为机械作用力。

(7)保持线圈安装于气缸上部,通过对气缸活塞的吸合,实现对断路器合闸状态的保持。

(8)肘节机构用以实现真空断路器分闸时的快速脱扣,保证断路器快速地分断。

(9)110 V 控制单元安装在真空断路器底板下部,通过其对断路器的动作进行整体控制。

四、动作原理

(一)合闸过程

1. 合闸装置

本装置带有空气管路,在动触头快速合闸过程中提供必需的压力。压力开关监控断路器合闸的最小压力。电磁阀控制气缸内的气流量,操作机械装置气缸把空气压力转化为机械作用力。通过调压阀的流量来保证合适的合闸速度。断路器合闸状态通过保持线圈来保证。电磁阀得电后允许高压气体由压力气缸释放,如图 4-16 所示。

合闸操作(BVACN99 在断开状态)

主触头(HV)

储风缸

保持线圈

进气口

传动风缸

电磁阀

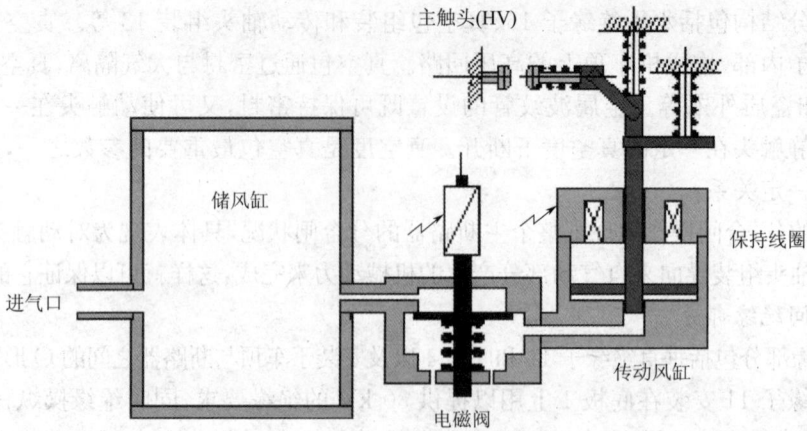

图 4-16　主断路器动作原理示意图

只有在满足如下条件,断路器才能闭合:

(1)断路器必须是断开的(图 4-17)。

(2)必须有充足的气压。

(3)保持线圈必须处于得电状态。

2. 合闸步骤

(1)按"开/关"键。

(2)电磁阀得电,气路打开(图 4-18)。

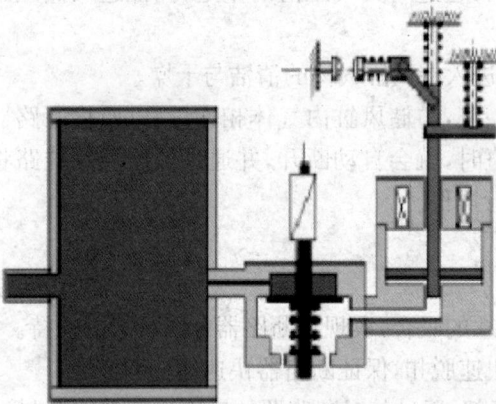

图 4-17　主断路器断开时刻　　　　　　图 4-18　电磁阀得电,气路打开

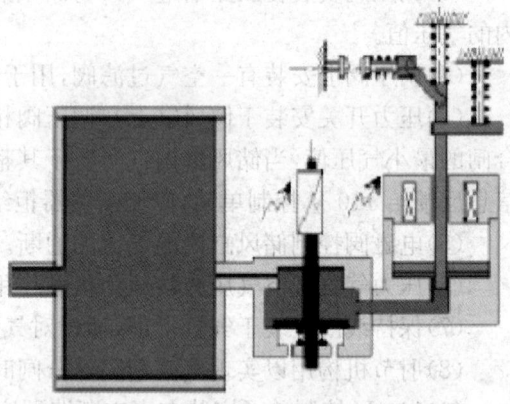

(3)压缩空气由储风缸经电空阀流入压力气缸,推动活塞向上运动。

(4)主动触头随着活塞的移动而运动(图 4-19)。

(5)恢复弹簧压缩。

(6)主触头闭合。

(7)触头压力弹簧压缩(图 4-20)。

(8)活塞到达行程末端。

(9)保持线圈在保持位置得电。

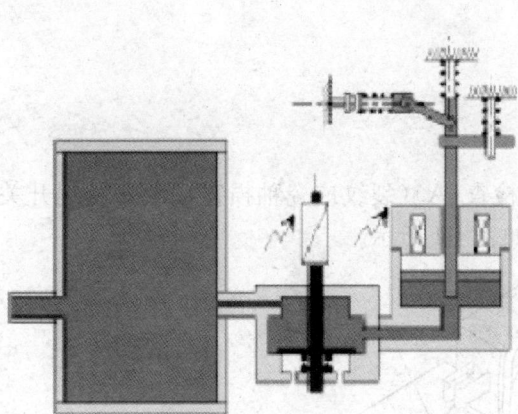

图 4-19　主动触头运动

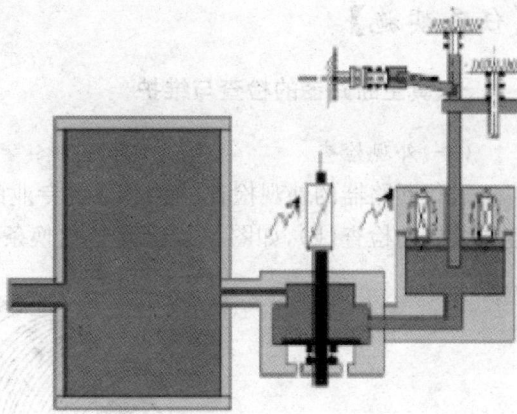

图 4-20　主触头闭合,触头弹簧压缩

(10)电磁阀失电。

(11)压力气缸内的空气排出。

(12)BVAC N99 断路器闭合。

(二)分闸过程

1. 分闸装置

当保持线圈电流切断(控制电源失电)断路器,断路器分闸,电磁阀失电(图 4-22)快速脱扣通过恢复弹簧接触压力弹簧来实现。通过此系统,在失电和停气时保证主断路器的开断。为了限制脱扣装置的振动,冲程结束时,必须通过空气的压缩来实现缓冲。

2. 分闸步骤

(1)保持线圈失电(图 4-23)。

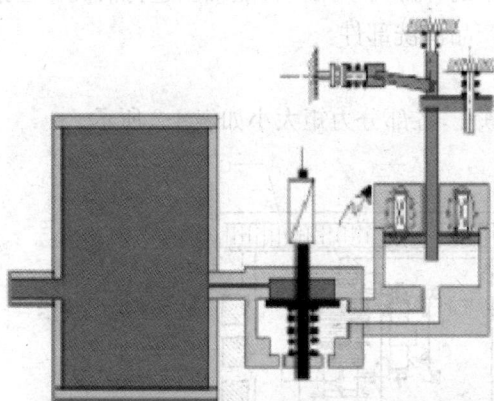

图 4-21　电磁阀失电

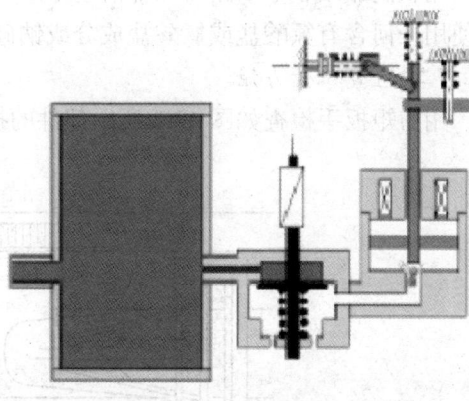

图 4-22　保持线圈失电

(2)活塞在弹簧力作用下移动(接触压力和恢复弹簧)。

(3)主触头打开,真空室灭弧。

(4)行程结束,活塞缓冲。BVACN99 断路器开断。

【任务实施】

一、真空断路器的检查与维护

(一)外观检查

进行断路器的外观检查、绝缘子(更专业的)检查(A)(裂纹或瓷釉损害)、BTE 接地开关连接装置的检查(B),如图 4-23 所示。更换条件如表 4-1 所示。

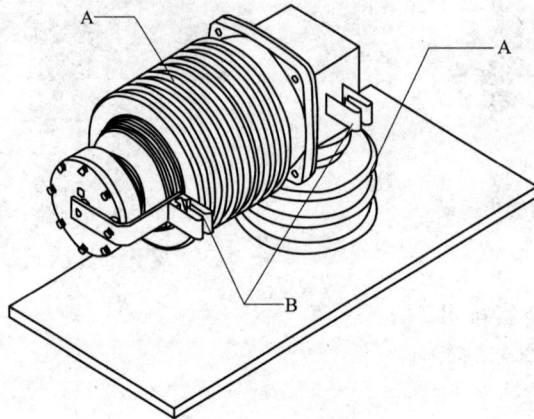

图 4-23　真空断路器外观检查点示意图

表 4-1　更换条件

部　件	检　　查
A	裂纹或绝缘子的瓷釉和密封件的损坏
B	接地绝缘子(参考易损件)的连接件的损坏(触头弹簧)

用软制品或布把断路器外部清理干净。绝缘子的外部可以用硅树脂油脂进行清洗。但禁止使用任何含有氟酸盐或氯酸盐成分或钠硅酸盐产品清洗部件。

(二)检查扭紧力矩

用力矩扳手检查如图 4-24 所示部件的扭紧力矩。各部分力矩大小如表 4-2 所示。

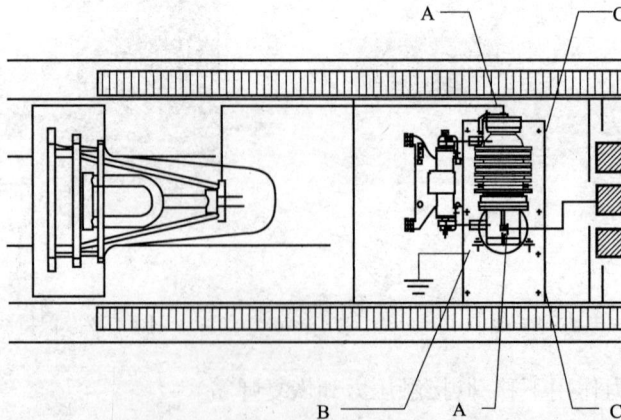

图 4-24　装有真空断路器的车顶视图

A—高压连接部分;B—接地连接部分;C—断路器固定螺栓

表 4-2　各部件力矩

部　件	检　查	扭紧力矩(N)
A	高压连接部分	67
B	接地连接部分	50
C	断路器固定螺栓	67

（三）气路检查

为了保证气路元件的正常动作，必须找到机车上管路中容易积水的器件并排除积水。如调压阀内、BVACN99 储风缸的底部，如图 4-25 所示。

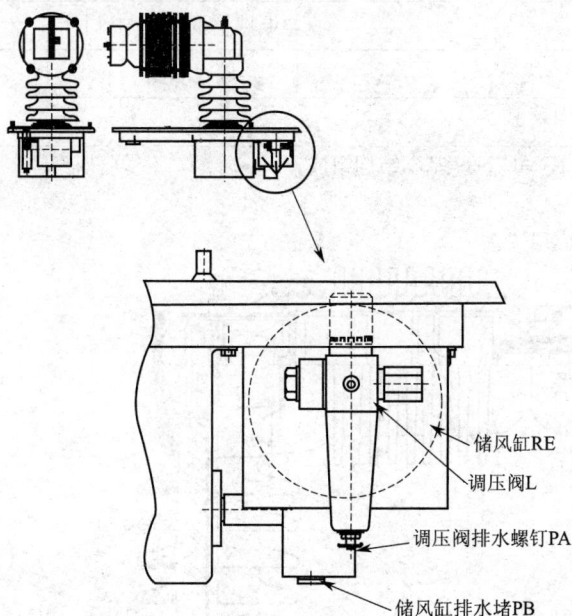

储风缸RE
调压阀L
调压阀排水螺钉PA
储风缸排水堵PB

图 4-25　真空断路器排水位置示意图

1. 调压阀的排水

在有气压的空气管路，拧开翼形螺钉充分排放积水。当气流停止，重新拧紧翼形螺钉和检查是否漏气。

2. BVACN99 储风缸排水

装有排气阀的储风缸：

（1）当储风缸处于有压力时打开排水阀，排放积水。（注意泄漏）

（2）储风缸排水完毕关掉排水阀。

（3）检查是否漏气，如有必要，清理排放管路。

没有排水阀的储风缸：

（1）关闭隔离阀，慢慢拧开位于储风缸下面的塞门，释放压缩空气。

（2）一旦压力完全下降，完全打开塞门。

（3）慢慢打开主气路的隔离阀，让空气从出气口排出，直到储风缸积水排尽。

（4）关断主气路的隔离阀。

（5）拧紧塞门。

（6）检查是否泄漏。

注意：在进入冬季之前排放气路，以免积水冻结造成气动元件误操作。

3. 检查密封件

在排放断路器气路系统后，必须检查连接断路器的主要管道的密封性，包括连接器的密封件、塞门密封件和软管。

【实践与训练】

工作单 4.4

项目名称	主型电器检查与维护		
任务名称	真空断路器的检查与维护		
班　级		姓　名	
【基础知识的认知】			
对照下图说明真空断路器 BVAC N99 基本结构组成。 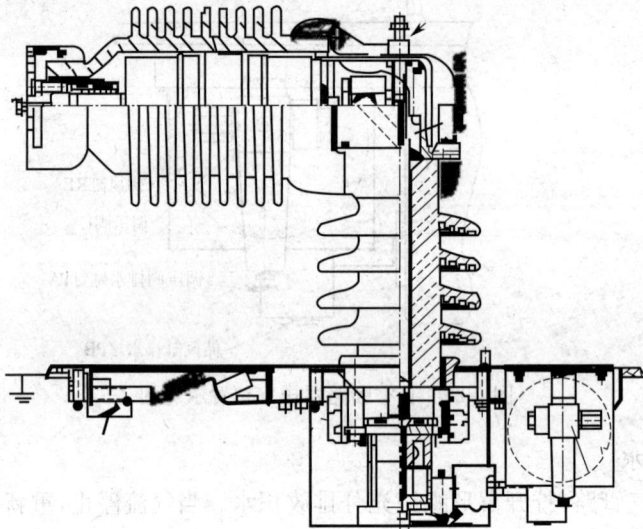			
【动手能力训练】			
1. 通过实际操作观察 BVAC N99 型真空断路器的动作过程并加以总结。			

续上表

2. 通过实际操作,概括真空断路器的检查维护方法。

【工作总结】

说明在本任务的工作过程中所了解、掌握的内容,有何收获。

指导老师评价:

任务完成人签字:　　　　　　　　　　　　　　　　　　日期: 年 月 日
指导老师签字:　　　　　　　　　　　　　　　　　　　日期: 年 月 日

任务五　转换开关检查与维护

【任务要求】

1. 理解转换开关的作用。
2. 熟知转换开关的结构。
3. 理解转换开关的工作原理。

【任务内容】

1. 检查转换开关。
2. 维护转换开关。

【任务准备】

1. 所需设备:转换开关,高、低压电气柜,模拟驾驶操纵台。
2. 所需物品:电器钳工常用工具、万用表、兆欧表(2 500 V)、游标卡尺、轴承拆卸工具、铜棒、垫木、汽油、润滑脂、毛刷、棉纱、绝缘材料。

【相关理论知识】

一、概　　述

在 SS 系列电力机车上，SS_1 型、SS_3 型、SS_{3B} 型电力机车采用的是 TKH3-500/1500 型转换开关，SS_4 型电力机车采用的是 TKH4-840/1000 型转换开关，SS_8 型电力机车采用的是 TKH4-970/1000 型转换开关。各型转换开关的工作原理和结构基本相同，每台转换开关控制两台或三台牵引电机；每台转换开关由换向鼓和牵引制动鼓两大部分组成；每个转鼓各有两个工作位置，即"向前"位和"向后"位，"牵引"位和"制动"位。因为这两个转换开关均具有两个工作位置，所以又称该开关为两位置转换开关。

转换开关的作用有两个：换向鼓用于改变机车运行方向，所以又称反向鼓；牵引制动鼓用于实现机车牵引工况与电阻制动工况之间的转换。

TKH4A-970/1000 型转换开关由 TKH4-840/1000 型转换开关派生而成，本节主要介绍 SS_8 型电力机车采用的 TKH4A-970/1000 型转换开关。

二、主要技术参数

额定电压 ……………………………………………………	DC 1 000 V
额定电流 ……………………………………………………	DC 970 A
主触指单个统压力 …………………………………………	39～49 N
主触指接触线长度 …………………………………………	≥14 mm
主触指超程 …………………………………………………	2～3 mm
联锁触头额定电压 …………………………………………	DC 110 V
联锁触头额定电流 …………………………………………	DC 10 A
传动气缸额定风压 …………………………………………	490 kPa
传动气缸工作风压 …………………………………………	375～650 kPa
气缸活塞行程 ………………………………………………	(44±1) mm

三、结构及主要部件的作用

TKH4A 型转换开关安装于机车高压电器柜的下部，由骨架、转鼓、触指杆、传动气缸、联锁触头等组成，其外形结构如图 4-26 所示。

（一）骨架

骨架由底板 1、面板 6、支柱 2 及套在支柱上的环氧玻璃布管 11 等组成。底板和面板上都焊有角钢，用来安装触指杆（静触头组）5，尼龙轴套 15 用来安装反向鼓及牵引制动鼓。反向鼓及牵引制动鼓用连接板组合在一起。

（二）转鼓

转鼓又称作转换开关的动触头组，分为反向鼓和牵引制动鼓，它们的结构形式基本相同，仅组装在转轴上触片的安装排列位置及绝缘垫圈长度不同，如图 4-27 所示。它由转轴、绝缘垫圈、触片、手柄、凸轮等组成。转轴 1 由方钢制成，在其下端有一挡圈，通过定位销固定在转轴上。动触片 4、5，绝缘垫圈 3、9，凸轮 2 与转轴 1 的动作同步。

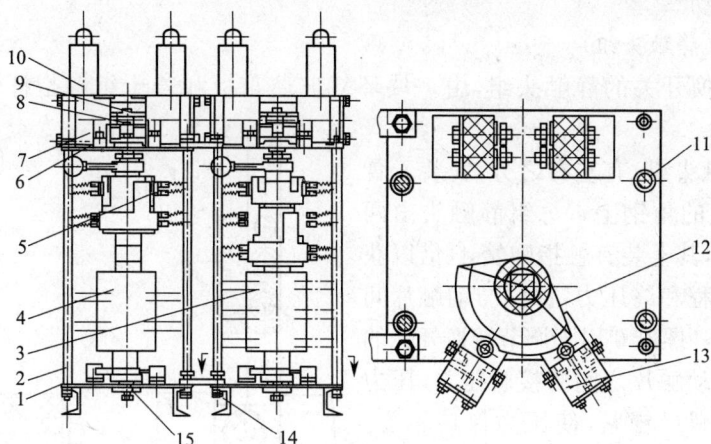

图 4-26　TKH4A 型转换开关外形结构

1—底板；2—支柱；3—牵引制动鼓；4—反向鼓；5—触指杆；6—面板；7—传动气缸；8—拨叉；
9—销；10—电空阀；11—环氧玻璃布管；12—凸轮；13—联锁触头；14—槽钢；15—尼龙轴套

　　触片(动触头)4、5 形状基本相似，仅有左右之分，它由"T"形铜片做成弧形，用埋头螺钉安装在与转轴固定的转鼓上，如图 4-28 所示。

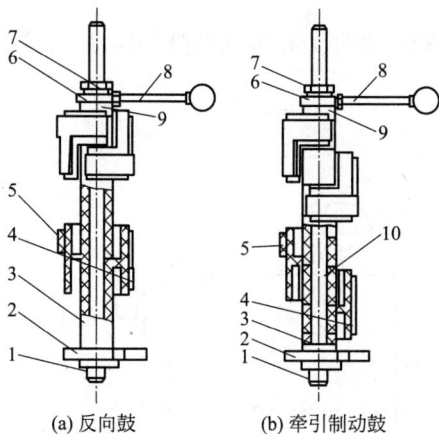

图 4-27　反向鼓和牵引制动鼓外形图

1—转轴；2—凸轮；3、9—长短不同的绝缘垫圈；
4、5—触片(动触头)；6—手柄座；7—压紧螺母；
8—手柄；10—转动鼓绝缘

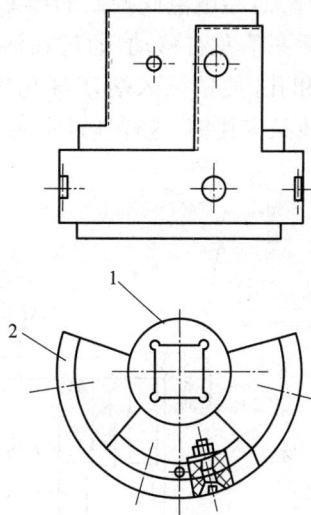

图 4-28　触片(动触头)组装

1—胶木座；2—触片

　　动触片间套装有长短不同的绝缘垫圈。绝缘垫圈的长度由额定电压等级所决定，其作用是使触片(动触头)之间保持有一定的绝缘距离，使开关工作安全可靠。凸轮 2 属于联锁触头的一部分，用于控制联锁触头的开闭。

　　正常情况下，由传动装置控制反向鼓和牵引制动鼓转轴的动作。当传动装置发生故障，手动检查转换开关、调整触头之间的触头压力和接触线时，可手动操作手柄 8，使反向鼓或牵引制动鼓的转轴转动。

（三）触指杆（静触头组）

触指杆即转换开关的静触头组，由一块环氧玻璃布板和若干组触指杆装配而成，如图4-29所示。

触指杆（静触头组）有左右之分，安装于骨架的面板和底板的角钢上。每组静触头由两个触指并联工作，其上装有触指弹簧4，借以获得一定的触头超程和终压力，保证与动触片间有良好的电接触。螺母6用于调节转换开关的静触指与转鼓上动触片之间的接触压力，压力调整好后，用双螺母锁紧，使压力保持不变。调整螺栓3用来调节触指2的超程。接线板10用于对外与主电路相连接。

（四）传动装置

两位置转换开关采用双活塞气缸传动装置传动，它由电空阀、传动气缸、转轴、转鼓等组成。传动气缸结构如图4-30所示。

由TFK1B型电空阀控制的压缩空气推动气缸9内活塞7左右移动，通过在活塞杆8上开有的槽和孔，使销插入活塞杆孔内，装于转

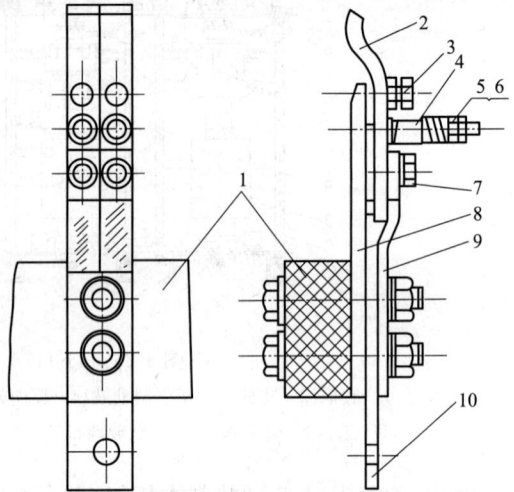

图4-29　触指杆

1—环氧玻璃布板；2—触指；3—调整螺栓；4—弹簧；
5、6—螺杆、螺母；7—螺栓；8—触指座；
9—软连接；10—接线板

轴上端的拨叉卡住销，这样气缸中活塞杆8的左右运动就转变为转轴与转鼓的转动，并带动动

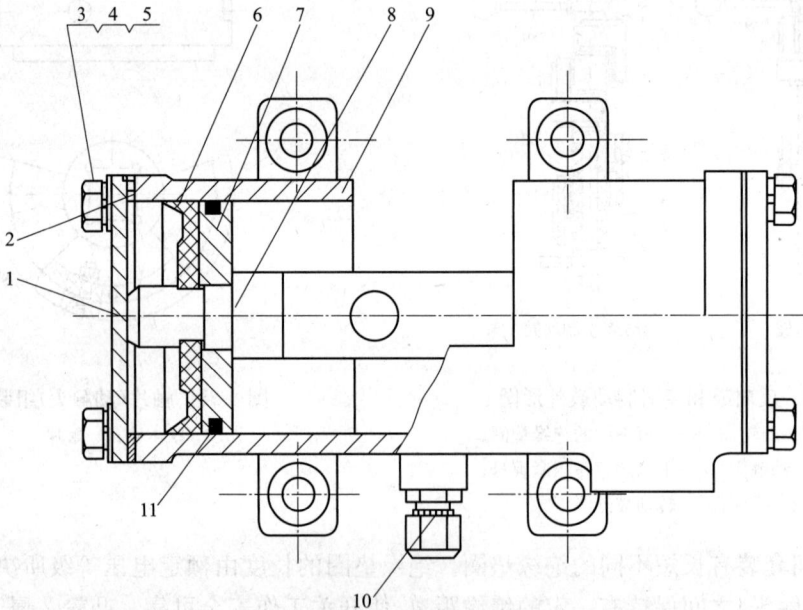

图4-30　传动气缸

1—气缸盖；2—密封垫；3、4、5—螺栓、螺母及垫圈；6—皮碗；
7—活塞；8—活塞杆；9—气缸体；10—管接头；11—毛毡

触片动作,使反向鼓得到"向前"和"向后",牵引制动鼓得到"牵引"和"制动"两个工作位置。在开关完成转换工作的同时,装于转轴上的凸轮及装于底板上的联锁触头也进行着转换,开断和闭合控制电路中相应的联锁触点,使转换开关不会自动转换为非工作状态。

双活塞气缸传动装置转轴的转角大小决定于传动气缸的活塞行程。这一系统必须进行气缸的气密性能试验,试验合格后才能安装到转换开关上去。

(五)联锁触头

联锁触头用于控制有关联锁电路,安装在转换开关的底板上。TKH4A-970/1 000型转换开关采用 TKY1 型盒式联锁触头,如图 4-31 所示。它为单件滚轮推杆双断点桥式结构,由有机玻璃外壳、推杆 4、滚轮 7、反力弹簧 3 及封闭在外壳内的桥式触头组成,具有联锁灵活,防污性好,接触可靠等优点。通过透明的有机玻璃外壳,可以方便地观察触头的开闭情况。

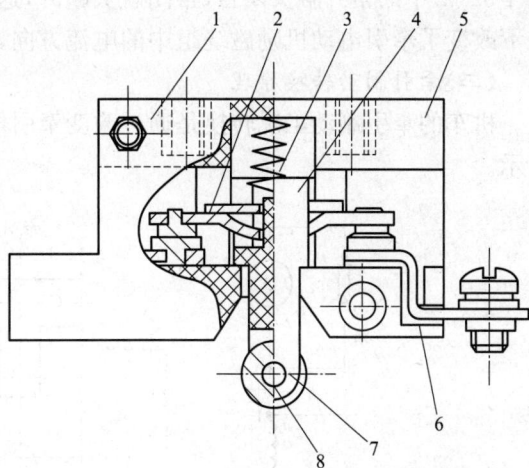

图 4-31 联锁触头结构示意图
1—盖板;2—动触桥;3—反力弹簧;4—推杆;
5—触头座;6—静触头;7—滚轮;8—轴

联锁触头的开闭由凸轮控制。当凸轮的凸出部分推动滚轮时,推杆压缩反力弹簧,使触桥与静触头闭合;反之,触头断开。

四、动作原理

转换开关借助电空阀控制压缩空气,带动转轴、动触片动作,利用动触片在不同的位置与静触指构成不同电路,改变机车主电路。

(一)换向原理

机车的正反向运行是通过改变牵引电动机励磁绕组中电流的方向来达到的,如图 4-32 所示。在向前位时,图 4-32(b)中的静触指 1 与 2、3 与 4 分别在动触片 A、B 上,即 1 与 2、3 与 4 分别沿触片 A、B 的垂直方向接通,图 4-32(a)中的常闭触头闭合,此时,牵引电动机电枢绕组

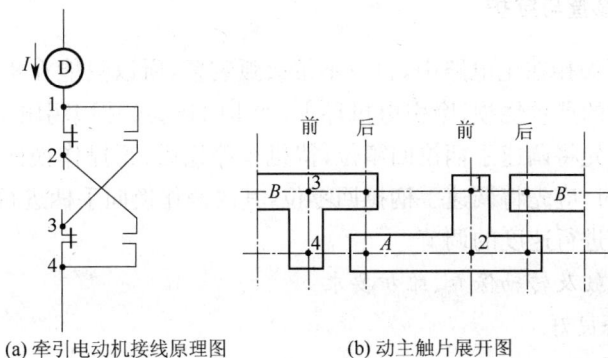

(a) 牵引电动机接线原理图   (b) 动主触片展开图

图 4-32 换向原理示意图
1、2、3、4—静主触头;A、B—动主触片

与励磁绕组电流同向,机车向前运行。转轴带动动触片转动到向后位时,图 4-32(b)中的静触指 2 与 4、1 与 3 分别在动触片 A、B 上,即 2 与 4、1 与 3 分别沿动触片 A、B 的水平方向接通,图 4-32(a)中的常开触头闭合,常闭触头断开,这就在牵引电动机电枢绕组电流方向不变的情况下改变了牵引电动机励磁绕组中的电流方向,机车向后运行。

(二)牵引制动转换原理

机车的牵引制动工况转换是通过改变牵引电动机励磁绕组接线方式来实现的,如图 4-33 所示。

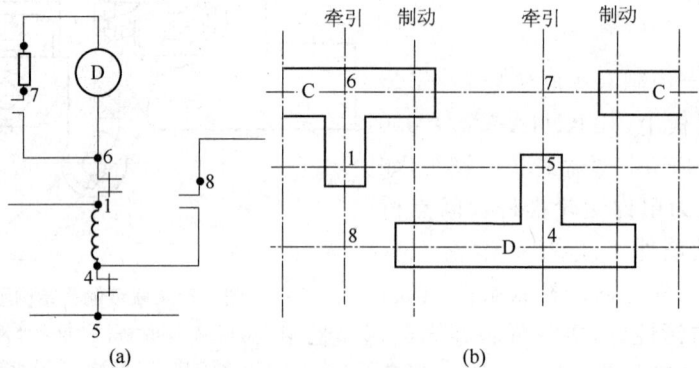

图 4-33　牵引制动转换原理示意图
1、4、5、6、7、8—静主触头;C、D—动主触片

机车在牵引状态时,图 4-34(b)中的静触指 6 与 1、5 与 4 分别在动触片 C、D 上,即 6 与 1、5 与 4 分别沿动触片 C、D 的垂直方向接通,图 4-34(a)中的常闭触头闭合,此时,牵引电动机电枢绕组与励磁绕组串联,作电动机运行。转轴带动动触片转动到制动位时,图 4-34(b)中的静触指 6 与 7、8 与 4 分别在动触片 C、D 上,即 6 与 7、8 与 4 分别沿动触片 C、D 的水平方向接通,图4-34(a)中的常开触头闭合,常闭触头断开,此时,牵引电动机电枢绕组与制动电阻串联,励磁绕组与其他牵引电动机的励磁绕组串联,构成独立的励磁回路,牵引电动机作发电机运行,机车由牵引工况转换为电阻制动工况。

【任务实施】

一、转换开关的检查与维护

TKH4 型转换开关接在主电路中,自身不带灭弧装置,所以只能在机车无电状态下转换,否则会造成转换开关的严重烧损、牵引电机环火,严重时还会烧损牵引电动机,擦伤机车轮缘。因此,换向操作时,应先将调速手柄拉回零位,待机车停稳后,再操作换向手柄,进行"前""后"转换;牵引制动转换时,应先将调速手柄拉回零位,其次操作换向手柄进行"牵引""制动"转换,然后再操作调速手柄进行速度的调节。

(一)转换开关转鼓及转轴保养、维护要求

1. 触头表面状态良好。

2. 清除触头烧痕。

3. 动静触头接触位置正确。

4. 触头厚度、压力、超程及接触线长度符合要求。

（二）辅助联锁保养、维护要求

1. 触头无烧痕、无松动，接触良好，超程符合规定。

2. 安装板及绝缘件无裂损，联锁推杆动作灵活。

3. 转换开关维修重新装配后的试验应符合例行试验要求，应检查主触头触片厚度不小于 5 mm，主触头接触长度不小于 10 mm。

（三）转换开关维护注意事项

1. 在转换开关组装试验完成后，转鼓上必须涂适量工业凡士林，以保护触片不受氧化和腐蚀。

2. 转换开关若起了电弧痕，可以用细砂纸将触片和触指打磨平后继续使用。

3. 定期检查触片的压力，压力不足时可调节触指杆上的螺母，以保证转换开关的导流能力。

4. 气缸在定修时，清洗完后，应换上新的润滑脂。

【实践与训练】

工作单 4.5

项目名称	主型电器的检查与维护
任务名称	转换开关的检查与维护
班　级		姓　名	

【基础知识的认知】

对照下图说明转换开关的基本结构组成。

【动手能力训练】

1. 通过实际操作观察转换开关的动作过程并叙述转换开关的工作原理。

2. 通过实际操作,概括转换开关的检查维护方法。

【工作总结】

说明在本任务的工作过程中所了解、掌握的内容,有何收获。

指导老师评价:

任务完成人签字:	日期: 年 月 日
指导老师签字:	日期: 年 月 日

项目五 辅助电器检查与维护

任务一 自动开关检查与维护

【任务要求】

1. 理解自动开关的作用。
2. 了解自动开关的工作原理。

【任务内容】

1. 认识电力机车上所使用的自动开关。
2. 检查维护自动开关。

【任务准备】

1. 所需设备:自动开关。
2. 所需物品:手电、万用表、兆欧表、螺丝刀、手钳、尖嘴钳、剥线钳、棉布、毛刷、气吹装置等。

【相关理论知识】

一、自动开关的定义和分类

(一)定义

自动开关又称自动空气断路器,是一种结构较为复杂,动作性能较为完善的配电保护电器。它能自动切断短路、严重过载、电压过低等故障电路,有效地保护接在它后面的电气设备;同时亦可用它来手动非频繁地接通和分断正常电路。

与其他开关电器相比较,自动开关具有以下特点:

(1)能开断较大的短路电流,分断能力较高。

(2)具有对电路过载、短路的双重保护功能。

(3)允许操作频率低。

(4)动作值可调,动作后一般不需要更换零部件。

(二)分类

自动开关种类繁多,可按以下方式分类:

1. **按用途分**

有保护配电线路用自动开关、保护电动机用自动开关、保护照明电路用自动开关和漏电保护用自动开关等。

2. **按结构形式分**

有框架式(亦称万能式)自动开关和塑料外壳式(亦称装置式)自动开关。框架式自动开关为敞开式结构,一般选择型自动开关、自动快速开关,特别是大容量自动开关多为此种结构。它主要用作配电网络的保护开关。塑料外壳式自动开关的结构紧凑、体积小、重量轻,且具有安全保护用的塑料外壳,使用安全可靠,适于单独安装,它除了可用作配电网络的保护开关外,还可用作电动机、照明电路以及电热器电路等控制开关。

3. 按极数分

有单极自动开关、两极自动开关、三极自动开关和四极自动开关。

4. 按限流性能分

有一般不限流型自动开关和快速限流型自动开关。

5. 按操作方式分

有直接手柄操作式自动开关、杠杆操作式自动开关、电磁铁操作式自动开关和电动机操作式自动开关。

二、自动开关的基本结构

根据各类自动开关的共同功能,它们在结构上必然具备以下几个基本部分。

(一)触头系统

触头系统是自动开关的重要部件,主要承担电路的接通、分断任务。对触头系统的一般要求是:能可靠接通和分断一定次数的极限短路电流及额定电流以下的任何电流;具有一定的电寿命,不需要经常更换触头;有足够的热稳定性和电动稳定性,不会因长期使用后触头接触不良导致温升过高,或不能经受极限短路电流的冲击而自动弹开。因此,自动开关比接触器的触头结构和触头材料要求都要高得多。

(二)灭弧系统

灭弧系统主要有纵窄缝灭弧装置和去离子栅灭弧装置两种。各类灭弧装置的灭弧方法可概括为长弧熄弧法(将电弧冷却、拉长)和短弧熄弧法(将电弧分割成串联短弧,利用直流电弧的极旁压降或交流电弧的近阴极效应来熄弧)两种。

对灭弧系统而言,一般应具备的功能有:短时间内应可靠熄弧,并保持良好的绝缘性能;喷出的电弧火花距离小,以免造成相间飞弧;有足够的热容量,使之在电弧高温作用下不致产生变形、碎裂或灭弧室及栅片严重烧伤;有足够的机械强度,保证受高温、合闸或冲击振动及运输过程中不会碎裂、缺损。

(三)传动机构

传动机构用于操纵触头的闭合或断开。传动机构有手操纵直接传动式、手操纵通过弹簧传动式、电磁铁传动式、电动机传动式、压缩空气传动式等几种。

(四)自由脱扣机构

它是与触头系统和保护装置相联系的,通过自由脱扣机构的作用可使触头自动断开。"自由脱扣"是指人为操纵手柄处于闭合位置,当手还未离开手柄就发生短路、过载和欠电压等故障时,保护装置作用于自由脱扣机构,自动开关也能自动断开,起保护作用。

(五)脱扣器

脱扣器用于检测故障并作用于操作机构,使其脱扣,带动自动开关的触头断开。

自动开关通常采用电磁脱扣器和热脱扣器两种。

1. 电磁脱扣器

电磁脱扣器分为过电流脱扣器和欠电压脱扣器。它们实际上是一个小型电磁机构:装电压线圈的即为欠电压脱扣器,装电流线圈的即为过电流脱扣器。

现以过电流脱扣器为例说明其动作原理。当被保护电路发生过载或短路故障,电流增加并达到整定值时,衔铁吸合,使脱扣杆钩子与主杠杆脱扣,自动开关断开,切除过载或短路故障,保护电气设备不受损坏。电磁脱扣器的动作电流值可根据需要调整反力弹簧来整定,它具有动作电流大,调节范围宽,动作时间短(一般为 10～40 ms)的特点,可用作短路保护。

2. 热脱扣器

热脱扣器是由热元件和双金属片等组成。电流通过热元件产生电阻损耗而发热,其温度升高,加热双金属片。双金属片是一个将热能转换为机械能的元件,如图 5-1 所示。它由两种不同膨胀系数的金属片焊接而成,其中,膨胀系数较大的金属片贴近热元件。双金属片一端固定,另一端处于自由状态。当热元件由于间接加热或直接通电流加热时,即将热能传递给双金属片,双金属片受热后温度升高。由于两种金属片膨胀系数不同,结合面的伸长要相同,迫使双金属片向着膨胀系数较小的一侧弯曲。双金属片弯曲时产生作用力作用于脱扣杆的钩子上,使之脱扣,自动开关断开,即可保护电气设备不因过载而损坏。由于双金属片是因受热而弯曲,所以双金属片弯曲时作用于脱扣机构的动作时间与过载电流大小有关。电流大,动作时间短;电流小,动作时间长,即动作时间与电流大小近似成反比。

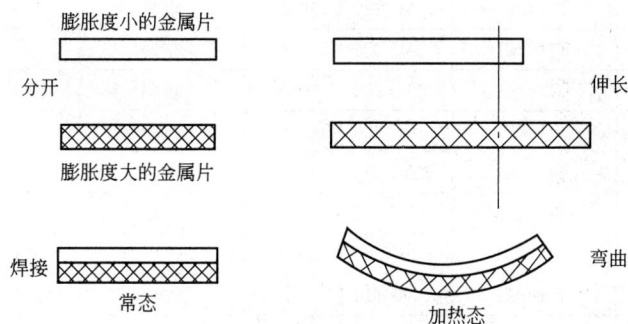

图 5-1　双金属片工作原理

三、自动开关的工作原理

自动开关的主触头靠操作机构(手动或电动)合闸,自由脱扣机构是一套连杆机构。当主触头闭合以后,将主触头锁在合闸位置,其工作原理如图 5-2 所示。

在正常工作情况下,自由脱扣机构的锁钩 3 扣住触头杆,使主触头 4 保持在合闸位置。

过电流脱扣器 1 的电磁线圈与被保护电路串联。在正常电流下,脱扣器的弹簧力使衔铁释放;当过载或短路时,强大的电磁吸力使衔铁吸合,带动衔铁另一端的顶杆向上运动,顶开自由脱扣机构中的锁钩 3,在开断弹簧 5 的作用下,主触头 4 迅速开断,将故障电路分断。

失压脱扣器 2 的电磁线圈与被保护电路并联。在正常电压下,衔铁吸合,锁钩 3 不脱扣;当失压时,电磁吸力很小,在失压脱扣器弹簧力的作用下,衔铁释放,其顶杆顶开锁钩 3,主触头 4 在开断弹簧 5 的作用下迅速开断,切断电路。

在电力机车上,为便于维修和检查故障,自动开关用于手动非频繁地切换正常电路,同时,也可对辅助电路和控制电路进行过载、短路保护。SS$_{4G}$ 型和 SS$_8$ 型电力机车使用的自动开关分别见表 5-1 和表 5-2。现将 SS$_{4G}$ 型和 SS$_8$ 型电力机车使用的 TH-5SB 型自动开关和 TO 系列自动开关介绍如下。

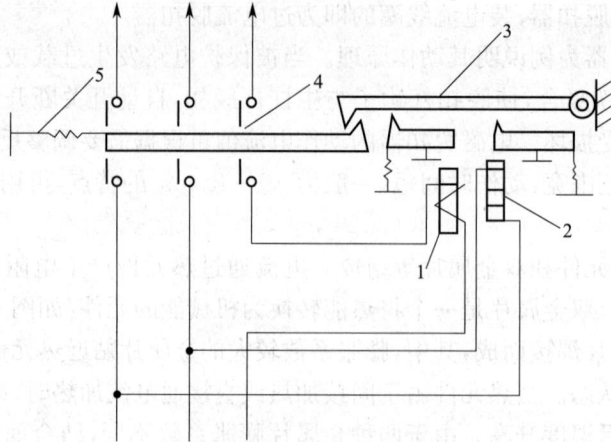

图 5-2　自动开关工作原理

1—过电流脱扣器；2—失压脱扣器；3—自由脱扣机构的锁钩；4—主触头；5—开断弹簧

表 5-1　SS₄G 型电力机车使用的自动开关一览表

序号	电路代号	型　号	脱扣器额定电流	保护对象	数　量	电　路
1	229QA	TH-5SB	AC 220 V,10 A	电炉	1	辅助电路
2	230QA	TH-5SB	AC 220 V,20 A	空调	1	辅助电路
3	231QA	TH-5SB	AC 220 V,20 A	备用	1	辅助电路
4	232QA	TH-5SB	AC 380 V,10 A	窗加热	1	辅助电路
5	233QA	TH-5SB	AC 380 V,20 A	取暖	1	辅助电路
6	623QA	TH-5SB	AC 380 V,30 A	备用	1	辅助电路
7	600QA	TH-5SB	AC 380 V,50 A	交流电源	1	辅助电路
8	601QA	TH-5SB	DC 110 V,50 A	蓄电池	1	控制电路
9	602QA	TH-5SB	DC 110 V,10 A	受电弓	1	控制电路
10	603QA	TH-5SB	DC 110 V,10 A	主断路器	1	控制电路
11	604QA	TH-5SB	DC 110 V,10 A	控制器	1	控制电路
12	605QA	TH-5SB	DC 110 V,20 A	辅机控制	1	控制电路
13	606QA	TH-5SB	DC 110 V,20 A	前照灯	1	控制电路
14	607QA	TH-5SB	DC 110 V,10 A	副前照灯	1	控制电路
15	608QA	TH-5SB	DC 110 V,10 A	车内照明	1	控制电路
16	609QA	TH-5SB	DC 110 V,10 A	电子控制	1	控制电路
17	610QA	TH-5SB	DC 110 V,10 A	电扇	1	控制电路
18	611QA	TH-5SB	DC 110 V,10 A	自动信号	1	控制电路
19	612QA	TH-5SB	DC 110 V,10 A	自动停车	1	控制电路
20	613QA	TH-5SB	DC 110 V,10 A	无线电台	1	控制电路
21	614QA	TH-5SB	DC 110 V,10 A	逆变电源	1	控制电路
22	615QA	TH-5SB	DC 110 V,10 A	电空制动	1	控制电路
23	616QA	TH-5SB	DC 110 V,6 A	接地保护	1	控制电路
24	617QA	TH-5SB	DC 110 V,50 A	重联	1	控制电路
25	102QA	TH-5SB	125 V,10 A	高压互感器	1	主电路

表5-2 SS₈型电力机车使用的自动开关一览表

序号	电路代号	型 号	脱扣器额定电流	保护对象	数 量	电 路
1	1、2QA	TO-100BA	50 A	压缩机电动机	2	辅助电路
2	3、4QA	TO-100BA	75 A	牵引通风机电动机	2	辅助电路
3	5、6QA	TO-100BA	50 A	制动风机电动机	2	辅助电路
4	7、9、11QA	TO-100BA	10 A	硅风机电动机	3	辅助电路
5	8QA	TO-100BA	30 A	变压器风机电动机	1	辅助电路
6	10QB	TO-100BA	30 A	变压器油泵	1	辅助电路
7	12QA	TH-5SB	10 A		1	辅助电路
8	13QA	TH-5SB	20 A		1	辅助电路
9	15QA	TO-225BA	175 A	劈相机	1	辅助电路
10	16QA	TH-5SB	10 A		1	辅助电路
11	17QA	TH-5SB	20 A		1	辅助电路
12	20QA	TH-5SB	DC 110 V,10 A	控制器	1	辅助电路
13	21QA	TH-5SB	DC 110 V,10 A	受电弓	1	控制电路
14	22QA	TH-5SB	DC 110 V,20 A	主断路器	1	控制电路
15	23QA	TH-5SB	DC 110 V,20 A	辅机控制	1	控制电路
16	24QA	TH-5SB	DC 110 V,6 A	速度监控	1	控制电路
17	25QA	TH-5SB	DC 110 V,10 A	车内照明	1	控制电路
18	26QA	TH-5SB	DC 110 V,20 A	前照灯	1	控制电路
19	27QA	TH-5SB	DC 110 V,20 A	电扇	1	控制电路
20	28QA	TH-5SB	DC 110 V,20 A	副前照灯	1	控制电路
21	29QA	TH-5SB	DC 110 V,10 A	逆变电源	1	控制电路
22	30QA	TH-5SB	DC 110 V,10 A	自动信号	1	控制电路
23	31QA	TH-5SB	DC 110 V,10 A	自动停车	1	控制电路
24	32QA	TH-5SB	DC 110 V,10 A	无线电台	1	控制电路
25	33QA	TH-5SB	DC 110 V,10 A	接地保护	1	控制电路
26	35QA	TH-5SB	DC 110 V,20 A	电子控制	1	控制电路
27	36QA	TH-5SB	DC 110 V,20 A	车列电空	1	控制电路
28	37QA	TH-5SB	DC 110 V,10 A	电空制动	1	控制电路
29	50QA	TH-5SB	DC 110 V,50 A	蓄电池	1	控制电路
30	51QA	TH-5SB	DC 110 V,50 A	交流电源	1	控制电路
31	QA	TH-5SB	125 V,10 A		1	主电路

四、TH-5SB 型自动开关

SS₄G 型电力机车采用 TH-5SB 型自动开关作为辅助电路单相负载(以及控制电路中控制电源各输出负载)的过载和短路保护元件。SS₈ 型电力机车采用 TH-5SB 型自动开关作为控制电源各输出负载电路的过载和短路保护元件。

TH-5SB 型塑壳式单极自动开关由手柄、操作机构、脱扣装置、灭弧装置及触头系统等组成。全部结构除接线处外均装于塑料外壳内,外壳上仅露出作为"分""合"闸的操作手柄。接触系统采用银锡触头,装有带灭弧铁栅片的灭弧室。操作机构采用四连杆机构,正常分闸和脱扣器跳闸时,其反作用力不作用在同一零件上,故能提高开关寿命。自动开关采用热双金属片式脱扣器,作为过载和短路保护执行机构。

TH-5SB 型单极自动开关主要技术参数

额定电压 ·· DC 110 V/AC 380 V

脱扣器类别 ·· 热双金属片式

脱扣器额定电流 ·· 10、15、20、30、40、50 A

短路通断电流 ·· DC 125 V,1 000 A

AC 240 V,3 000 A

五、TO 系列自动开关

SS₄G 型电力机车采用 TO-100BA 型和 TO-225BA 型三相自动开关作为各辅助电路单相、堵转、短路等故障保护。

TO 系列三相自动开关由操作机构、脱扣装置、灭弧装置及触头系统等组成。三个动触头通过支架固装于同一个绝缘方轴上,三个动触头同时开断。每相都有一独立灭弧室,灭弧罩采用铁栅片式。采用热动-电磁式脱扣器作为过载和短路保护的执行机构。

例如,TO-100BA 型自动开关在 SS₄G 型电力机车辅助电路作辅助机组过电流保护时,自动开关的三相触头依次串接在电机的三相绕组中,当电机中出现相间短路或绕组匝间短路时,故障引起电机电流上升,延时数秒以后,自动开关中的热敏元件动作,使热动-电磁式脱扣器脱扣,其触头切断电机电源,达到保护电机、防止故障恶化的目的。

TO 系列三相自动开关主要技术参数见表 5-3。

表 5-3　TO 系列三相自动开关主要技术参数

型　号	TO-100BA	TO-225BA
额定电压(A)	AC 600 V 以下,DC 250 V 以下	AC 600 V 以下,DC 250 V 以下
额定壳架电流(A)	100	225
额定频率(Hz)	50/60	50/60
脱扣器额定电流(A)	15、20、30、40、50、60、75、100	125、150、175、200、225
脱扣器型式	热动,电磁式	热动,电磁式
短路分段能力	AC 380 V,50 Hz;18 kA cosϕ=0.3	AC 380 V,50 Hz;25 kA cosϕ=0.25

【任务实施】

一、清扫检查

1. 用毛刷和白布清扫尘垢,检查各螺丝安装紧固,壳体无破损裂纹,各导线断股超过 10% 者更新,闲置联锁线绝缘包扎良好。

2. 解体清扫检查三相自动开关,各触头应无严重烧损,动作灵活,位置正确,自复及联锁机构作用良好,脱扣性能良好,活动部位加注适量的润滑油。

3. 自动开关各种特性均由制造厂整定,不可自行调整。

二、测　量

测量主触头及联锁的开闭性能良好。

三、试　验

将自动开关装在试验台上,在7倍额定电流下检查自动开关的动作时间符合技术要求,达不到要求的更换。

【实践与训练】

工作单 5.1

项目名称	辅助电器检查与维护		
任务名称	自动开关的检查与维护		
班　级		姓　名	

【基础知识的认知】

1. 说明自动开关的作用。

2. 说明 SS_{4G} 型电力机车上自动开关的使用情况。

【动手能力训练】

1. 通过实际操作观察自动开关的动作过程并叙述自动开关的工作原理。

2. 通过实际操作,概括自动开关的检查维护方法。

续上表

【工作总结】	
说明在本任务的工作过程中所了解、掌握的内容,有何收获。	
指导老师评价:	
任务完成人签字:	日期: 年 月 日
指导老师签字:	日期: 年 月 日

任务二　互感器检查与维护

【任务要求】

1. 理解互感器的作用。
2. 了解互感器的工作原理。

【任务内容】

1. 认识电力机车上所使用的互感器。
2. 检查维护互感器。

【任务准备】

1. 所需设备:互感器。
2. 所需物品:手电、万用表、兆欧表、螺丝刀、手钳、尖嘴钳、剥线钳、棉布、毛刷、气吹装置等。

【相关理论知识】

一、概　述

在电力系统中,高电压和大电流是不能直接测量的,一般只能借助于类似变压器的电压互感器或电流互感器,把高电压、大电流变换成低电压、小电流,再供给测量仪表及继电器的线圈使用。这样,就可以使测量仪表与高压电路绝缘,保证工作人员的人身安全,扩大仪表量程。

互感器和变压器的作用原理完全一样,如图 5-3 所示。电流互感器匝数少的原绕组与待测电路串联,匝数多的副绕组与电流表相连。当铁芯未饱和时,互感器的电流比和电压比可以用下式来计算:

$$K_1 = \frac{I_1}{I_2} \approx \frac{W_2}{W_1} \quad (一般电流互感器的 I_2 = 5\text{A}) \tag{5-1}$$

$$K_U = \frac{U_1}{U_2} \approx \frac{W_1}{W_2} \quad (一般电压互感器的 U_2 = 100\text{A}) \tag{5-2}$$

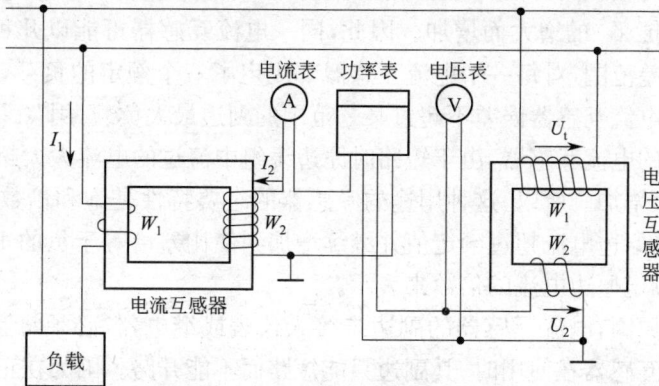

图 5-3　互感器作用原理示意图

由此可见，我们只需要考虑一只放大 K_1 或 K_U 倍值刻度的电流表或电压表同一只专用的电流互感器或电压互感器配套使用，即可直接读出大电流或高电压值，即

$$I_1 = K_1 I_2 \tag{5-3}$$
$$U_1 = K_U U_2 \tag{5-4}$$

互感器虽与变压器相似，但从两者的用途来看，变压器除了用来变压和有时变相外，主要用于传输电能；而互感器则是把原边电路的电压、电流准确地反映给副边电路。所以，电力机车上的互感器在结构和要求上都与电力变压器有所区别。其主要特点如下：

1. 电流互感器的原绕组同主电路串联，通过原边的电路就是主电路的负载电流 I_1，与副边电流 I_2 无关；而电力变压器的原边电流却是随副边电流的改变而改变的。

2. 由于串接在电流互感器副边的测量仪表或继电器电流线圈的阻抗都很小，所以，电流互感器的正常工作状态接近于短路状态，这也是同变压器不同的。

电流互感器原边额定电流 I_{1e} 与副边额定电流 I_{2e}（一般均为 5 A）之比称为互感器的额定电流比，即

$$K_e = \frac{I_{1e}}{I_{2e}} \approx \frac{W_2}{W_1} \tag{5-5}$$

式中　K_e——额定电流比，注明在铭牌上；

　W_1、W_2——原、副边绕组匝数。

电流互感器在运行中由于励磁和铁芯损耗，需要很小一部分励磁电流，因而实测的原、副边电流比 K 就不能在各种负载下都等于额定电流比 K_e。如果实测的副边电流为 I_2，原边电流仍用 $K_e I_2$ 来计算，则计算结果与实际的原边电流 I_1 间就会存在误差，这个误差通常用百分比表示为

$$f_i = \frac{K_e I_2 - I_1}{I_1} \times 100\% = \frac{K_e - K}{K} \times 100\% \tag{5-6}$$

式中　$K = \dfrac{I_1}{I_2}$——实际电流比；

　f_i——简称为比差。

除了比差外,励磁电流还会引起原、副边电流的相角差。相角差是指实测的原边电流相量同反转 $180°$ 后的副边电流相量间的夹角,用"分"来表示。

作为测量用的电流互感器,其比差和角差直接影响到测量结果的正确程度,因此,比差和角差是这种互感器的最主要特性。比差和角差不但随原边电流的变化而略有改变,而且还随副边电路的负载阻抗 Z_2 的增大而增加。因此,同一电流互感器可能以几种不同的准确度级工作。为了限制误差范围,对每一个电流互感器都规定了一个额定的负载,并标注在铭牌上。所谓额定负载是指电流互感器误差不超过某一范围的副边最大负载,用"Ω"表示。

用于短路保护的电流互感器,由于短路时原边绕组中流过的电流大大超过额定电流,致使磁路饱和,误差大大增加。所以,这种用途的互感器的主要特性是饱和倍数,而不是角差。所谓饱和倍数,就是当原边电流超过额定值并继续增加到使比差恰等于负的 10% 的原边电流同额定电流之比,用额定原边电流的倍数来表示。

如果由于某种原因,电流互感器的副边未接入仪表或继电器,必须将互感器副边绕组短接,也就是说,电流互感器在使用时,其副边只能短路而不能开路。因为在正常运行时,电流互感器的励磁安匝仅为原边安匝的很小部分,其绝大部分用于与副边的安匝平衡。如果副边开路,则抵消一次侧线圈的安匝 I_2W_2 为零,此时,原边安匝全部用于励磁,使磁通增加,便会造成以下后果:

1. 铁芯因强烈磁化而产生剩磁,增加测量误差;
2. 副边绕组出现很高的尖峰电压,危及工作人员的安全和测量仪表的绝缘;
3. 铁芯的铁耗猛增而过热,甚至烧坏互感器。

为保证工作人员安全,还必须将电流互感器的外壳和副边绕组的一端可靠接地,以防原、副边绕组间绝缘一旦损坏,原边的高压窜入低压的副边,引起触电和仪表损坏。

电流互感器有以下几种分类方式:

1. 按原边绕组所用电流种类分,有交流电流互感器和直流电流互感器;
2. 按原边绕组电压等级分,有高压电流互感器和低压电流互感器;
3. 按用途分,有保护级电流互感器和测量级电流互感器。

各种互感器在 SS_{4G} 型、SS_8 型电力机车上的使用情况见表 5-4。

表 5-4　互感器在 SS_{4G} 型、SS_8 型电力机车上的使用情况

序号	机型	电路代号	名称	型号	规格	数量
1		6TV	高压电压互感器	TBY1-25	25 000 V/100 V	1
2		7TA	高压电流互感器	TBL1-25	200 A/2 A	1
3		9TA	低压电流互感器	LQG-0.5	300 A/5 A	1
4		100TV	PFC 用电压互感器		100 V/10 V	1
5	SS_{4G}	109TV	PFC 主变压器原边测量用电压互感器	LMZJ-0.5(Y)	300 A/2 V	1
6		118TA 128TA 158TA 168TA	PFC 过流保护用电流互感器	LMZJ-0.5(Y)	800 A/2 V	4
7		176TA 177TA 186TA 187TA	主变压器次边短路用电流互感器	LMZJ-0.5(Y)	3 000 A/10 V	4

序号	机型	电路代号	名称	型号	规格	数量
8		1TV	高压电压互感器	TBY1-25		1
9		1TA	高压电流互感器	TBL1-25	200 A/5 A	1
10		2TA	低压电流互感器	LQGS-0.5	300 A/5 A	1
11	SS$_{4G}$	3TA 4TA 5TA 6TA	交流电流互感器	LMZJS-0.5	500 V, 3 000 A/10 V	4
12		7TA	电流互感器			1
13		8TA	电流互感器			1

二、TBL1-25 型高压电流互感器

TBL1-25 型高压电流互感器与 JL14-20J 型交流电流继电器配合,作机车主电路原边短路保护。它是一种穿墙式电流互感器,位于机车车顶,处于主变压器原边绕组的进线端。其原绕组(一次线圈)与主变压器原边线组 A 端串联,将车外高压电引入车内,副边绕组(二次线圈)接 JL14-20J 型交流电流继电器。TBL1-25 型高压电流互感器属保护级电流互感器,要求它具有良好的过电流工作特性和较大的饱和倍数。其型号含义为

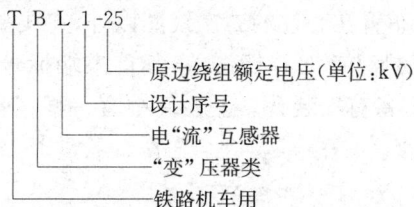

$$\text{T B L 1-25}$$

- 原边绕组额定电压(单位:kV)
- 设计序号
- 电"流"互感器
- "变"压器类
- 铁路机车用

TBL1-25 型高压电流互感器的结构如图 5-4 所示。它的一次线圈就是穿过瓷套管 1 的导一次线圈(单匝),用 ϕ16 mm 铜棒制成;线圈的两端有螺纹,可装螺母,连接载流导线,其户外端为 L$_1$,接主断路器,户内端为 L$_2$,接主变压器原边绕组的 A 端,将高压电从车顶外引入车内。二次线圈 4 有 40 匝,用 ϕ2.1 mm 双玻璃丝包圆铜线均匀地绕在环形铁芯 5 的圆周上,其抽头标记为 K$_1$、K$_2$。铁芯 5 用 0.35 mm 厚的 QD151-35 冷轧钢片卷绕而成。二次线圈和铁芯同装在由两个铝制半法兰 3 拼成的法兰盘中。两个半法兰是接地的,它们用螺栓连成一体,下部再用薄钢板制成的护罩 6 盖紧,使二次线圈在高电场下得到屏蔽。二次线圈与法兰盘、护罩间用绝缘纸圈来绝缘。在法兰盘内径与瓷套管 1 的中部浇注了环氧树脂 2 使成一体,然后再在瓷套浇注部位的外侧用钢丝加绕了一个短路匝,短路匝的两端固定在半法兰上,用以保证瓷瓶的浇注部分接地良好。最后,整个互感器通过法兰盘固定在主变压器上方的机车顶盖上。

在使用该型高压互感器时,应保持瓷瓶清洁、无裂纹,两个半法兰接缝处的密封良好,防止雨水渗进二次线圈,定期检查二次线

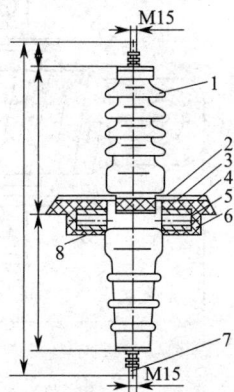

图 5-4　TBL1-25 型高压
电流互感器

1—瓷套管;2—环氧树脂;
3—半法兰;4—二次线圈;
5—环形铁芯;6—护罩;
7——次线圈(单匝);8—接线座

圈对地绝缘电阻,如果二次线圈受潮或有进水现象,应进行干燥处理。

TBL1-25 型高压电流互感器主要技术参数

额定电流比 ··· 200/5

额定电压 ··· 25 000 V

额定负载(cosφ=0.8) ·· 1.6 Ω

准确级次　···　10 级(即一次侧电流为额定值的 50%～120%范围内,比差为±10%)

饱和倍数 ··· 6

瓷套管型号 ··· CWB-35/400

冷却方式 ··· 空气自冷

质量 ·· 约 95 kg

三、LQG-0.5 型低压电流互感器

LQG-0.5 型低压电流互感器与电度表配合,用于测量机车所消耗的电量。它的一次线圈与主变压器原边绕组的接地端 X 端子串联后接地,即该互感器一次侧流过的电流为网侧绕组的电流;副边绕组接电度表。它是测量级电流互感器。其型号含义为 L—电流互感器;Q—线圈式;G—改进设计;0.5—准确级次。

低压电流互感器的结构如图 5-5 所示。铁芯 4 由条形硅钢片叠成。二次线圈 2 分别套在两个铁芯柱上,其线头接于胶木接线座上,出线端标记为 K_1、K_2。一次线圈 1 由铜带绕成,外部用纱带扎紧后作浸漆处理;布置在心柱的二次线圈以外,在线圈外侧有几片硅钢片并接在铁芯上作为磁分路 6,用以防止磁路饱和,补偿误差;其首末端标号为 L_1、L_2。铁芯下夹件 5 用钢板冲成,作为安装底座,其上备有安装孔。上夹件中有一根稍长,在其凸出的一端装有接地螺栓 3,另一夹件上装有接线座。

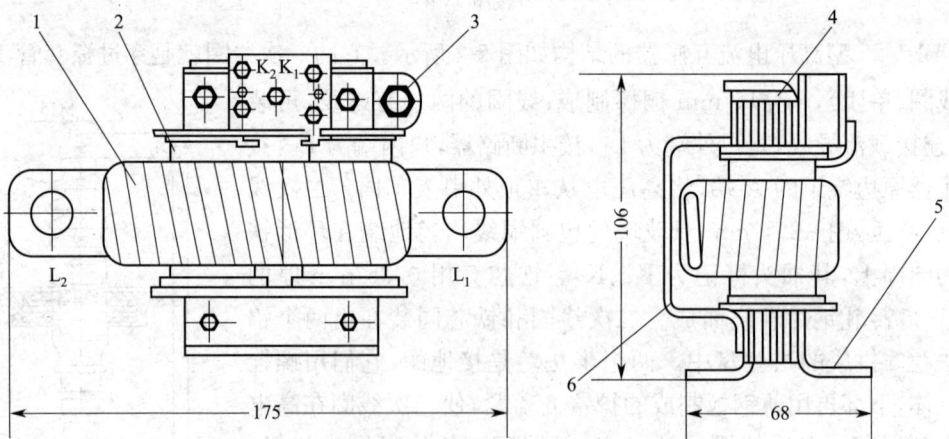

图 5-5　LQG-0.5 型低压电流互感器

1—一次线圈;2—二次线圈;3—接地螺栓;4—铁芯;5—铁芯下夹件;6—磁分路

LQG-0.5 型低压电流互感器主要技术参数

额定电流比 ··· 300/5

额定负载(cosφ=0.8) ·· 0.4 Ω

准确级次 ··· 0.5级

原边电流为额定电流的 100%～200%时:比差 ·················· ±0.5%

角差 ·················· ±40 分

质量 ····································· 约 1.7kg

四、LMZJ 系列电流互感器

LMZJS-0.5 和 LMZJ-0.5(Y)型电流互感器是在 LMZJ-0.5 型电流互感器的基础上加以改进而派生的,主要是将互感器的二次侧电流信号输出改为电压信号输出。其主要技术参数见表 5-5。

表 5-5 LMZJ 系列电流互感器主要技术参数

型号	LMZJ-0.5	LMZJ-0.5(Y)		
规格	3 000 A/1 A	3 000 A/10 V	800 A/2 V	300 A/2 V
一次侧额定电流(A)	. 3 000	3 000	800	300
二次侧额定电压(V)		10	2	2
准确级次	0.5	0.5	0.5	0.5
额定二次负荷	10 Ω	10 mA	10 mA	10 mA
饱和倍数	6	6	6	6

五、TBY1-25/100 型高压电压互感器

TBY1-25/100 型高压电压互感器是原株洲电力机车厂 1984 年设计并试制的一种电力机车用电压互感器,用于监测电力机车行驶过程中接触网电压,其结构安全可靠。SS$_4$、SS$_4$ 改、SS$_5$、SS$_{6B}$、SS$_7$ 及 SS$_8$ 型机车均安装有这种电压互感器。

(一)型号及含义

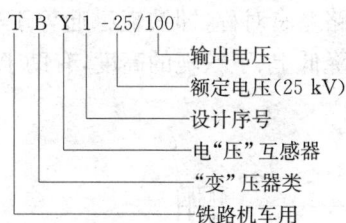

```
T  B  Y  1 - 25/100
                └── 输出电压
            └────── 额定电压(25 kV)
         └───────── 设计序号
      └──────────── 电"压"互感器
   └─────────────── "变"压器类
└────────────────── 铁路机车用
```

(二)结构

TBY1-25/100 型高压电压互感器由线圈和铁芯组成互感器的器身,线圈和铁芯套装后经干燥处理,吊入油箱内,如图 5-6 所示。

1. 线圈

TBY1-25/100 型高压电压互感器有高压线圈和低压线圈两部分,在高、低压线圈之间放有静电屏。线圈以酚醛纸筒为骨架,为多层圆筒式结构,如图 5-7 所示。高压线圈分 A、B、C、D、E 五段,用缩醛漆包圆铜线绕制在静电屏的外层,轴向尺寸逐步递减,形成宝塔状。段间用电话纸和折边电缆纸作层间绝缘,每段端部无导线处用电话纸填平。线圈外包聚酰亚胺薄膜带和皱纹纸,并用直纺布带半迭包扎紧。低压线圈用缩醛漆包扁铜线直接绕在绝缘纸筒上,分两层,用电话纸和折边电缆纸作层间绝缘。

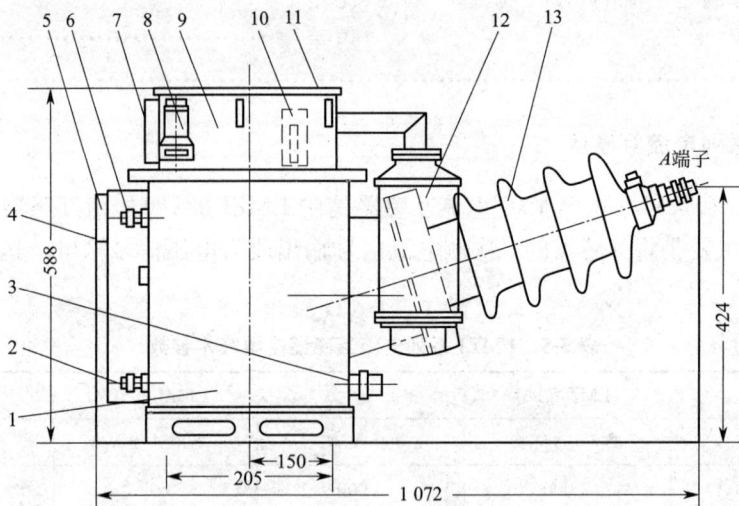

图 5-6　TBY1-25/100 型电压互感器

1—油箱；2—接地螺栓；3—油样活门；4—观察窗；5—二次电压套管；6——次电压套管；

7—铭牌；8—压力释放阀；9—箱盖；10—油位表；11—吊钩；12—呼吸器；13—25 kV 套管

　　高压线圈对低压线圈及地之间存在分布电容，在原边发生故障时，低压线圈会产生很高的静电感应电压，造成高、低压线圈之间击穿，危及测量仪表或人身安全。因此，在高压线圈与低压线圈之间，设置了静电屏。静电屏用紫铜板围成，包在低压线圈外面，开口处垫有绝缘，与高、低压线圈之间也用电话纸和折边电缆纸作层间绝缘。

　　线圈两端有绝缘端圈：高压线圈出头 X，该端子处绝缘强度较低，容易对地或对低压线圈击穿，所以必须牢靠接地；低压线圈出头 a_1、x_1；静电屏出头从端圈中间引出。

　　2. 铁芯

　　铁芯用晶柱取向冷轧硅钢片叠积成单柱旁轭式叠铁芯，如图 5-8 所示。中间为五级圆形心柱，两边为矩形旁轭。铁芯磁路左右对称，即铁轭磁通等于心柱磁通的一半，故铁轭的截面积为心柱截面积的一半，这样可降低上、下铁轭的高度，有助于减少附加损耗。

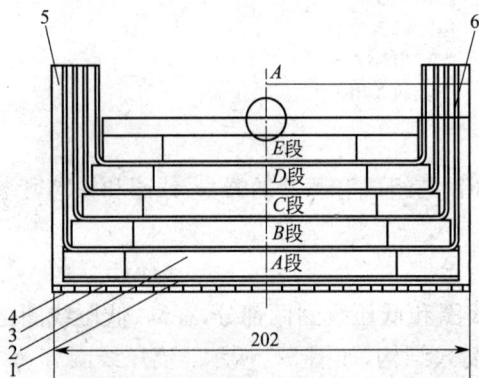

图 5-7　线圈

1—低压线圈；2—高压线圈；3—静电屏；4—绝缘筒；5—压板；6—角环

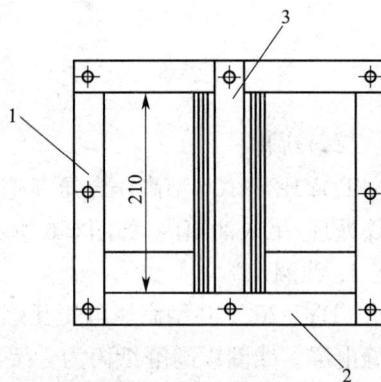

图 5-8　铁芯

1—旁轭；2—主铁轭；3—心柱

心柱与铁轭采用搭接结构。心柱与上、下铁轭之间一层一层相互交错迭接，接缝为直缝。

整个铁芯通过夹件夹紧。夹件与心片间用环氧玻璃布板夹件绝缘，铁轭螺杆与铁芯间套有醇酸漆布管和绝缘垫圈绝缘。铁芯用紫铜带制作的接地片通过夹件接地。

3. 油箱

油箱是互感器器身的支撑体，同时也是其他附件的安装基座。箱体和箱盖均用 3 mm 钢板焊接而成，箱盖与油箱的箱沿之间垫有 5 mm 厚耐油橡胶板的密封圈，由 34 根螺栓紧固。油箱内充有 25 号变压器油，以加强器身绝缘和冷却器身。箱体上有注油装置。油箱壁上焊有固定器身的 4 个安装座，箱底有 4 个定位钉，以保证器身在油箱中的准确位置。下部装有放油阀门和油样活门。

箱盖可看成是上油箱，它作成箱形，兼有储油柜作用，其上装有油位表、补油装置、压力释放阀和吸湿器的呼吸器。油位表用红色油漆在显著位置标明了 +40 ℃、+25 ℃、-25 ℃温度下的油位。压力释放阀用于防止互感器内部短路或其他原因而引起互感器爆炸，其开启压力为 (35 ± 5) kPa，关闭压力为 19 kPa。呼吸器用于保证油箱内气压与外界大气压强相等，同时，为了保持因环境温度及油温变化时呼入或排出空气的干燥，呼吸器内装有 1.5 kg硅胶。

线圈在油箱内卧式放置。高压线圈 A 端子在油箱内经绝缘件架空绝缘后，通过高压瓷套从箱壁右上部引出；接地屏出线端子、高压线圈 X 端子及低压线圈 a_1、x_1 端子则通过 0.2 kV低压瓷套，由油箱左侧壁引出。电抗器油箱外部经过接地螺栓可靠接地，避免由于悬浮电位造成放电现象。

此外，由于互感器为户外（车顶）安装，所以低压瓷套安装和油表均装有护罩以防灰尘和雨水。而 40 蝶阀、吸湿器、油样活门则借用的是主变压器的部件。

（三）主要参数及使用条件

TBY1-25/100 型高压电压互感器主要技术参数

额定一次电压 ······························· 25 kV

额定二次电压 ······························· 100 V

额定电压比 ······························· 25 000/100

最大工作电压 ······························· 29 kV

额定负荷 ······························· 29 kV·A

连接组 ······························· I/I—12

频率 ······························· 50 Hz

准确级次 ······························· 0.5 级

误差极限（比值差）：······························· ±5%

角差 ······························· ±20 分

相数 ······························· 单级

冷却方式 ······························· 油浸自冷（AN）

质量 ······························· 145 kg

绝缘等级 ······························· A 级

装置种类 ······························· 户外

功率因数······························· 0.8（滞后）

额定使用条件

海拔高度 ·· 不超过 2 500 m

最高周围空气温度 ································· ±40 ℃

最低周围空气温度 ································· −25 ℃

最高年平均温度 ···································· ±25 ℃

周围空气湿度 ·················· 最湿月月平均最大相对湿度不大于 90%

（该月月平均最低温度不高于 25 ℃）

机械冲击在使用中能承受的最大冲击加速度为：

　　水平方向 机车车辆运动方向(纵向) ·················· 3 g

　　横方向 ······································· 2 g

　　垂直方向 ······································ 1 g

注:g 是重力加速度。

（四）使用注意事项

1. 高压电压互感器一次侧绕组要与被测负荷并联,其二次侧所有测量仪表的电压线圈要与二次侧绕组并联。使用中,若不接仪表时,应使二次侧绕组处于开路状态,要绝对避免二次侧短路。因此,在电压互感器二次电路中接有保护用自动开关。

2. 高压电压互感器在使用中,二次侧绕组的一端和外壳要可靠接地,以防一次侧绕组放电或击穿时,高电压进入二次侧测量电路,危及仪表和人身安全。

【任务实施】

一、清扫检查

1. 清扫检查绝缘子无破损、裂纹、闪络和烧损痕迹。

2. 测量各绕组冷态直流电阻值,测量各绕组对地及绕组之间的绝缘电阻值。

3. 检查各瓷瓶、管路、接头、阀、油箱的安装状态及密封情况。

4. 检查互感器的安装状态。

5. 对变压器油进行耐压试验和化学分析,根据结果决定进行油处理或报废。

6. 检查吸湿器状态,吸湿剂无变色。

二、解体(当空气的相对湿度 75%时严禁吊器身检查)

1. 放油。放油前,从油样活门外取油样送化验室化验,根据油化验结果,决定是否进行油处理或报废。

2. 拆卸蝶阀盖板、紧固螺母,取下盖板,并将滤油机进油管连同接头安装在蝶阀上,用手拧开蝶阀罩,用扳手打开蝶阀阀门,启动滤油机将变压器油抽至储油桶内。

3. 拆瓷瓶。用扳手拆卸 25 000 V 高压套管(A 瓷瓶)上导电螺母,并依次取下螺母、垫圈、衬垫、铜套和封环;拆卸高压套管的法兰盘紧固螺栓,取下法兰盘及套管。

4. 拆吸湿器。用扳手拆卸吸湿器与连管法兰盘上固定螺栓,将吸湿器取下,并取出其中的吸湿剂(硅胶)。

5. 拆油箱盖。用扳手拆卸油箱盖、紧固螺栓,用天车挂钢丝绳吊下箱盖。

6. 拆端子内连线。拆卸一次侧线圈(X 端)、二次侧线圈(ax 端)内部引线连线螺母,松开连线。

7. 拆一次侧线圈内引线夹。拆卸一次侧线圈引线夹上的胶木螺母,取出引线夹螺母、螺杆。

8. 吊出器身。拆卸铁芯装配于箱体的固定螺母,用 4 根等长的 6 mm 钢丝绳通过安装于铁芯装配的专用吊装孔中的吊环,用天车缓慢将互感器身吊出油箱。注意吊出时不得碰伤铁芯与线圈,并放置于专用的油盘内。

三、检查修理

1. 检查器身

用干净的变压器油冲洗器身,器身应达到清洁,无残留异物,外观检查绕组绝缘无破损、过热、老化现象。引出线绝缘状态良好,引线接线端子完好,无断股、开焊现象。并用 $200\sim300$ kPa 的干燥压缩空气吹扫器身。吹扫时,风嘴距绝缘部分应大于 150 mm。

2. 检查铁芯装配。铁芯无过热现象,铁芯夹件紧固牢靠,接地装置可靠。

3. 清扫检查油箱体、箱盖

(1)油箱体、箱盖外部先刮去油污后,用专用清洗剂、棉丝清洗擦拭干净;油箱体内部用专用清洗剂清洗干净,用棉丝擦抹干净。

(2)检查油箱体各焊缝无开焊;箱体上各字母牌、铭牌完好;箱体内部无异物。

(3)检查高、低压套管无破损,安装牢固,外观光洁,无灼伤、烧痕。

(4)检查密封橡胶件无老化、龟裂、变形等不良现象,否则更新。

4. 吸湿器的检修

检查吸湿器状态,用棉丝将吸湿器玻璃罩擦拭干净,检查玻璃罩不许有裂纹、破损。更新吸湿剂(硅胶)。

四、组　　装

1. 按解体相反顺序吊入器身。

2. 按解体相反顺序连接好铁芯装配与箱体的固定螺母。

3. 按解体相反顺序将一次侧线圈 A 端引线夹紧固好。

4. 按解体相反顺序连接好 X、a_1、x_1 端子内连线。

5. 按解体相反顺序吊装好油箱盖,必要时橡胶密封圈涂少量的乐泰胶。

6. 按解体相反顺序安装好 A 瓷瓶,注意紧固螺栓、螺母,用力适当,防止损坏。

7. 按解体相反顺序安装好吸湿器。

8. 用油管将滤油出口及专用接头安装与蝶阀上,打开蝶阀、阀门,启动滤油机,将合格的变压器油缓慢注入油箱中,直到油位达到油位表相应室温的刻度为止,关闭蝶阀、阀门,拆卸油管与接头,安装好蝶阀盖板及紧固螺栓,最后将蝶阀罩拧上。

五、检查试验

1. 检查油箱体、箱盖无渗漏现象。

2. 从油样阀门处再次取变压器油样,送化验科化验合格方可。

3. 各绕组间及对地绝缘电阻值测定,符合技术要求。

4. 各绕组冷态直流电阻值测定,符合技术要求。

5. 误差试验,符合技术要求。

【实践与训练】

工作单 5.2

项目名称	辅助电路检查与维护		
任务名称	互感器的检查与维护		
班　级		姓　名	

【基础知识的认知】

1. 说明互感器的作用。

2. 说明 SS$_{4G}$ 型电力机车上互感器的使用情况。

【动手能力训练】

1. 说明在使用高压电压互感器的过程中应该注意的事项。

2. 通过实际操作，概括互感器的检查维护方法。

【工作总结】

说明在本任务的工作过程中所了解、掌握的内容，有何收获。

续上表

指导老师评价：	
任务完成人签字：	日期：　年　月　日
指导老师签字：	日期：　年　月　日

任务三　传感器检查与维护

【任务要求】

1. 理解传感器的作用。
2. 了解传感器的工作原理。

【任务内容】

1. 认识电力机车上所使用的传感器。
2. 检查维护传感器。

【任务准备】

1. 所需设备：传感器。
2. 所需物品：手电、万用表、兆欧表、螺丝刀、手钳、尖嘴钳、剥线钳、棉布、毛刷、气吹装置等。

【相关理论知识】

一、概　　述

（一）传感器的定义和分类

传感器是借助于检测元件接收一种形式的信息，并按一定规律将它转换成另一种信息的装置。它获取的信息可以为各种物理量、化学量和生物量，转换后的信息也可以有多种形式。目前的传感器大多为电信号，因此，从狭义上讲，传感器也可定义为把外界的输入信号转换成电信号的装置。

传感器是自动化系统中不可缺少的元件。它连接被测对象和测试系统，提供系统进行处理和决策所必需的原始信息。显然，一个自动化系统首先要检测到信息才能去进行自动控制，如果传感器不能获得信息或者获得的信息不确切，或者不能把信息精确地转换成电信号，那么，要显示、处理这些信号就会非常困难，甚至没有意义。所以，传感器关系着一个测量系统或自动化系统的成败。

随着电子计算机、生产过程自动化、生物医学、环保、能源、海洋开发、遥感、遥测、宇航等科学技术的发展，从太空到海洋，从各种复杂的工程系统到日常生活的衣食住行，都广泛采用了各种传感器。

由于应用的对象、测量的范围、周围的环境等不同，需用的传感器也不一样，因此，传感器的种类很多。目前,传感器常用的分类方法有以下两种。

1. 按被测物理量划分

(1)位移传感器

位移传感器用于长度、厚度、应变、振动、偏转角等参数的测量。

(2)速度传感器

速度传感器用于线速度、振动、流量、动量、转速、角速度、角动量等参数的测量。

(3)加速度传感器

加速度传感器用于线加速度、振动、冲击、质量、应力、角加速度、角振动、角冲击、力矩等参数的测量。

(4)力、压力传感器

力、压力传感器用于力、压力、重量、力矩、应力等参数的测量。

2. 按工作原理分

(1)电阻式传感器

电阻式传感器利用移动电位器触点改变电阻值或改变电阻丝或片的几何尺寸的原理制成,主要用于位移、力、压力、应变、力矩、气流流速和液体流量等参数的测量。

(2)电感式传感器

电感式传感器利用改变磁路几何尺寸、磁体位置来改变电感和互感的电感量或压磁效应原理制成,主要用于位移、力、压力、振动、加速度等参数的测量。

(3)电容式传感器

电容式传感器利用改变电容的几何尺寸或改变电容介质的性质和含量,从而改变电容量的原理制成,主要用于位移、压力、液体、厚度、含水量等参数的测量。

(4)谐振式传感器

谐振式传感器利用改变机械的或电的固有参数来改变谐振频率的原理制成,主要用于测量压力。

(5)电势型传感器

电势型传感器利用热电效应、光电效应、霍尔效应、电磁感应等原理制成,主要用于温度、磁通、电流、电压、速度、光强、热辐射等参数的测量。

(6)电荷式传感器

电荷式传感器利用压电效应原理制成,主要用于力、加速度的测量。

(7)光电传感器

光电传感器利用光电效应和几何光学原理制成,主要用于光强、光通量、位移等参数的测量。

(8)半导体传感器

半导体传感器利用半导体的压阻效应、内光电效应、磁电效应,与气体接触产生性质变化等原理制成,多用于温度、压力、加速度、磁场、有害气体和气体泄漏的测量。

本节只介绍 SS$_{4G}$、SS$_8$ 型电力机车上使用的采用霍尔器件的磁场平衡式电流传感器、电压传感器和速度传感器。

(二)磁平衡式霍尔电传感器

磁平衡式霍尔电传感器是采用霍尔器件并引进瑞士 LEM 公司的技术——磁平衡原理制成的电传感器。这种传感器随着 8 K 车技术的引进并国产化后,现已在国产电力机车上批量运用。它适用于电力机车控制系统和其他控制系统的要求,是一种很有发展前途的控制元器件。

1. 霍尔器件的工作原理

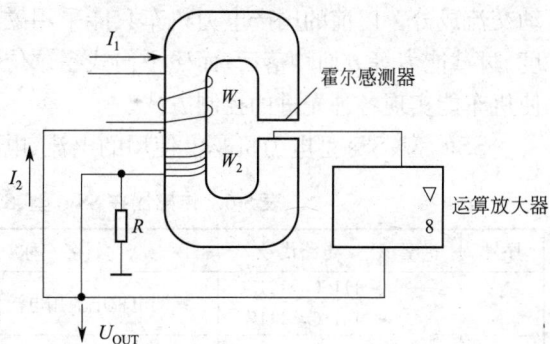

载流导体在磁场作用下，两端会产生电位差U_h，如图 5-9 所示。

电位差 U_h 的计算公式为

$$U_h = \frac{R_h}{d} \times I_1 \times B \tag{5-7}$$

式中　$\dfrac{R_h}{d}$——常数，即霍尔系数，由霍尔器件的材料确定；

　　　I_1——通过电流；

　　　B——磁场；

　　　U_h——霍尔电势。

利用霍尔电势的产生原理，现代科技已用半导体材料专门制成霍尔元件或称霍尔芯片，用于检测磁通。一般的霍尔芯片均有 4 根引线，其中 2 根引线为外加电压，提供电流，另 2 根引线为输出的霍尔电势 U_h。当外加电压恒定，电流 I_1 恒定时，输出的霍尔电势 U_h 与磁场有良好的线性关系。

2. LEM 传感器的工作原理

LEM 传感器是利用上述霍尔器件的工作原理，特别是输出霍尔电势与磁场的线性关系，并运用磁平衡技术制成的，其工作原理如图 5-10 所示。

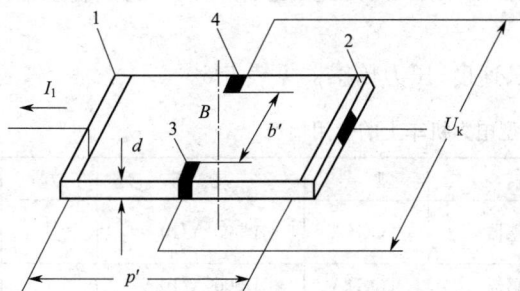

图 5-9　霍尔器件的工作原理　　　　　　图 5-10　LEM 传感器的工作原理

图 5-10 中，I_1 为原边主回路电流，I_2 为副边电流，霍尔芯片置于聚磁铁芯的气隙中。原边主电流回路所产生的磁场与副边电流回路产生的磁场方向相反，互相抵消，使霍尔芯片处于检测零磁通的状态。当主电路产生的磁场导致聚磁环中的霍尔芯片产生霍尔电压时，霍尔电压使得电子放大器相应的功率管导通，并根据霍尔电压的数值提供相应的补偿电流；副边电流 I_2 产生的磁场抵消原边电流产生的磁场，直至霍尔电压为零，从而达到磁回路平衡，霍尔芯片又工作在零磁通状态。此时

$$I_1 \cdot W_1 = I_2 \cdot W_2 \tag{5-8}$$

式中　W_1、W_2——原、副边线圈匝数。

如在副边输出回路中加测量电阻 R，则

$$U_{out} = R I_2 = R \frac{W_1}{W_2} I_1 \tag{5-9}$$

这里，平衡的建立是在瞬间完成的，且平衡后又会出现新的不平衡，因此是一个瞬间的动

态平衡过程。因磁路为零磁通，可以保证 I_1 与 I_2 是线性关系，测量数值 I_2 就可得到主电流 I_1。这种磁平衡霍尔传感器的测量精度主要取决于以下几个方面：

（1）W_1、W_2 的匝数比。这里，W_1 通常为 1 匝，W_2 补偿线圈的准确度成为测量精度的关键。而线圈绕制的精度是可以控制的。

（2）电子放大器的失调电流，即当原边电流为零时的残余电流。

（3）霍尔芯片的残余电位。

（4）电子放大器随温度变化产生的漂移。

上述四个方面均可以控制在精度 0.015%～0.05% 以下。

3. 传感器的特点

基于上述原理，磁平衡霍尔传感器有如下特点：

（1）可以测量任意波形的电流和电压，直流、交流脉动波形。因工作在零磁通状态，已不受磁饱和的影响，可以真实地反应各种原边电流的波形。

（2）原、副边电路隔离。

（3）精度高，对任意波形可做到优于 1% 的精度。

（4）线性度好，一般可做到优于 0.1%。

（5）过载能力强，当原边电流过载（即达到饱和）时，可自动保护。

所以，该传感器特别适应于电力机车的控制。机车电流通常为脉流，除直流分量外，有脉动交流成分。以前的国产电力机车只能采用磁补偿式直流互感器，在测量精度、线性度、失真度、过载能力等方面均落后；而磁平衡式霍尔传感器的采用，大大提高了电力机车的控制水平，使机车能实现各种先进的控制方式。

SS$_{4G}$ 型、SS$_8$ 型电力机车上使用的电流、电压、速度、压力传感器见表 5-6。

表 5-6　传感器在 SS$_{4G}$ 型、SS$_8$ 型电力机车上的使用情况

序号	机型	电路代号	名　称	型　号	规　格	数量
1		111SC　121SC 131SC　141SC	检测电枢电流用电流传感器	TQG4A	1 500 A/10 V	4
2		199SC	检测励磁电流用电流传感器	TQG4A	1 500 A/10 V	1
3	SS$_{4G}$	112SV　122SV 132SV　142SV	检测电机电压用电压传感器	TQG3A	1 500 V/10 V	4
4		136SV　137SV 146SV　147SV	PFC 用电压传感器	TQG3A	2 000 V/80 mA	4
		431BV　432BV 433BV　434BV	速度传感器	CHS-GD-3		4
5		201BP	辅助风缸压力传感器	CZY1	300 A/5 A	1
6		202BP	制动风缸压力传感器	CZY1	300 A/5 A	1
1		1-8SC	电流传感器	TQG4A	1 000 A/200 mA	8
2	SS$_8$	1SV　2SV	电压传感器	TQG3A	2 000 V/80 mA	2
3		SD1　SD2 SD3　SD4	速度传感器	DF16 双通道 2-200		4

二、电流传感器

电流传感器是一种通过霍尔发生器测磁来实现对各种电流进行测量的检测设备。它们串接

在牵引电动机电枢回路或励磁电路中,将相应电流反馈信号输入到电子控制柜的相应信号插件。TQG4A、TCS1 型电流传感器原理基本一样,现以 TQG4A 型电流传感器为例介绍如下。

（一）结构及工作原理

TQG4A 型电流传感器由原边电路、磁路部件、安装在磁路气隙中的霍尔发生器、二次侧线圈和电子电路所组成,全部器件均密封安装在由阻燃塑料压注成形的外壳之中,具有很好的电隔离性能和抗振动冲击性能。

TQG4A 型电流传感器是采用霍尔器件的平衡式传感器,其原理如图 5-11 所示。霍尔发生器位于磁路的气隙之中,其控制电流 I_c 与磁场 H_c 方向垂直,会产生相应的霍尔电势 U_h,且为

$$U_h = KH_cI_c \tag{5-10}$$

式中　K——霍尔发生器灵敏度系数;

　　I_c——恒定值;

　　H_c——被测电流产生的磁场强度,且与该电流成正比。

因此,U_h 与被测电流成正比。

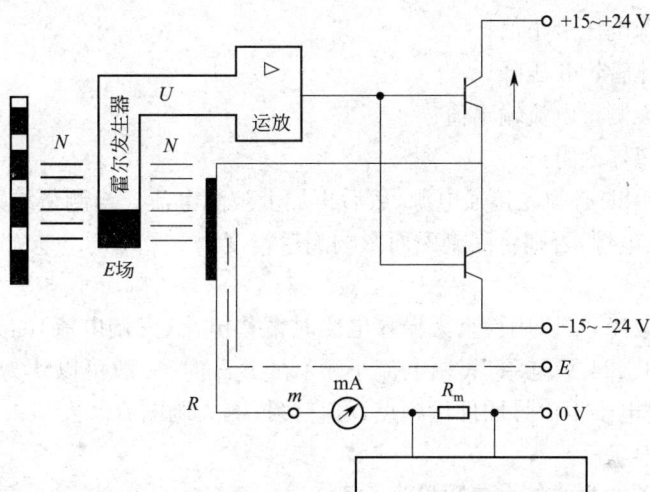

图 5-11　TQG4A-1000 A 型电流传感器原理框图

这里,霍尔电势经运放差分放大转换成电流信号 I_s,并流经次边线圈,其产生的磁场与被测电流 I_p 产生的磁场大小相等而方向相反。因而使置于该磁场中的霍尔发生器工作在零磁通状态,即有

$$I_s \cdot N_s = I_p \cdot N_p \tag{5-11}$$

式中　N_p——原边匝数,为 1 匝;

　　N_s——次边匝数,为 5 000 匝。

故　　　　　　　　　　　$I_s = \dfrac{I_p}{5\ 000}$

例如:若 $I_p = 1\ 000$ A,则 $I_s = 200$ mA;若 $I_p = 500$ A,则 $I_s = 100$ mA。

（二）使用注意事项

1. 传感器接线

传感器接线如图 5-12 所示。当被测电流为直流,且方向与传感器上箭头标示方向一致

时,则测量输出电流的方向是由 M 到 0,M 端为正;否则,M 端为负。

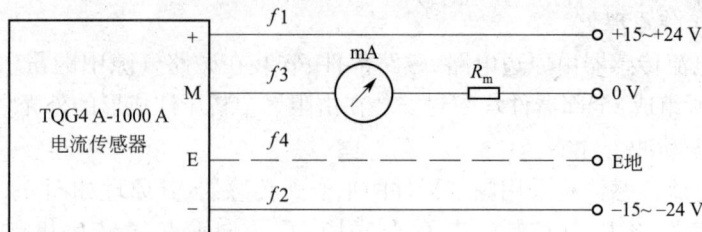

图 5-12　TQG4A-1000 A 型电流传感器接线图

2. 测量电阻 R_m 的计算方法

凡是用户取样的测量电阻,可在其两端获取测量信号,该阻值的最大值可根据供电电源电压的大小及最大测量电流值来确定,其计算公式如下

$$R_m \leqslant \frac{U_{min} - U_{ceo}}{I_{smax} - R_{min}} i \tag{5-12}$$

式中　U_{min}——电源电压最小值;

　　　U_{ceo}——晶体管饱和压降;

　　　I_{smax}——最大测量电流输出值;

$R_{min} = 40\ \Omega$——传感器内阻。

3. 传感器在使用时必须先接通电源,然后再加上被测电流。当测量结束时必须先断开被测电流,然后再断开电源,否则将因剩磁而影响测量精度。

（三）故障判断

电流传感器的故障,可以用检查无输入电压时偏移电流(失调电流)的方式判别。当原边无电流输入,副边加±24 V 电源,失调电流小于 0.4 mA 时,一般可以认为电流传感器正常。在电力机车上,通过电子柜信号插件检测点,可直接检测失调电流。

（四）主要技术参数

各型电流传感器的主要技术参数见表 5-7。

表 5-7　各型电流传感器的主要技术参数

型　　号	TQG4A-1000 A	TCS1	TQC6B
额定电流	1 000 A	1 500 A	500 A
过载能力	1500 A−3 min/h	1800 A−2 min/h	800 A−5 min/h
额定输出比例	200 mA/1 000 A	300 mA/1 500 A	100 mA/500 A
最大输出比例	360 mA/1 800 A		160 mA/800 A
准确度	+1% I_n	+1% I_n	+1% I_n
一次侧电流和二次侧输出电路之间耐压	6 kV/50 Hz/1 min	6 kV/50 Hz/1 min	6 kV/50 Hz/1 min
电源	±15～±24 V	±24(1±5%)V	±24 V
电阻	40 Ω	55 Ω	80 Ω
电流消耗	60 mA＋测量电流	50 mA＋测量电流	(35±5)mA＋测量电流
工作温度	−25～+70 ℃	−25～+70 ℃	−25～+70 ℃

型　　号	TQG4A-1000 A	TCS1	TQC6B
外形尺寸	230 mm×132 mm ×153.5 mm	230 mm×152 mm ×152 mm	116 mm×74 mm×62 mm （穿心母线长 240 mm）
质量	3 kg	3 kg	1 kg

三、电压传感器

电压传感器安装在高压电器柜内,跨接在牵引电动机的两端,将牵引电动机端电压反馈信号输入到电子控制柜。TQG3A、TSV1 型电压传感器原理基本一样,现以 TQG3A 型电压传感器为例介绍如下。

(一)结构及工作原理

传感器除一次侧被测电压输入接线端子(＋HT,－HT)、限流电阻连接片、二次侧测量输出端子和工作电源供给端子("＋"、"M"、"E"、"－")外,所有电子器件均用绝缘材料固封于自熄式绝缘外壳内,结构紧凑、牢固。

TQG3A 型电压传感器是采用霍尔器件的平衡式传感器,其原理如图 5-13 所示。传感器由限流电阻 R_1、一次侧线圈 W_1、霍尔发生器、二次侧线圈 W_2 及放大电路等部分组成。当被测电压 U 经过限流电阻 R_1 和一次侧线圈 W_1,产生电流 I_p 时,该电流流经 W_1,产生磁场 H_p,使霍尔发生器有霍尔电势输出,该信号经放大电路放大,推动功率管,从电源获得补偿电流 I_s,I_s 流经 W_2 所产生的磁场 H_s 的方向和 H_p 相反,从而补偿了 H_p,直到 $I_p×W_1=I_s×W_2$ 为止。根据 $I_p×W_1=I_s×W_2$,可得出 $I_p=(W_2/W_1)×I_s$,而被测电压 $U=I_p×R'(R'=R_1+$ 一次线圈内阻),所以,测得 I_s 便可知被测电压 U 的值。

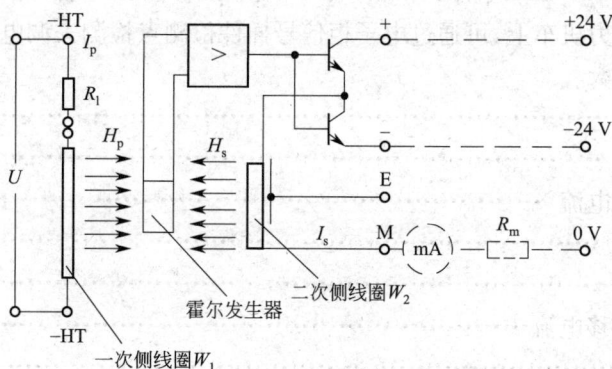

图 5-13　TQG3A 型电压传感器原理示意图

(二)使用注意事项

1. 电压传感器接线如图 5-14 所示。

图中,＋HT、－HT 端子接被测电压,＋HT 接高电位,－HT 接低电位,测量电流方向如图 5-14 中 I_s 箭头所示。若被测电压为交流电时 I_s 方向跟随输入端电压方向改变而改变。

"＋"、"－"端子接±24 V 电源,"M"端子外接毫安表(也可不接),测量电阻 R_m 接到±24 V 电源的中点(0 V)。

"E"端子为内部屏蔽端子,一般接机车地线或电源"－"端,也可空着不接。

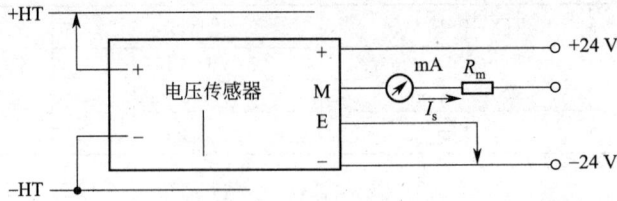

图 5-14　TQG3A 型电压传感器接线示意图

2. 测量电阻 R_m 的计算

本电压传感器电源为±24(1±10%)V，并按额定被测电压 2 000 V 时，输出测量电流 80 mA 设计，测量电阻 R_m 的限值则由下式来决定：

$$R_m = \frac{U_{min} - U_{ce(sat)} - R_2 \times I_2}{I_2} \tag{5-13}$$

式中　U_{min}——电压最小值；

　　　$U_{ce(sat)}$——晶体管饱和压降，一般为 0.5 V；

　　　R_2——二次侧线圈电阻；

　　　I_2——二次侧输出测量电流。

3. 传感器在使用时必须先接通电源，然后再加上被测电压。当测量结束时，必须先断开被测电压。然后再断开电源，否则将因剩磁而影响测量精度。

(三)故障判断

电压传感器的故障，通常用检查无输入电压时偏移电流(失调电流)的方式判断。在原边无输入被测电压时，副边加±24 V，通过"M"点串接测量电阻 R_m 和毫安表(见图 5-14)，当测量到偏移电流不大于 0.5 mA，且＋HT 和－HT 的值在 500 kΩ 左右时，一般可认为电压传感器正常。在 SS8 型电力机车上，可通过电子柜信号插件检测点检测失调电流。

(四)主要技术参数

额定测量电压 ·· 2 000 V

输入电阻 ·· 500 kΩ

二次侧输出测量电流 ·· 80 mA/2 000 V

二次侧线圈内阻 ·· 30 Ω

准确度 ·· ±1%U_e

无输入电压时偏移电流 ·· ≤±0.5 mA

工作环境温度 ·· －25～＋70 ℃

耐压：一次侧电路和二次侧输出电路及屏蔽间 ············ 6 kV/50 Hz/1 min

　　　二次侧输出电路和屏蔽间 ································ 1 kV/50 Hz/1 min

电源 ··· ±24(1±10%)V

电流消耗 ····································· (35±5)mA＋输出测量电流

外形尺寸 ····································· 196 mm×134 mm×105 mm

质量 ·· 2 kg

四、速度传感器

SS4G 型电力机车采用 FD 型速度传感器与 SD 型速度表配套使用，指示机车运行速度、行走里程和时间。

FD 型速度传感器采用 FD 型永磁单相测速电机,此传感器装在机车轴箱上,通过机车轮轴轴头,驱动测速电机旋转,产生单相交流电压,经速度表内的速度控制板中的整流电路整流、滤波后,变成平滑直流电压,送入广角度直流毫安表。利用电机转速与电压的线性关系,在广角度电表上显示机车运行速度、轮径磨耗。其误差可通过调节速度显示电路的电位器来消除。其外形如图 5-15 所示。

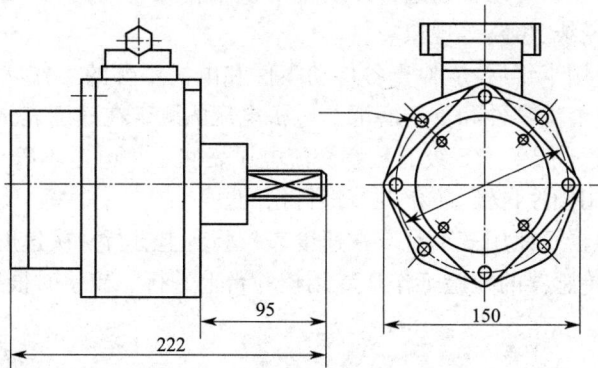

图 5-15　FD 型速度传感器外形图

1. 测速原理

FD 型永磁单相测速电机是一只单相 16 极永磁测速电机。它通过拨动轴、传动簧使机车轮轴与电机轴软性连接,电机的转子由磁钢与一对极爪组成 16 个极,充磁方便,定子线圈有 3 档抽头选择电机输出电压值,磁路中有可调的磁分路装置,电机的输出电压可通过线圈抽头和磁分路来调节,所以,电机电压线性好、精度高、具有互换性。当机车的轮轴驱动电机旋转时,就会产生与电机转速成线性关系的单相交流电压,供电测量仪表进行速度、转速、显示与机车控制用。

2. 里程显示原理

FD 型电机上部装有由二级蜗轮、蜗杆减速、偏心轮装置和微动开关组成的里程减速机构。当机车轮轴走行 1km 时,经蜗轮、蜗杆减速、偏心轮转动,顶动微动开关一次,里程开关信号进入 SD 型速度表内的里程计数器,累计机车走行公里。减速机构中,蜗轮的齿数根据机车轮径的大小决定,偏心轮装置保证机车无论前进、后退均能输出里程开关信号。

3. 主要技术参数

测量范围 ·· 0～1 000 r/min

电压允许误差 ·················· AC(32±0.2)V(800 r/min)

电机的线性允许误差 ································· ±0.3 V

电机旋转方向 ··· 任意

工作方式 ·· 连续

结构形式 ·· 封闭自冷

里程接点 ················ 每公里开关通断 1 次(根据轮径决定)

工作条件:

　　环境温度 ·································· −20 ℃～+50 ℃

　　相对湿度 ······························ 不大于 85%(+25 ℃)

电机寿命 ·· 5 000 h

质量 ·· 6 kg

4. 使用、维护与检验

(1)速度表与 FD 型速度传感器需编号对应使用,传感器铭牌上的轮径数应与速度表铭牌上的轮径数相符,电表指针应调到机械零位,FD 型速度传感器的电机传动轴转动必须灵活。

(2)速度表与机车控制电路的连线必须牢固,不得有断线、短路现象。FD 型速度传感器的电机安装在机车轴箱上,传动轴通过传动机构与机车轮轴连接,其安装必须牢固可靠;电机接线盒内接线不得有断线、短路等现象。

(3)测速发电机使用半年后,应检查各传动零件和电机零件的工作状况,如有磨损应予更换。更换后,组装时应清洗零件和重新润滑。电机电压的测定在速度表试验台上进行,采用阻抗不小于 10 MΩ、精度不低于 0.5 级的数字交流电压表测定。电压不符合技术要求时必须进行调整。调整完毕应用锁片自锁,防止调节螺钉松动。

(4)速度表与传感器每使用三个月应在速度表校验台上进行一次速度和转速、速度取样点校验。速度表表头与传感器的校验工作在专用校验台上进行。校验时根据机车的实测轮径进行计算。

【任务实施】

一、电流传感器

(一)工艺过程

1. 拆下传感器上的安装螺栓,松开插头,取下电流传感器。

2. 用酒精、棉布、毛刷清洗电流传感器整体及插座。

3. 检查电流传感器,无过热、变形、裂损、烧痕及氧化现象。铜排母线有轻微烧痕时,用细锉或砂布打磨消除干净。

4. 检查电流传感器插座的插针无烧痕、变形及缩针现象。

5. 在专用试验台上对电流传感器进行测试,测试结果应符合技术参数要求。

(二)检查试验

电流传感器准确度测量。当一次侧电流 $I = 1\ 000$ A 时,输出准确度的计算准确度 $E_h = D/I_{som} \times 1\ 000/1\ 000 \leqslant 2.5\%$。

D——传感器在所测点的绝对误差值,即被测试传感器所测值与理论值之差(mA/DC)。

I_{som}——传感器额定测量电流输出值,200 mA/DC。

二、电压传感器

(一)工艺过程

1. 拆下电压传感器。

2. 用酒精、棉布清洗电压传感器整体。

3. 检查电压传感器,无过热、变形、裂损、烧痕及氧化现象。接线柱有轻微烧痕时,用细锉或砂布打磨消除干净。

4. 在专用试验台上对电压传感器进行测试,测试结果应符合技术参数要求。

(二)检查试验

电压传感器准确度测量。电压传感器接标准电压后,当原边电压表 V 达到 2 000 V 时,从

电流表 A 上读得读数 $A_1=80$ mA，则准确度

$$W=(A_1-80)/80\times100\%\leqslant1\%$$

三、速度传感器

(一)工艺过程

1. 解体

(1)拆下光电速度传感器。

(2)取下计数装置，抽出电机转子，用专用铁丝套套住，以防退磁。

(3)拆下后端盖。

2. 清洗、检查与修理

(1)将轴承、轴承套、计数装置用蜗轮、蜗杆等部件放入汽油盘中，用毛刷清洗干净。

(2)目视检查轴承并用手转动，转动灵活，不许有裂损及过量磨耗。

(3)检查计数装置用蜗轮、蜗杆、偏心轮、弹簧片，不许有裂损，过量磨耗，变形。用万用表测量微动开关，应良好，不良者更新。

3. 检修方轴

目视检查无变形、裂损，用游标卡尺测量方轴尺寸应在 18～19mm 范围内，否则应更新。

4. 检查发电机转子

对退磁转子进行充磁，严重退磁和裂损者更新。

5. 用万用表测量定子绕组无短路、断路，对可见部位短路可用电烙铁焊接，然后刷漆处理，否则更新。

6. 组装

按解体相反顺序进行

(1)组装时注意传动系统的配合，各齿轮、轴、各轴承与轴承外套配合适当，齿轮与齿轮、蜗杆与蜗轮配合良好，转动灵活，不松旷。

(2)轴承套顶丝在紧固前必须与轴承上的圆坑对齐，然后拧紧。

(3)检查电机的定子与转子的配合、气隙应均匀。

(4)给传动系统加适量的润滑脂，计数装置蜗轮、蜗杆、齿轮加注钟表油。

(二)调试与校验

1. 用 500 V 兆欧表检查传感器对地绝缘电阻值不小于 1 MΩ。

2. 将传感器和速度表装在试验台上进行校验。

3. 调整误差

(1)根据与试验台的标准相比的误差情况，在 60 km/h 刻度处，根据轮径大小，调节电子板上电位计 W_1 使速度指示值与轮对实际速度误差在 2.5% 以内。

(2)调整后漆封电位计。

四、安全注意事项

1. 使用仪器或设备时，试验人员应熟悉其性能，并经培训，持证上岗位。

2. 各种仪表存放在不许有强磁场的地方。

3. 汽油、酒精、漆等易燃品应存放好，禁止烟火。

4. 解体、组装时严禁敲打。

5. 遵守有关安全操作规定。

【实践与训练】

工作单 5.3

项目名称	辅助电器检查与维护		
任务名称	传感器的检查与维护		
班　级		姓　名	

【基础知识的认知】

1. 说明传感器的作用。

2. 说明 SS$_{4G}$ 型电力机车上传感器的使用情况。

【动手能力训练】

1. 说明在使用电流传感器应该注意的事项。

2. 说明使用电压传感器时需要注意的事项。

续上表

【工作总结】	
说明在本任务的工作过程中所了解、掌握的内容,有何收获。	
指导老师评价:	
任务完成人签字:	日期:　年　月　日
指导老师签字:	日期:　年　月　日

任务四　避雷器检查与维护

【任务要求】

1. 理解避雷器的作用。
2. 了解避雷器的工作原理。

【任务内容】

1. 认识电力机车上所使用的避雷器。
2. 检查维护避雷器。

【任务准备】

1. 所需设备:避雷器。
2. 所需物品:手电、万用表、兆欧表、螺丝刀、手钳、尖嘴钳、剥线钳、棉布、毛刷、气吹装置等。

【相关理论知识】

一、概　　述

避雷器是一种限制过电压的保护装置,通常由火花间隙和非线性电阻组成,其基本工作原理如图 5-16 所示。它与被保护物并联,当出现的过电压危及被保护物时,避雷器放电,使高压冲击电流泄入大地,尔后,它仍能恢复原工作状态,截止伴随而来的正常工频电流,使电路与大地绝缘。过电压越高,火花间隙击穿越快,从而限制了加于被保护物上的过电压。

击穿电压的幅值同击穿时间的关系称为伏-秒特性。为了使避雷器能可靠地保护被保护物,避雷器的伏-秒特性至少应比被保护物绝缘的伏-秒特性低 $20\%\sim25\%$,如图 5-17 所示;另外,避雷器在放电时,应能承受耐热及机械应力等变化而本身结构不致损坏。

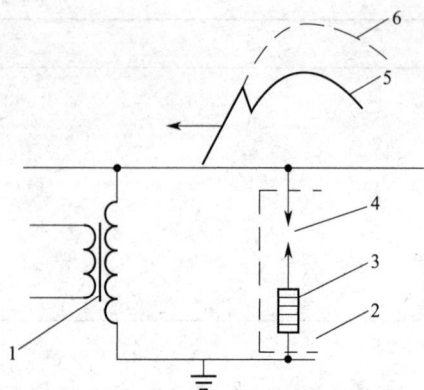

图 5-16　避雷器的工作原理

1—被保护变压器；2—避雷器；3—非线性电阻；4—火花间隙；
5—被限制的过电压波；6—未被限制的过电压波

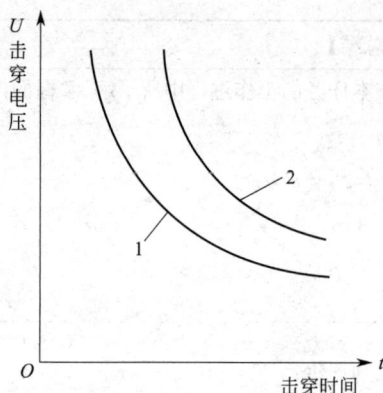

图 5-17　避雷器的伏-秒特性

1—避雷器的伏-秒特性；2—被保护物绝缘的伏-秒特性

　　避雷器的主要类型有保护间隙避雷器、管型避雷器、阀型避雷器和氧化锌避雷器等。在 SS₁ 型、SS₃ 型和 SS₄ 型电力机车采用保护火花间隙避雷器，SS₃ᵦ 型、SS₄ᴳ 型、SS₇ 型、SS₈ 型电力机车采用 Y10W-42/105TD 型氧化锌避雷器（又称无间隙金属氧化物避雷器），本节只介绍 Y10W-42/105TD 型氧化锌避雷器。

二、氧化锌避雷器

　　SS₃ᵦ 型、SS₄ᴳ 型、SS₇ 型、SS₈ 型电力机车采用的 Y10W-42/105TD 型氧化锌避雷器安装于机车顶部，是专用的过电压防护装置，主要用于机车一次侧高压电气设备的绝缘，使之免受大气过电压和操作过压的损害。

　　（一）工作原理

　　氧化锌避雷器的主要元件是氧化锌阀片，它以氧化锌为主要成份，并附以多种精选过的、能产生非线性特性的金属氧化物添加剂，用高温烧结而成。它具有相当理想的伏-安特性（相当于稳压二极管的反向特性），其非线性系数约为 0.025 左右。

　　该避雷器优异的伏-安特性可使氧化锌阀片在正常工作电压下呈高电阻，使流过阀片的电流非常小，且大部分为电容电流，这样小的电流不会烧坏氧化锌阀片，可视为绝缘体，从而实现无间隙。当系统出现超过某一电压动作值的电压时，阀片呈低电阻，使流过阀片的电流急剧增加，此时，电流的增加抑制了电流的上升，使避雷器的残压被限制在允许值之下，并将冲击电流迅速泄入大地，从而保护了与其并联的电力机车电气设备的绝缘。电压恢复到正常工作范围时，电流又非常小，避雷器又呈绝缘状态。因此，该避雷器不存在工频续流，也不影响系统的正常工作。无间隙、无续流正是其先进性的体现。

　　（二）产品结构及特点

　　Y10W-42/150TD 型氧化锌避雷器结构如图 5-18 所示，它主要由盖板组装、避雷器心体、瓷套及底板等组成，具有以下特点：

　　1. 理想的全天候避雷器。与放电间隙相比，不存在间隙放电电压随气候变化而变化的问题。

　　2. 防污性能好，适用范围广。因为设计了防污型瓷套，保证了足够的爬电距离，故污秽不影响间隙电压,所以,在重污秽地区比传统避雷器有很大的优越性。

3. 防震性能好。对心体采取了防震及加固措施,减少了各部件之间的相对位移,使心体牢固地固定在瓷套内,适应了机车运行中振动频繁的要求。

4. 防爆性能好。使用了压力释放装置,在法兰侧面开一缺口,使气体定向释放。当避雷器在超负载动作或意外损坏时,瓷套内部压力剧增,使得压力释放装置动作,排出气体,从而保护瓷套不致爆炸,确保即使出现意外情况,车顶设备仍然完好,并能可靠运行。

5. 非线性系数好,阀片电荷率高,保护性能优越,它不但能抑制雷电过电压,而且对操作过电压也有良好的抑制作用。

6. 无续流,不存在灭弧问题,使地面变电站因机车引起的不明跳闸故障大为减少。

7. 体积小,重量轻,通流容量大,抗老化能力强,运行寿命长。

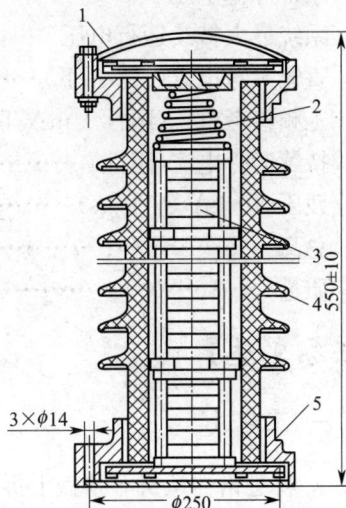

图 5-18　Y10W-42/105TD 型
氧化锌避雷器结构简图
1—盖板组装(包括密封件等);2—弹簧体;
3—心体(包括 ZnO 等);4—瓷套;
5—底板组装

（三）安装

避雷器的安装应自下而上进行,在安装过程中,首先安装连接过渡板,要确保气体释放方向朝向机车外侧未安装电气设备的空旷区。高压端用软连接带与车顶母线连接,地线接在接地连接片上。避雷器退出运行时,其拆卸方向与安装方向逆向进行。

（四）维护与保养

1. 在使用氧化锌避雷器的过程中,要始终保持瓷套表面干燥、光洁、无裂纹。每次回库定修时,需用干净软布擦拭瓷套,清除污垢。如瓷套表面污物无法清除干净,则用集流环屏蔽。

2. 每次回库定修时需检查喷口,不允许有开裂或缺口。

3. 每次回库定修时需检查导线和编织线,导线需连接紧固,编织线折损面积不得超过原截面的 10%。

4. 运行过程中,原有刷漆部分每隔 1～2 年补漆一次。

（五）预防性试验

因氧化锌阀片在长期运行电压作用下存在老化问题,装配时或运行中因密封不良可能受潮,因此在运行中需加强对避雷器的监测,并应定期对其进行预防性试验。另外,在每年的雷雨季节前,也应有选择性地进行试验。

预防性试验一般分为测量直流参考电压、测量直流泄漏电流、测量绝缘电阻、测量交流参考电压和测量持续运行电流等五类试验。直流参考电压和直流泄漏电流的测量是必做的试验,对有条件的用户,建议进行绝缘电阻测量、交流参考电压测量和持续运行电流测量这三项试验。

（六）主要技术参数

额定电压　···　42 kV

标称放电电流　···　10 kA

系统标称电压 ·· 27.5 kV

系统最大持续运行电压 ······························· 30 kV

直流参考电压(1 mA 下)···························· ≥58 kV

工频参考电压(阻性 1 mA 下)······················ ≥56 kV

持续运行电流(阻性)······························· ≤300 μA

残压(10 kA,8/20 μs)······························ ≤105 kV

总高 ··· (550±10)mm

质量 ··· 42 kg

【任务实施】

一、工艺过程

1. 将避雷器从机车顶盖上拆下送专业组工作场地。

2. 清扫

用清水、高标号的无铅汽油或无水酒精将避雷器擦拭干净。

3. 检查

(1)硅橡胶外套的检查,外观检查硅橡胶表面应光洁,安装牢固,应无裂纹,否则更换。

(2)检查顶盖安装螺栓紧固,密封良好,避雷器单元与上下安装座安装良好,应无开裂等不良状态,接地片安装牢固,避雷器喷出口应无缺口、开裂现象,否则应更新。

(3)避雷器外露的铁质零件应除锈,涂漆处理。

二、试　　验

送专业试验站进行测试。

1. 用 2 500 V 兆欧表测量主回路端子对地绝缘电阻值应不小于 1 000 MΩ。

2. 用专用测试仪进行下列试验:

(1)直流参考电压测定,当流过避雷器的电流达到规定的 1 mA 时,读取避雷器两端间的电压(直流脉动不大于±1.5%)不得小于 58 kV。

(2)直流泄漏电流,在避雷器两端施加 0.75 V/1 mA 直流参考电压,读取流过避雷器的泄漏电流,其值不得超过 50 μA。

(3)有条件时,应进行交流参考电压,用 LCD-4 测量阻性电流仪,对避雷器施加 50 Hz 工频电压,当流过避雷器的阻性电流 1 mA 时,读取电压的瞬值,其值不得小于 56 kV。注意:试验时绝缘子应该是干燥清洁的,以上试验读取数值后应立即降低电压,切断电源,在读数时不允许长时期停留。测参考电压时,不得超过 1 min,测试过程应尽可能快。

【实践与训练】

工作单 5.4

项目名称	辅助电器检查与维护		
任务名称	避雷器的检查与维护		
班　级		姓　名	

【基础知识的认知】
1. 说明避雷器的作用。
2. 通过实际观察说明氧化锌避雷器的结构和特点。
【动手能力训练】
说明避雷器一般维护保养需要注意的事项。
【工作总结】
说明在本任务的工作过程中所了解、掌握的内容,有何收获。
指导老师评价:
任务完成人签字:　　　　　　　　　　　　　　　　　日期:　年　月　日
指导老师签字:　　　　　　　　　　　　　　　　　　日期:　年　月　日

任务五　蓄电池检查与维护

【任务要求】

1. 理解蓄电池的作用。
2. 了解蓄电池的工作原理。

【任务内容】

1. 认识电力机车上所使用的蓄电池。
2. 检查维护蓄电池。

【任务准备】

1. 所需设备：蓄电池。
2. 所需物品：手电、万用表、兆欧表、螺丝刀、手钳、尖嘴钳、剥线钳、棉布、毛刷、气吹装置等。

【相关理论知识】

蓄电池是化学能与电能互相转换的装置，它能把电能转变为化学能储存起来，使用时再把化学能转变为电能，而且变换的过程是可逆的。以上两个过程前者叫做充电，后者叫做放电。

根据极板所用材料和电解液性质的不同，蓄电池一般可分为酸性（铅）蓄电池和碱性蓄电池两大类。碱性蓄电池按其极板活性物质的不同，又可分为铁镍蓄电池和镉镍蓄电池等系列。

韶山系列电力机车采用的 GN-100 型镉镍碱性蓄电池组，由 74 个蓄电池串联而成，每个蓄电池的标称电压为 1.25 V，容量为 100 A·h，蓄电池组的标称电压为 92.5 V。

其型号意义为：

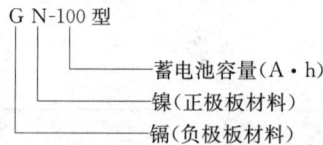

G N-100 型
蓄电池容量（A·h）
镍（正极板材料）
镉（负极板材料）

电力机车的蓄电池组与可控硅稳压电源并联，是电力机车上直流控制电源的辅助电源，并兼作可控硅稳压电源的滤波元件。在升弓前及可控硅稳压电源发生故障时，由蓄电池组向机车控制电路供电。可控硅稳压电源正常工作时，蓄电池处于浮充电工作状态。

蓄电池主要由两种不同金属组成的正、负极板和电解液及容纳极板和电解液的电槽组成，如图 5-19 所示。

正、负极板用穿孔钢带制成的匣子分别装入正、负活性物质（氧化镍、镉铁合金等）构成，带上的小孔用于排出充电时所形成的气体，便于电解液的流通。正、负极板分别焊在各自带有接线柱的汇流排上，组成极板组。安装时将正、负极板交错排列，并采用硬橡胶棍隔离，再通过各自的引线端柱紧固于槽盖上。正极板与电槽直接相连，负极板与电槽绝缘，故负极板比正极板略窄，以防负极板与电槽相连，形成正、负极板间短路。由于正极板活性物质单位质量的电容量少于负极板的活性物质，故在镉镍蓄电池中，正极板比负极板多一片，即 6 片正极板，5 片负极板。

电槽用镀镍钢板制成。由于碱性电池的电槽本身也是一个电极，所以必须注意各电池之间及电池与地之间的绝缘，以

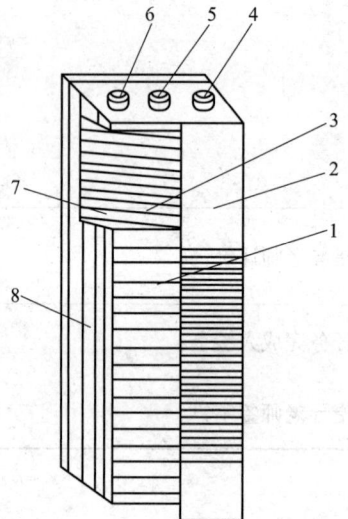

图 5-19　GN-100 型镉镍碱性蓄电池结构

1—正极板；2—电槽；3—电解液；4—正极板引线端；5—带有开关作用的螺丝塞；6—负极板引线端；7—负极板；8—硬橡胶棍

防短路。槽盖上有三个小孔,左、右两孔用于引出正、负极性,并在正极柱旁注明有"＋"号标志;中间一个为注液孔,孔内装有带开关作用的气塞。气塞有三个作用:一是可防止外部空气中二氧化碳侵入后产生碳酸盐,降低电池容量;二是可防止蓄电池短时翻转时电解液外流;三是能使电池内部的气体增加到一定量时通过气塞排出,以免电池中气压过高。

电解液是根据使用蓄电池的环境温度配制的,使用合理,可以延长蓄电池的寿命,保证其额定容量。

机车在运行一段时间以后,当蓄电池电压低于终止电压(一般规定终止电压为 1.1 V)时,蓄电池不适宜继续放电,应及时充电,并须补充蒸馏水或电解液。蓄电池以恒定的电流充电时,其充电制有初充电制、标准充电制和快速充电制三种。对 GN-100 型镉镍碱性蓄电池,不同充电制时的充电电流和充电时间也不同。

初充电制:25 A 充 6 h,再用 12.5 A 充 6 h(放电时用 12.5 A 放 4 h)。

标准充电制:25 A 充 7 h。

快速充电制:50 A 充 2.5 h,再用 25 A 充 2 h。快速充电方法仅在特殊情况下使用,不能作为经常的充电制度。

GN-100 型镉镍碱性蓄电池具有能承受大电流,耐振动,耐冲击;对过充电和欠充电不很敏感,自放电极弱,寿命长等优点,且不散发有害气体。缺点是单个电池的电压较低,内阻大,放电时电压变化较大。

【任务实施】

为确保蓄电池的正常使用,应对蓄电池进行正确的检查和维护。

一、蓄电池在装车之前的检查

1. 检查蓄电池壳盖有无损坏。
2. 检查每只蓄电池的开路电压,如果开路电压低于 2.10 V,应对蓄电池进行均衡充电。
3. 建立蓄电池技术档案。

二、机车辅修、小修时蓄电池的维护

1. 检查蓄电池是否破裂、鼓胀、漏液。
2. 检查螺栓是否有松动的现象,若有松动,拧紧,扭矩不大于 15 N·m。
3. 对蓄电池进行均衡充电。

三、机车中修时蓄电池的维护

1. 检查蓄电池是否破裂、鼓胀、漏液及螺丝是否松动。
2. 对蓄电池补充蒸馏水,补充蒸馏水的方法为:
(1)清洁电池外壳污物;
(2)将蓄电池称重,所称质量与电池标注原始质量的差值,即为蓄电池失水量;
(3)用专用工具逆时针旋开安全阀,将蓄电池所失水量用蒸馏水补充;
(4)用专用工具顺时针旋紧安全阀。
3. 对蓄电池组进行均衡充电并检测蓄电池容量。

4. 注意事项

(1)所有维护工作必须由专业人员进行。

(2)蓄电池极性请勿接反。

(3)检修照明时蓄电池避免过度放电,连续照明时间不超过 3 h,如仍需继续照明,必须先补充电。

(4)蓄电池放电后,应立即进行充电,以免放置时间过长使蓄电池极板硫酸盐化,影响蓄电池的容量与寿命。

(5)运行中如发现异常情况,应及时查找故障原因,如出现故障,电池应及时更换(例:电池电压异常偏高或偏低,电池壳、盖有裂纹或变形,或电解液泄露,及电池温度异常等。)。

(6)长期处于浮充运行时,应定期检查充电设备是否完好,注意充电设备的浮充电压精度在±1%范围,确保运行寿命。

(7)所有充电仪表要定期校验,确保显示数字的准确性与有效性,防止因仪表显示值有误而影响电池正常运行的使用寿命。

【实践与训练】

工作单 5.5

项目名称	辅助电器检查与维护	
任务名称	蓄电池的检查与维护	
班　级		姓　名	

【基础知识的认知】

说明蓄电池的作用。

【动手能力训练】

1. 说明蓄电池日常维护保养需要注意的事项。

2. 通过实际检查说说蓄电池常见的故障有哪些?并说明故障原因。

【工作总结】
说明在本任务的工作过程中所了解、掌握的内容,有何收获。
指导老师评价：
任务完成人签字：　　　　　　　　　　　　　　　　　日期：　年　月　日
指导老师签字：　　　　　　　　　　　　　　　　　　日期：　年　月　日

项目六　电机的检查与维护

任务一　直流电机检查与维护

【任务要求】

1. 熟知 ZD105 型牵引电机的作用。
2. 认识 ZD105 型牵引电机的结构组成。
3. 了解 ZD105 型牵引电机的技术参数。

【任务内容】

检查维护 ZD105 型牵引电机。

【任务准备】

1. 所需设备:ZD105 型牵引电机。
2. 所需物品:手电、万用表、兆欧表、吸尘器、铜丝刷、棉布、吸管、普通清洗剂、套筒扳手、棉布等。

【相关理论知识】

一、概　　述

ZD105 型牵引电动机是 SS₄ 型(1～158 号)和 SS₄G 型大功率干线电力机车的主电动机。它在机车上的作用为:一是当机车处于牵引工况时,作为电动机运行,把来自电网的电能转换为机械能,通过双边斜齿轮传动装置将转矩传递到轮对上,以产生牵引力驱动机车运行;二是当机车处于电气制动工况时,作为发电机运行,利用机车动能将机械能转为电能(回馈给电网或消耗在电阻上),并将所产生的制动转矩传递给机车轮对,以形成机车制动力。

二、结构组成

脉流牵引电动机的结构与普通直流电机基本相同,主要由静止的定子和旋转的转子两大部分组成。定子的作用是产生磁场、提供磁路和作为牵引电动机的机械支撑,由机座、主磁极、换向极、端盖和轴承等部件组成;转子的作用是产生感应电动势和电磁转矩,从而实现能量转换,由转轴、电枢铁芯、电枢绕组和换向器等部件组成。转子通过电枢轴承与定子保持相对位置,使两者之间有一个间隙,称为空气隙。此外,脉流牵引电动机还有一套电刷装置,电刷和换向器接触,以实现电枢电路与外电路的连接。

脉流牵引电动机由于发热严重,换向困难,所以它的某些部件具有特殊的结构形式。ZD105 型脉流牵引电动机主要由定子、转子和电刷装置等部分组成,如图 6-1 所示。

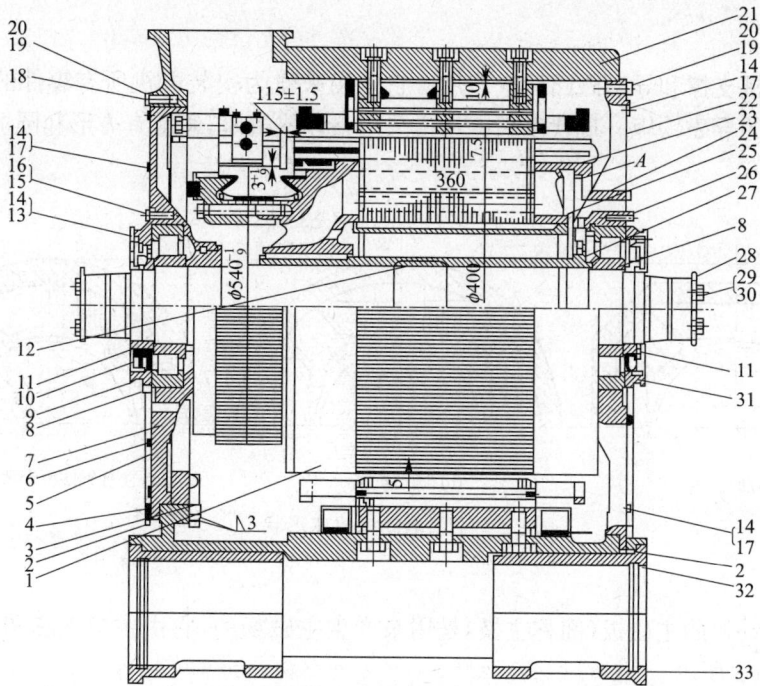

(a) 纵剖面图

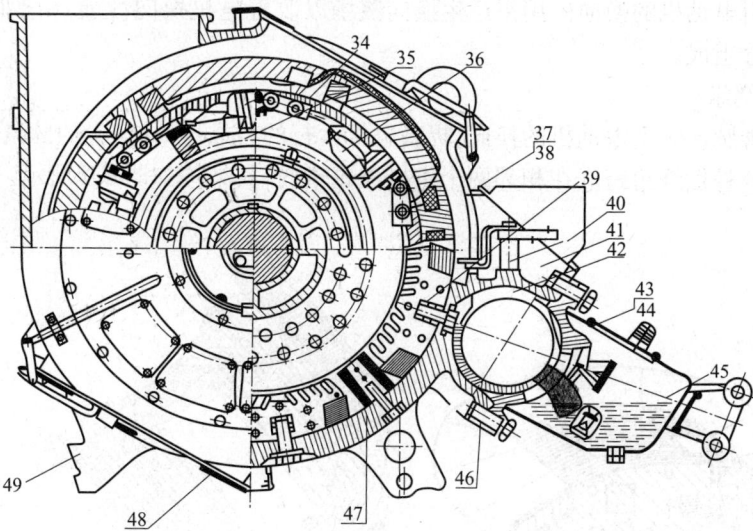

(b) 横剖面图

图 6-1 ZD105 型牵引电动机结构图

1—电枢;2—油杯;3—刷架圈定位装置;4—油管夹;5—前端盖盖板;6—排油管;7—前端盖;8—轴承;
9—前端轴承盖;10—前端外盖;11—封环;12—电枢支架;13—螺栓;14—弹簧垫圈;15—螺栓;16—弹性垫圈;
17—螺栓;18—刷架装置;19—螺栓;20—弹簧垫圈;21—定子装配;22—后端盖网孔盖板;23—预成型后支架绝缘;
24—后端盖;25—电枢支架;26—后端内轴承盖;27—封环;28—挡板;29—螺栓;30—止动垫圈;31—后端轴承盖;
32—上抱轴瓦;33—下抱轴瓦;34—上观察孔盖;35—刷握装置;36—补偿绕组;37—轴;38—开口销;
39—主极一体化装配;40—出线盒;41—接线板;42—绝缘板;43—螺栓;44—弹簧垫圈;45—油箱;
46—键;47—换向极一体化装配;48—下观察孔盖;49—吊杆座;A—F 级填充泥或硅橡胶密封胶

（一）定子

1. 机座

机座兼起机械支撑和导磁磁路两个作用。它既用来作为安装电机所有零件的机械外壳，又是联系各磁极的导磁铁轭。现代牵引电动机采用整体式机座，通常有方形和圆形两种，如图6-2所示。

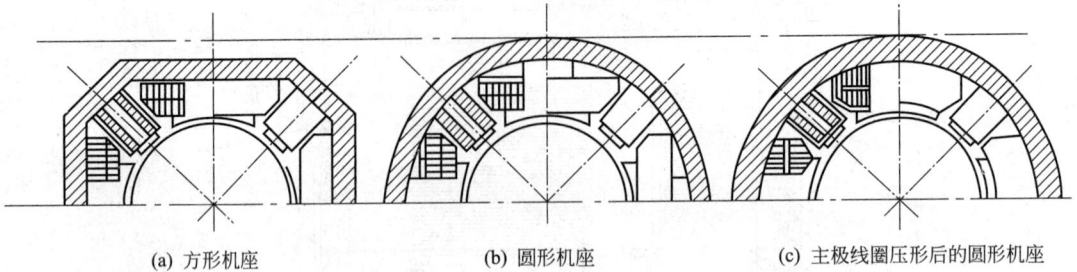

(a) 方形机座　　　　(b) 圆形机座　　　　(c) 主极线圈压形后的圆形机座

图 6-2　牵引电动机机座形状

2. 主磁极

脉流牵引电动机的主磁极（简称主极）是用来产生主磁场的，它由主极铁芯和主极线圈两部分组成，如图6-3所示。

3. 换向极

脉流牵引电动机的换向极用来产生换向磁场以改善电机换向性能，由换向极铁芯和换向极线圈两部分组成。

4. 补偿绕组

为了改善脉流牵引电动机的换向，提高电机运行的可靠性，大容量的脉流牵引电动机设置了补偿绕组。补偿绕组跨嵌在相邻两个主极极靴槽内，其结构如图6-4所示。

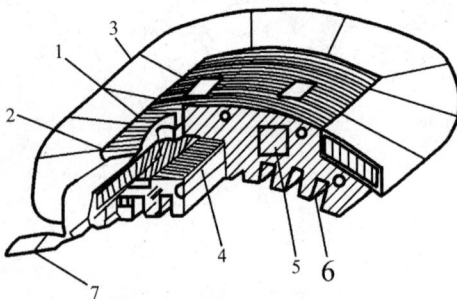

图 6-3　主极结构图

1—主极铁芯；2—铁芯端板；3—主极线圈；4—铆钉；
5—铁芯芯柱；6—补偿绕组槽；7—主极线圈接头

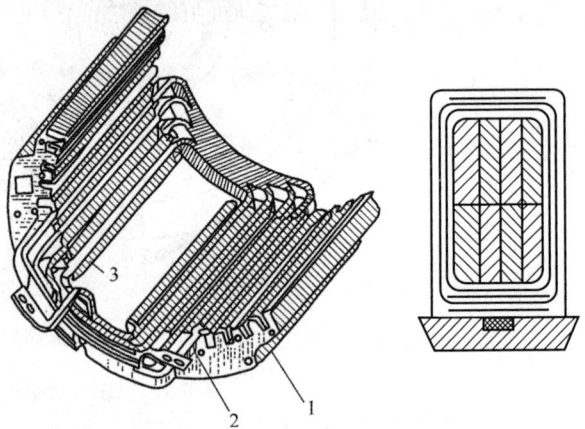

图 6-4　补偿绕组

1—主极铁芯；2—补偿绕组；3—槽楔

5. 绕组接线

为了便于调节牵引电动机的磁场和改变牵引电动机的旋转方向，总是将主极线圈单独接成一个电路,用电缆直接引出;换向极线圈、电枢绕组及补偿绕组串联成为另一个电路,另外用电缆引出,引出电缆的端头装有管形的铜接头,如图 6-5 所示。

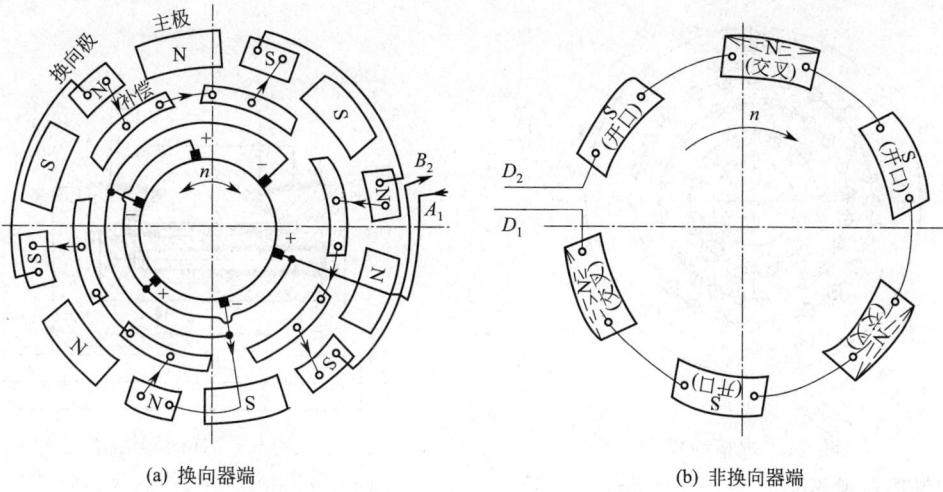

(a) 换向器端　　　　　　　　　　(b) 非换向器端

图 6-5　ZD105 型牵引电动机绕组接线图

(二)转子

1. 转轴

转轴是牵引电动机中工作最困难的部件之一,因为它不仅要传递牵引电动机产生的巨大转矩,而且还要经常承受很大的冲击载荷(特别是抱轴式牵引电动机),此时转轴将利用弹性变形来吸收大部分的冲击力。其弹性变形虽然不大,但经常反复变形会使转轴的材料产生疲劳,甚至出现裂纹或折损。同时,转轴上还安装着电枢铁芯、换向器、滚动轴承内圈和小齿轮等零部件,使转轴经常存在着内应力。所以,用来制造转轴的钢材必须具有很高的机械强度和足够的韧性。电力机车牵引电动机的转轴采用优质合金钢,如铬锰钢和铬钼钢等。

2. 电枢铁芯

电枢铁芯是牵引电动机磁路的一部分,也是承受电磁力作用的部件。在电枢铁芯圆周表面均匀开有电枢槽,槽内嵌装电枢绕组。由电枢铁芯和电枢绕组构成了脉流牵引电动机的电枢,电枢绕组中流过电流,在磁场中受到电磁力的作用,使电枢旋转,把电能转换成机械能。可见它们是牵引电动机中实现能量转换的枢纽,因此称之为“电枢”。当电枢在磁场中旋转时,定子上的 N、S 极磁通交替穿过电枢铁芯,使电枢铁芯中产生涡流和磁滞损耗。为了减少这些损耗的影响,电枢铁芯通常用 0.5 mm 厚带绝缘层的冷轧电工钢片叠压而成。如图 6-6 所示为牵引电动机电枢冲片的一种结构形式。

3. 电枢绕组

电枢绕组是脉流牵引电动机实现能量转换的部件,把电枢线圈嵌放在电枢铁芯圆周的电枢槽中,按一定规律与换向器连接起来就构成了电枢绕组。

4. 换向器

换向器是直流和脉流牵引电动机特有的重要部件,其作用是在发电机状态下将电枢绕组中产生的交变电势整流成电刷间的直流电势;在电动机状态下将输入的直流电流逆变成电枢绕组中的交变电流,以产生单方向的电磁转矩。电机运行时,换向器既要通过很大的电流,又要承受各种机械应力。换向器工作情况的好坏,直接影响着电机的运行性能。

　　换向器是由很多相互绝缘的换向片组合而成的,它有多种形式。现代牵引电动机大多数采用拱式换向器,如图 6-7 所示。

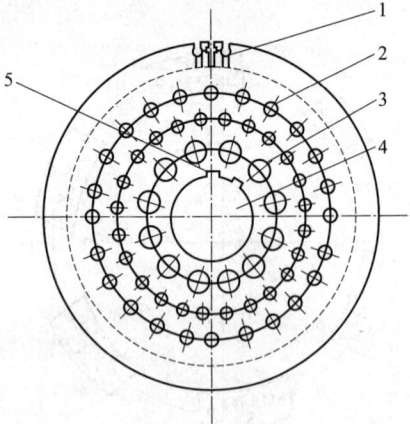

图 6-6　电枢冲片

1—电枢槽;2—通风孔;3—标记孔;4—轴孔;5—键槽

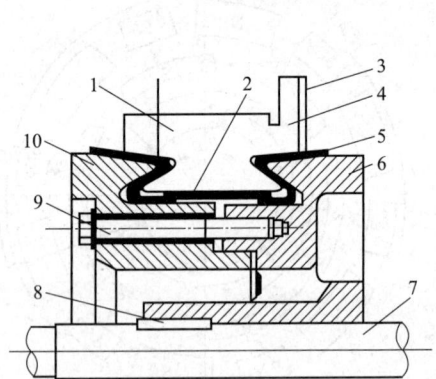

图 6-7　换向器结构

1—换向片;2—绝缘套筒;3—云母片;4—升高片;
5—V 形云母环;6—换向器套筒;7—转轴;8—键;
9—换向器螺栓;10—压圈

(三)电刷装置

　　脉流牵引电动机的换向器端装有电刷装置,其作用是使转动的电枢绕组与外电路连接起来。电刷装置由电刷、刷握、刷握架、刷杆和刷架圈等组成。

　　电刷装置的结构和电刷的性能对牵引电动机换向性能影响很大,为了保证良好的换向效果,电刷装置应满足以下要求:

　　1. 电刷应有良好的集流性能和换向能力。

　　2. 刷握在换向器轴向、径向和切线方向位置都能调节。轴向调节是为了保证电刷处在换向器中央部位;径向调节是为了保证刷盒底面与换向器表面的距离;圆周方向调节是为了保证电刷准确地处在主极中心线上。

　　3. 电刷和换向器工作表面应保持紧密和可靠的接触,电刷压力稳定并保持均匀不变。

　　4. 电刷装置应具有较高的机械强度,并能承受振动和冲击。

　　5. 刷杆等绝缘零件应有较高的介电强度,不因受潮、受污而造成闪络或飞弧故障。

(四)电枢轴承和抱轴轴承

　　1. 电枢轴承

　　脉流牵引电动机的转子通过两个电枢轴承和端盖支撑在机座上。现代牵引电动机大都采用承载能力大的滚柱轴承。

　　2. 抱轴轴承

　　抱轴式悬挂牵引电动机的抱轴轴承是指将电动机支承在动轮轴上的凸出结构,可采用滑动轴承或滚动轴承。在目前技术条件下,动轮轴上安装滚动轴承还有困难,所以一般采用滑动轴承。

三、主要技术参数

　　ZD105 型牵引电动机是带补偿绕组的六极、串励、脉流牵引电动机,其主要技术参数为:

　　额定计算工况 ·· 持续制

额定功率	800 kW
额定电压	1 020 V
额定电流	840 A
额定转速	960 r/min
最高电压	1 180 V
最大电流	1 200 A
最大转速	1 850 r/min
绝缘等级(定子/电枢)	H/F
极对数	3
励磁方式	串励,固定磁场分路96%,有三级磁场削弱,分别为70%、54%、45%
冷却方式	强迫通风
通风量	135 m^2/min
传动方式	双侧斜齿轮传动
齿轮传动比	4.19
齿轮中心距	604 mm
电枢外径	660 mm
电枢长度	360 mm
电枢槽数	93
每槽元件数	4
槽形尺寸	9.4 mm×42.8 mm
电枢导体布置	交叉竖放
电枢绕组形式	单叠绕组
换向器直径	540 mm
换向器工作面长度	128 mm
换向片数	372
刷握数	6
每刷握电刷数	3
电刷尺寸	22 mm×36 mm×50 mm
主极气隙	5 mm
主极线圈绕制形式	扁绕压弧
主极线圈匝数	11
换向气隙(第1气隙/第2气隙)	10 mm/7.5 mm
换向极线圈匝数	6
补偿线圈匝数	8
电机效率	94.05%
电机质量	3 970 kg

【任务实施】

一、换向器的维护保养

换向器是直流电机的重要部件,它在高速旋转时的机械稳定性以及其表面氧化膜的状态对电机换向器性能的影响很大。

1. 应经常注意观察换向器工作表面。许多牵引电动机的故障在尚未造成前,可以根据换向器表面的异常状态早作诊断,找出故障原因和部件,及时进行处理。

2. 经常用干燥的压缩空气吹扫换向器表面,如有油垢,可用浸有少量酒精或丙酮的无毛抹布擦拭干净,并注意不要用油垢的或不干净的手去触摸换向器表面或更换电刷;如换向器表面有较明显烧损痕迹而用无毛抹布擦拭无效时,可用 0 号玻璃砂布进行清擦。

3. 检查换向器 V 形云母环伸出部分的表面状态,应经常保持该部分清洁,如有烧痕,应用玻璃砂布把烧损处打磨干净后,涂以绝缘漆。

二、电刷装置的维护保养

刷架装置是电机的重要部件之一,其质量的好坏直接影响电机的换向性能,因此,必须对它有足够的重视并经常进行维护保养。

1. 检查刷握及连线紧固螺栓是否松动,特别是刷架连线接头是否接触良好。

2. 常将电刷在刷盒孔上下移动几次,除去碳粉及其他杂物,以保持电刷活动自如,并用塞尺检查电刷与刷盒孔间的间隙是否在限度范围内。注意检查刷辫不要碰上换向器的升高片,以及检查电刷是否破损,刷辫是否脱落,若有应及时更换。

3. 用电刷压力测试仪检查电刷压力是否在规定范围内,同一刷盒其电刷压力不应相差 3 N。

4. 检查所使用的电刷牌号和制造厂家规定应一致,更换电刷时同一电机应使用同一厂家同一牌号的电刷;同一电机所使用电刷的高度差及同一电刷的双分裂电刷的高度差不应超过规定数值,否则应进行更换。

5. 检查刷盒底面相对换向片的平行度符合技术要求,刷盒底面与换向器表面距离应在 2～4 mm 范围内。

6. 换电刷前,应先打磨电刷接触面,使其与换向器圆弧面贴合,以保证良好。

7. 检查并调整刷盒,以保证刷盒上的电刷在电枢窜动范围内都在换向器工作面上。

8. 经常应用干燥的高压空气吹扫刷握,用干净布擦拭绝缘刷杆外表面的油垢及污物。

9. 锉掉连线接头和刷盒上因飞弧而造成的铜瘤或铜毛刺。

10. 换损坏刷杆时,应重校刷杆等分度。若在机车上更换同一刷握的两个刷杆,应先更换一个刷杆,紧固定位后再更换另一个刷杆,并做好刷杆位置标记。不允许两只刷杆同时拆下更换,更换会影响刷盒的中位性。

11. 检查刷架圈定位销及撑紧装置的固定情况。

三、电枢轴承的维护保养

轴承是电机中比较关键的部件,电枢轴承烧损,会使转子固死,造成机破。

1. 经常检查电枢轴承的温升。

2. 检查电枢轴承和抱轴轴承的密封情况是否良好 。

3. 电枢轴承用 3 号锂基脂润滑,轴承室内润滑脂不能太多或太少,否则会引起轴承发热。

【实践与训练】

工作单 6.1

项目名称	电机的检查与维护		
任务名称	直流电机检查与维护		
班　级		姓　名	

【基础知识的认知】

1. 说明 ZD105 型牵引电动机的作用。

2. 说明 ZD105 型牵引电动机的结构组成。

【动手能力训练】

通过实际操作说明 ZD105 型牵引电动机检查与维护的内容。

【工作总结】

说明在本任务的工作过程中所了解、掌握的内容,有何收获。

指导老师评价：		
任务完成人签字：		日期：　年　月　日
指导老师签字：		日期：　年　月　日

任务二　交流电机检查与维护

【任务要求】

1. 熟知 SEA-107/YJ85A 型牵引电机的作用。
2. 认识 SEA-107/YJ85A 型牵引电机的结构组成。
3. 了解 SEA-107/YJ85A 型牵引电机的技术参数。

【任务内容】

检查维护 SEA-107/YJ85A 型牵引电机。

【任务准备】

1. 所需设备：SEA-107/YJ85A 型牵引电机。
2. 所需物品：手电、万用表、兆欧表、吸尘器、铜丝刷、棉布、吸管、普通清洗剂、套筒扳手、棉布等。

【相关理论知识】

一、概　　述

HXD3 型大功率交流传动电力机车是为重载货运设计制造的六轴交流传动电力机车。为了缓解目前我国铁路电力客车运力不足的状况，部分 HXD3 开始于 2009 年担当客运牵引任务。

该机车采用引进日本东芝公司开发的 SEA-107 型变频异步牵引电机，该电机符合 IEC60349-2 标准，有着优异的调速性能，与传统的 SS 系列等直流牵引电机相比，克服了许多缺点。

SEA-107 型变频异步牵引电机是一个四极三相鼠笼式感应电动机，采用强制通风方式，悬挂方式采用半悬挂。

牵引电动机的外形图如图 6-8 所示。

二、技术参数

1. 型号　　SEA-107/YJ85A 型
2. 额定数据（表 6-1）

图 6-8　牵引电动机

表 6-1　额定数据

项目	数据
输出功率	1 250 kW
线间电压	2 150 V
相电流	390 A
旋转数	1 365 min^{-1}
频率	46 Hz
效率	95%
功率因数	91%
滑差率	1.4%

3. 其他参数

绝缘种类 ·· Class 200

绝缘电压 ·· 1 500 V

耐压 ·························· 1 min，3 240 V（新造时 5 400 V）

（AC50 或 60 Hz）

最高使用转数 ·············· 2 662 r/min（120 km/h，车轮径 1 150 mm）

最高试验转数 ·· 3 195 r/min

总质量 ·· 2 600 kg

齿轮比 ·· 4.81（101/21）

三、结　　构

（一）定子

为了抑制由逆变器运行时的高次谐波电流引起的表皮效果现象，而使交流电阻增大、温度上升的情况，增加定子线圈的并列数量，并且线圈的断面形状做成扁平。

为使线圈终端能承受振动要加强固定。定子槽口形状为后退槽口，槽口的开口部设置通风空间，提高冷却效果。空气间隙要设置成比一般产业用的大，尘埃不容易附着的结构。

（二）转子

转子为坚固的鼠笼形，其构造能够承受高速旋转。转子杆为银铜合金，另外，为了极力抑制热膨胀，端环由电阻小的纯铜构成。转子杆和端环用银焊进行坚固地连接，在端环上安装非磁性保持环，其构造可承受转子的高速旋转，提高可靠性。

因转子采用鼠笼形，所以保养非常简单。请检查下列项目：

1. 有无转子杆的松动，短路环、保持环的裂纹及损伤。

2. 各紧固螺栓有无松动。

（三）轴承

为了完全防止电腐蚀，轴承采用陶瓷轴承。

在齿轮侧采用向心圆柱滚子轴承,在齿轮相反侧采用向心圆柱滚子轴承及 3 点接触滚珠轴承,考虑到轴承的载重选择最合适的轴承尺寸。

(四)速度传感器

速度传感器由速度传感器本体和齿轮构成,检测主电动机的转数,将控制车辆的速度用的矩形脉冲信号输送到控制装置。通过两个脉冲信号的交错,主电动机的旋转方向(前进、后退)也同时进行检测。因此在车辆行驶中起着非常重要的作用。

双脉冲式的速度传感器安装在齿轮相反侧的端面处。因为这个速度传感器将 2 个传感元件内置在 1 个传感器本体中,结构极为简单,速度传感器只安装在底座上,不需要进行缝隙调整等操作。

进行车辆整体耐压试验时,拔下速度传感器用连接插头,不要给速度传感器施加电压。

速度传感器由于长期使用会造成机能降低,应进行定期检查,在确定速度传感器机能降低后,需更换速度传感器。

【任务实施】

一、解体前的检查

1. 查阅履历卡(簿),根据实际技术状态和历次检修的记载及运用动态变化,确定重点检修项目。

2. 外观检查:电机各部分状况,特别注意有无裂纹、松动、折断、灼伤等现象。

3. 测量绝缘电阻:用 1 000 V 兆欧表测量定子绕组对地的冷态绝缘电阻。用 500 V 兆欧表测量转轴对定子的绝缘电阻。

4. 在 50 Hz,1 500 V 的工况下,正反转各 15 min,检查下列项目:

(1)电机是否振动,以确定电机转子是否需做动平衡。

(2)轴承有无异音。

(3)是否有其他异状,确定故障所在。

二、轴承维护保养

经常检查轴承的温升情况,如发现轴承温升过高时,应及时找出原因予以处理。一般原因有:加油过多或过少,油质不纯、变质,轴承径向游隙太小,轴承窜油,轴承质量不良,油封摩擦以及内部不干净等原因。

一般状态下每运行 20 000 千米补充一次润滑脂,补充量为传动端 15~20 g,非传动端 20~30 g。另外,应严格保证润滑脂的清洁。

【实践与训练】

工作单 6.2

项目名称	电机的检查与维护		
任务名称	交流电机检查与维护		
班　级		姓　名	

【基础知识的认知】

1. 说明 SEA-107/YJ85A 型牵引电机的作用。

2. 说明 SEA-107/YJ85A 型牵引电动机的结构组成。

【动手能力训练】

1. 通过实际操作说明 SEA-107/YJ85A 型牵引电动机检查中应特别注意的事项。

2. 通过实际操作说明 SEA-107/YJ85A 型牵引电动机检修解体前的检查内容。

【工作总结】

说明在本任务的工作过程中所了解、掌握的内容,有何收获。

指导老师评价：

任务完成人签字：　　　　　　　　　　　　　　　　日期：　年　月　日

指导老师签字：　　　　　　　　　　　　　　　　　日期：　年　月　日

项目七　变压器的检查与维护

任务一　SS₄G 型用主变压器的检查与维护

【任务要求】

1. 熟识 SS₄G 型用主变压器的结构组成。
2. 了解 SS₄G 型用主变压器的结构特点。
3. 了解 SS₄G 型用主变压器的技术参数。
4. 掌握 SS₄G 型用主变压器的的检查与维护。

【任务内容】

SS₄G 型所用 TBQ8 型变压器的检查与维护。

【任务准备】

1. 所需设备：TBQ8 型主变压器模型。
2. 所需物品：吸尘器、棉布、清洗剂、2 500 V 兆欧表、微电阻测试仪。

【相关理论知识】

一、变压器的基本结构

变压器主要由铁芯和绕组两个基本部分组成，对于电力变压器和机车的主变压器，还有油箱、绝缘套管等辅助设备。

1. 铁芯

铁芯构成变压器的磁路系统，并作为变压器的机械骨架，由铁芯柱（柱上套装绕组）、铁轭（连接铁芯以形成闭合磁路）组成，其结构如图 7-1 所示。

小型变压器铁芯截面为矩形或方形，大型变压器铁芯截面为阶梯形，如图 7-2 所示，目的是为了充分利用空间。

铁芯通常采用硅钢片叠成，片与片之间进行绝缘，目的是减小涡流和磁滞损耗，提高磁路的导磁性。国产低损耗节能变压器均采用冷轧晶粒取向硅钢片，表面采用氧化膜绝缘。

铁芯的基本形式有心式和壳式两种，如图 7-3 所示。

心式变压器的特点是绕组包围铁芯，结构比较简单，适用于电压较高的情形。我国生产的单相和三相电力变压器多采用心式结构铁芯。

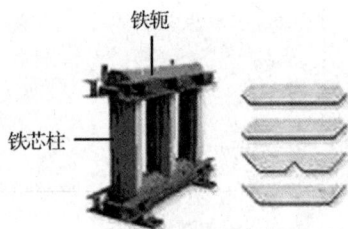

图 7-1　变压器铁芯

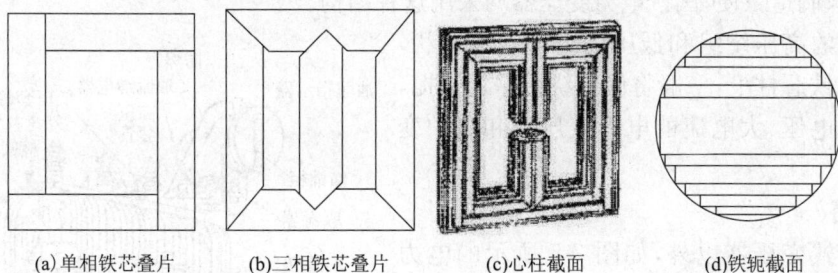

(a)单相铁芯叠片　　　(b)三相铁芯叠片　　　(c)心柱截面　　　(d)铁轭截面

图 7-2　变压器铁芯截面

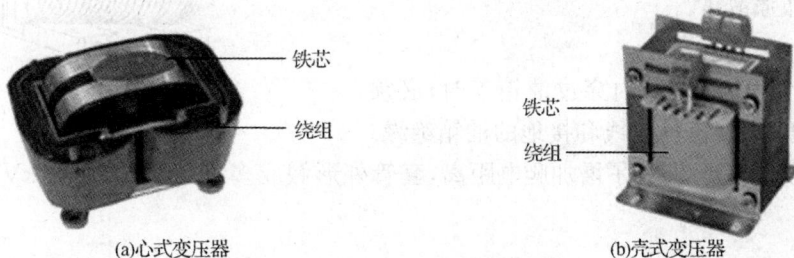

(a)心式变压器　　　　　　　　　　　　(b)壳式变压器

图 7-3　变压器的铁芯形式

壳式变压器的特点是绕组被铁芯包围,散热比较容易,机械强度比较高,适用于电流较大的情形,如电焊变压器、电炉变压器等,小容量的电源变压器也采用壳式铁芯结构。

近年来,发展了一种渐开线式铁芯,铁芯柱由硅钢片卷成渐开线的形状,然后迭成圆柱形铁芯柱,叠装比较方便。铁扼用带状硅钢片卷成,容易实现生产机械化。渐开线式铁芯的三相磁路对称,节省材料,但空载电流较大。

2. 绕组

绕组构成变压器的电路部分,小型变压器一般用具有绝缘的漆包圆铜线绕制而成,容量稍大的变压器则采用扁铜线或扁铝线绕制。装配时低压绕组靠近铁芯,高压绕组套在低压绕组外面,高、低压绕组间设置油道(或气道),以加强绝缘和散热。

根据高压绕组和低压绕组的相对位置,变压器可分为同心式和交迭式两种类型,如图 7-4 所示。

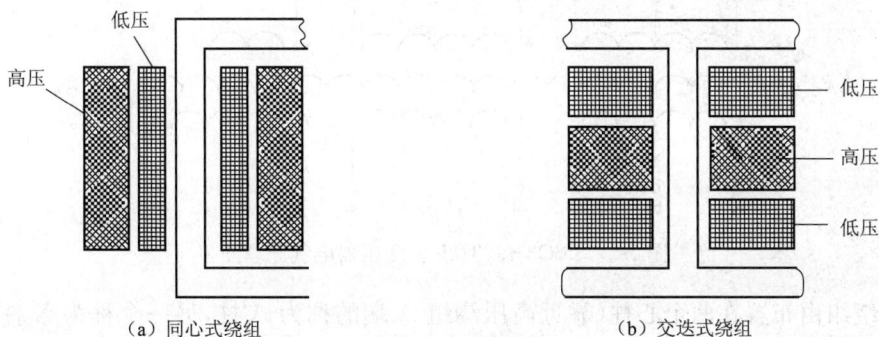

(a) 同心式绕组　　　　　　　　　　　　(b) 交迭式绕组

图 7-4　绕组形式

同心式的高、低压绕组同心地套装在铁芯柱上,为了便于绝缘,一般将低压绕组套在里层,高压绕组套在外层。低压绕组与铁芯之间、低压绕组与高压绕组之间进行绝缘。同心式绕组的结构简单,制造方便,国产电力变压器均采用这种结构。

交迭式的高压绕组和低压绕组都做成饼状,交替地套在铁芯柱上,一般将低压绕组靠近铁扼,通常用于低电压、大电流的电焊变压器和电炉变压器。

3. 油箱

除了干式变压器以外,如图 7-5 所示的电力变压器的器身都放在油箱中,油箱内充满变压器油,其目的是提高绝缘强度(因变压器油绝缘性能比空气好)、加强散热。

4. 套管

变压器的引线从油箱内穿过油箱盖时,必须经过绝缘套管,以使高压引线和接地的油箱绝缘。绝缘套管一般是瓷质的,为了增加爬电距离,套管外形做成多级伞形,10~35 kV 套管采用充油结构,如图 7-6 所示。

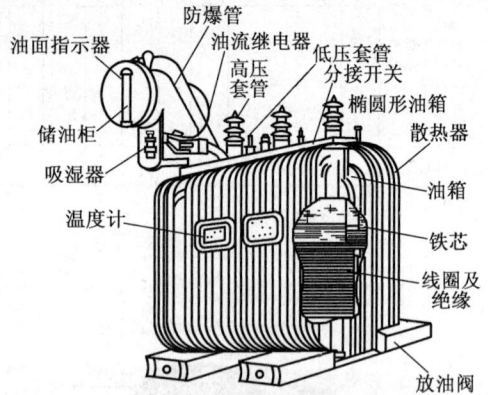

图 7-5　电力变压器

二、TBQ8 型主变压器的结构特点

(一)铁芯

铁芯为单相二柱式叠铁芯,采用 0.35 mm 厚DQ151-35 晶粒取向冷轧电工钢片叠装而成,由于该电工钢片表面覆有一层薄的氧化膜,有一定的绝缘作用,所以表面不涂漆。心柱截面为 10 级阶梯形。心

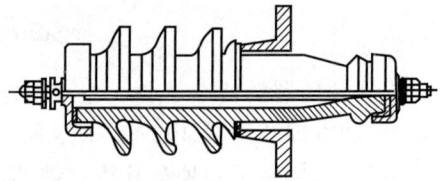

图 7-6　35 kV 绝缘套管

柱采用环氧玻璃粘带绑扎,每柱 7 道,为使接缝处平整,降低铁芯噪音,在心柱最外级有 4 块6 mm厚的环氧玻璃布板做成的撑条;上、下铁轭采用夹件夹紧。

(二)绕组

TBQ8 型主变压器的绕组有高压绕组、牵引绕组、辅助绕组和励磁绕组等 4 种,如图 7-7所示。

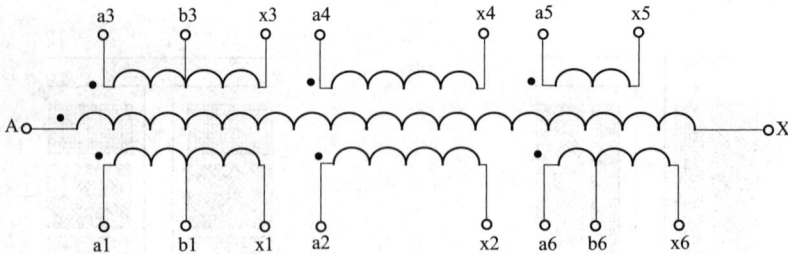

图 7-7　TBQ8-4923/25 主变压器电气原理图

高压绕组由布置在两个心柱(靠近高压绕组 A 端的称为 A 柱,另一个称为 X 柱)上的两个连续式绕组并联而成。高压绕组总匝数为 1 438 匝,其中 A 柱绕组为左绕向,X 柱绕组为右绕向,两柱绕组并联,引线端子号为 A、X,额定电压为 25 kV。

由于 SS4G 型电力机车主电路采用不等分三段桥,牵引绕组分为与之对应的两部分。一部

分用于大桥,其电压为牵引回路额定电压的 1/2;另一部分带中点抽头,其总电压也等于牵引回路额定电压的 1/2。前者位于高压绕组的右侧,后者位于高压绕组的左侧。这样,从铁芯柱开始,最靠近铁芯柱的是辅助绕组 DY4,其外侧是用于小桥的带中点抽头的牵引绕组 DY2,再往外是高压绕组 GY1,最外侧是用于大桥的牵引绕组 DY3,用于励磁的励磁绕组 DY5 位于 DY3 的中部。牵引绕组 DY2 的匝数为 20＋20＝40(匝)(有中间抽头),牵引绕组 DY3 的匝数也等于 40 匝(无中间抽头),DY2 的电压为 347.7＋347.7＝695.4(V),DY3 的电压也等于 695.4 V。

牵引绕组 DY2 绕成双螺旋式。这是因为它用于小桥的带中点抽头的缘故。主变压器有两个牵引绕组 DY2,它们分别布置在两个心柱(A柱,X柱)上,相互在电气上不连接。每列螺旋由 8 根导线并绕。每列螺旋在绕组高度的 1/2 处分别进行一次标准换位,在 1/4 处及 3/4 处分别进行特殊换位。位于最外侧的牵引绕组 DY3 绕成单螺旋。主变压器有两个牵引绕组 DY3,分别绕在两个心柱上,相互在电气上不连接。牵引绕组 DY3 被励磁绕组隔开成上、下两部分,每部分皆进行一次标准换位和两次特殊换位。这样,在 A 心柱和 X 心柱上各有一个高压绕组 GY1、一个牵引绕组 DY2 及一个牵引绕组 DY3。在电气上,除高压绕组是并联外,其他牵引绕组皆不并联,也不串联,而分别向两个转向架的牵引电机供电。两个心柱上的牵引绕组之间耦合很松,彼此相互影响很小,这就允许它们通过的电流有较大的差异。此性能可用于轴重电气补偿。例如,当机车牵引时,需后轴加载(加电流),前轴减载(减电流)时,变压器仍能正常工作。这种结构,变压器行业称之为径向分裂,这样的变压器也可被称为分裂变压器。

紧靠铁芯柱的辅助绕组 DY4 由 6 根导线并绕成单层圆筒式。主变压器有两个辅助绕组 DY4,每心柱 1 个,相互串联。辅助绕组共有 23 匝,在 13 匝处有抽头。额定电压为 399.86 V,抽头电压为 226 V。

在牵引绕组 DY3 的中部有励磁绕组 DY5。主变压器有两个励磁绕组 DY5,它们相互串联。励磁绕组绕成双饼式,由 4 根导线并绕而成。

(三)油箱

TBQ8 型主变压器的油箱箱底用 10 mm 厚钢板制成,上面焊有用来限制器身移动的 4 个定位钉,并设有放油塞。箱壁长边用 8 mm、短边用 6 mm 厚钢板焊接而成,为防止变形,四周焊有一些加强筋板。箱壁上焊有吊攀、冷却器安装座、50 活门、油样活门及接地螺栓等附件;箱壁两侧焊有两块 14 mm 厚的安装板,安装板上共有 16 个长孔,用 M24 的螺栓把变压器固定在车体上。箱壁上开有多处用于安装出线装置和作为手孔的长方形孔。

上油箱由钢板制成,其内腔用作安装 4 台滤波电抗器。上油箱和下油箱的箱沿间垫有直径为 20 mm 的耐油圆橡胶密封圈,四周用 73 个 M16 螺栓紧固,以防漏油。上油箱上安装有储油柜和一个 WTZ-288 型信号温度计。

(四)冷却系统

TBQ8 型主变压器采用独立的强迫导向油循环风冷系统,见图 7-12。系统中设置有 STD-1 型铝冷却器,为全铝合金板翅式结构,经硬钎焊的冷却器心刚度高,强度好,能承受 700 kPa的压力。

(五)保护装置

主变压器油箱内充满国产 25 号变压器油。为了防止变压器油迅速老化和受潮,专门设置了储油柜、吸湿器、净油器等保护装置。

（六）出线装置（套管）

TBQ8 型主变压器的出线装置采用 1 个 A-BJL-25/300 型和 1 个 X-BF-1/300 两种套管。以上两种套管，是以电瓷件为绝缘件的。此外，TBQ8 型主变压器还采用多种以胶木板为绝缘件的出线装置。以接线头个数区分，可分为二联、三联、四联、五联等。

TBQ8-4923/25 主变压器主要技术参数见表 7-1。

表 7-1　TBQ8-4923/25 主变压器主要技术参数

绕组	高压绕组	牵引绕组	辅助绕组	励磁绕组
出线标志	A、X	a1,b1,x1,a2,x2 a3,b3,x3,a4,x4	a6,x6/b6,x6	a5,x5
额定容量(kV·A)	4 923	1 168.25×4	250	87.6
额定电压(V)	25 000	(695.4+347.7×2)×2	399.86/226	104.3
额定电流(V)	196.92	1 680	625/100	840

调压方式：三段桥顺控
空载电流：0.4%
空载损耗：4 000 W
负载损耗(75℃)：90 000 W
阻抗高压： 　高压绕组——牵引绕组 1 168.25×4 kV·A,13.2% 　高压绕组——辅助绕组 2.28%(实测)
冷却方式：强迫油循环风冷(OFAF)
外施耐压试验： 　高压绕组 A 端对牵引,辅助绕组和地(A 端不进行工频试验) ………………………… 5 kV 　基本绕组与调压绕组串联后对地及其他 …………………………………………… 7 kV 　辅助绕组对地及其他 ……………………………………………………………… 5 kV
感应耐压试验： 　240%U_N,试验时高压绕组 X 端必须接地,此时高压绕组 A 端对地电压 ………… 60 kV

质量			
器身	约 7 940 kg	变压器轴	约 2 500kg
总质量	约 13 100 kg		

【任务实施】

为了使主变压器经常处于良好的工作状态，必须对主变压器进行定期检修和日常的维护。以减少或避免主变压器在运行中发生故障及不必要的临时检修，从而保证主变压器安全可靠地运行。

一、主变压器的检查

根据《电力机车段修规程》规定，主变压器分为小修和大修两个修程。一般情况下，电力机车在中修时进行主变压器的小修，每 4～5 年进行一次大修。

电力机车进行辅修、小修时，主变压器应进行外部检查：各瓷瓶应清洁、无裂纹，接线应牢固、无漏油现象；瓷瓶表面缺损面积小于 3 cm² 时进行涂绝缘漆处理，修补面积大于 3 cm² 时须经耐压试验，合格后方可继续使用。油箱焊缝、油泵及散热器的管路、接头均不得漏油；油位应在规定范围内。干燥剂半数以上变色或变质时，应进行干燥或更换。

电力机车小修时,主变压器的变压器油应作耐压试验及化学分析,均须符合规定的技术标准。

电力机车中修时,对主变压器应用 2 500 V 兆欧表测定各绕组的对地绝缘电阻,应符合限度要求。

除上述定期检修外,在主变压器运行中,如发现异常声响、瓷套管破损或放电、变压器油温度不正常、漏油严重等情况时,必须进行事故性检修。

二、日常维护和保养

1. 主变压器必须保持正常的油量,以保证良好的冷却作用和绝缘性能。油量不足时,必须及时补足合格的同型号变压器油。

2. 定时检查和校验测量油温用的温度计,以保证指示准确。

3. 经常检查油的温度,正常运行时,主变压器上层油温应不大于 95 ℃,绕组平均温度不得大于 105 ℃(环境温度为＋40 ℃时)。

4. 主变压器各部分电气接触应保持良好,若有触头发热等不正常现象时,应及时处理。绝缘瓷瓶应经常保持清洁、无裂纹、无放电痕迹及其他异常现象,确保瓷瓶绝缘性能良好。

5. 主变压器刚开始投入运行、长期停运或检修后投入运行时,必须仔细检查它的外部状态,并对主变压器的各绕组及变压器油进行绝缘强度试验,确认合格后,方能投入运行。

6. 加强对变压器油的保养。若变压器油不净或老化,将严重威胁变压器的安全运行。若变压器油制造厂过滤不净或在使用中由于油泵烧损、轴承磨损、泵轮转子铁芯松动等原因都可能使变压器油内混入金属碎片和产生游离,使油变污;变压器油经长期使用后,也会发生老化析出酸及油泥,因此在下列情况下,变压器必须进行滤油处理,以提高变压器油的质量。

(1)变压器油泵烧损修复后;

(2)烧损油泵时;

(3)运行多年而未经滤油的;

(4)主变压器中修时;

(5)闪点下降及发生其他情况认为需要滤油时。

7. 定时检查吸湿器中的干燥剂,观察是否变色。硅胶在干燥时呈蓝色,吸收潮气后呈粉红色。因此当硅胶呈粉红色时,需要进行干燥或更换。受潮的硅胶在 140 ℃温度下焙烘约 8 h(或在 300 ℃温度下焙烘约 2 h)后,便可以完全变成蓝色。

【实践与训练】

工作单 7.1

项目名称	变压器的检查与维护	
任务名称	SS₄G 型用主变压器的检查与维护	
班　级		姓　名	

【基础知识的认知】

熟悉 SS₄G 型主变压器的结构,并说明其结构特点。

【动手能力训练】

1. 绘制 TBQ8-4923/25 主变压器电气原理图。

2. 通过实际操作说明 TBQ8-4923/25 主变压器的检查与维护的内容。

【工作总结】

说明在本任务的工作过程中所了解、掌握的内容,有何收获。

指导老师评价:

任务完成人签字:　　　　　　　　　　　　　　　日期:　年　月　日

指导老师签字:　　　　　　　　　　　　　　　　日期:　年　月　日

任务二　HXD₃ 用主变压器检查与维护

【任务要求】

　　1. 熟识 HXD₃ 用主变压器的结构组成。

　　2. 了解 HXD₃ 用主变压器的结构特点。

　　3. 了解 HXD₃ 用主变压器的技术参数。

　　4. 掌握 HXD₃ 用主变压器的的检查与维护。

【任务内容】

　　JQFP 型变压器的检查与维护。

【任务准备】

1. 所需设备：HXD₃型电力机车所用变压器模型。
2. 所需物品：吸尘器、棉布、清洗剂、2 500 V兆欧表、微电阻测试仪。

【相关理论知识】

一、概　　述

HXD₃型交流传动货运电力机车采用 FPWR1/JQFP2-9006/25（DL）型主变压器，将25kV的接触网电压变换为电力机车所需的各种低电压，以满足电力机车各种电机电器工作的需要，主变压器外形图如图7-8所示。

图 7-8　FPWR1/JQFP2-9006/25(DL)型主变压器外形图

二、结构组成

JQFP2-9006/25(DL)型主变压器由油箱、器身、保护装置、冷却系统、其他附属装置等组成。

（一）内部接线

主变压器接线图如图 7-9 所示。

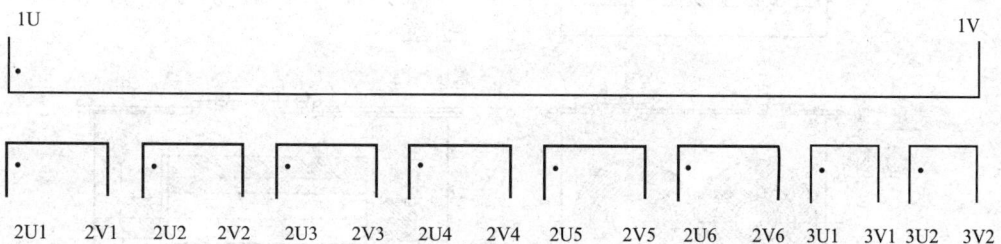

图 7-9　主变压器接线图

（二）外部结构

FPWR 1/JQFP2-9006/25（DL）型主变压器的总图如图 7-10 所示。

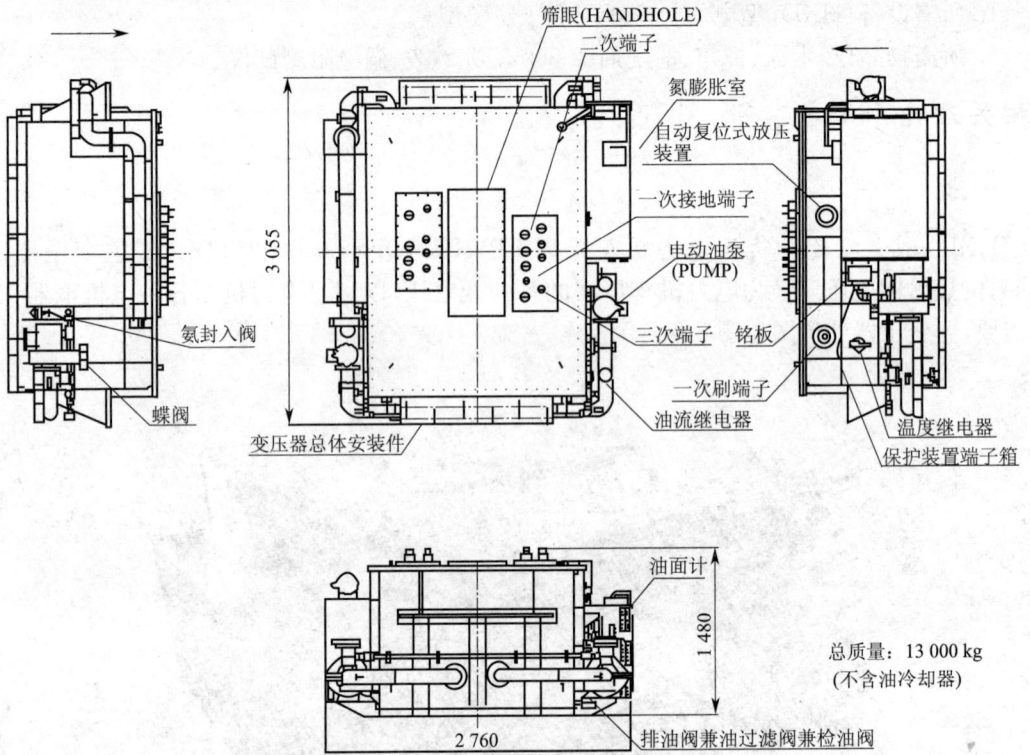

图 7-10　主变压器总图

总质量：13 000 kg
（不含油冷却器）

（三）内部结构

主变压器内部结构如图 7-11 所示。

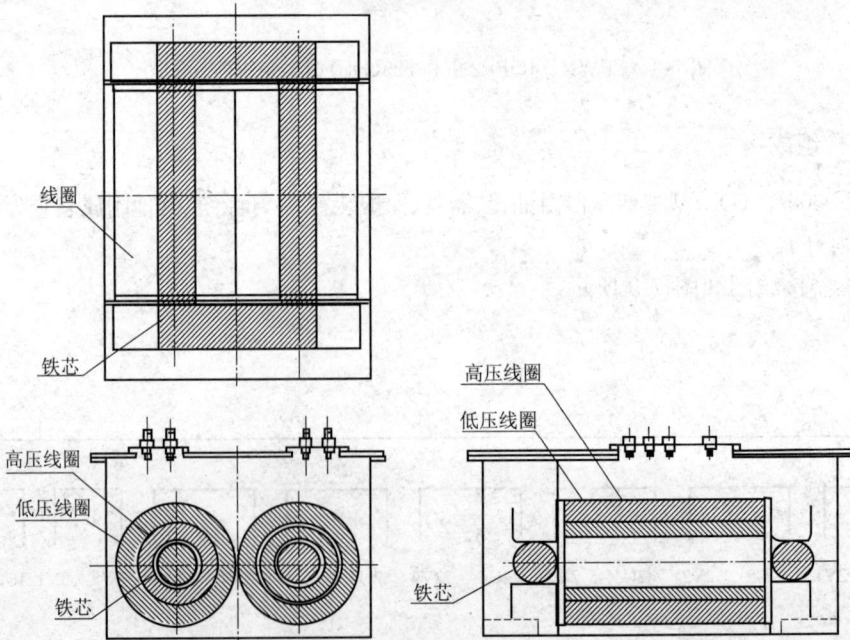

图 7-11　主变压器内部结构

（四）冷却系统

1. 冷却系统的油路

变压器有两个油路,被隔板分隔成两个区,一端为进油区,另一端为出油区。进油区有管路连接,保持两端油压平衡。出油部热油被潜油泵抽出,经蝶阀、油流继电器,被吹风冷却后经油管和蝶阀由油箱进油侧进入油箱、线圈,通过挡油圈、撑条、垫块、围屏导向在线圈内部流动,由线圈排油侧流出,如图7-12所示。

2. 冷却系统的风路

冷却柜上部装有通风机,冷却风从车顶吸入后,先进入通风机,再进入冷却柜内的复合冷却器如图7-19所示。,先冷却复合冷却器上层主变流器的冷却水,然后冷却下层的变压器油,最后从车底排出。

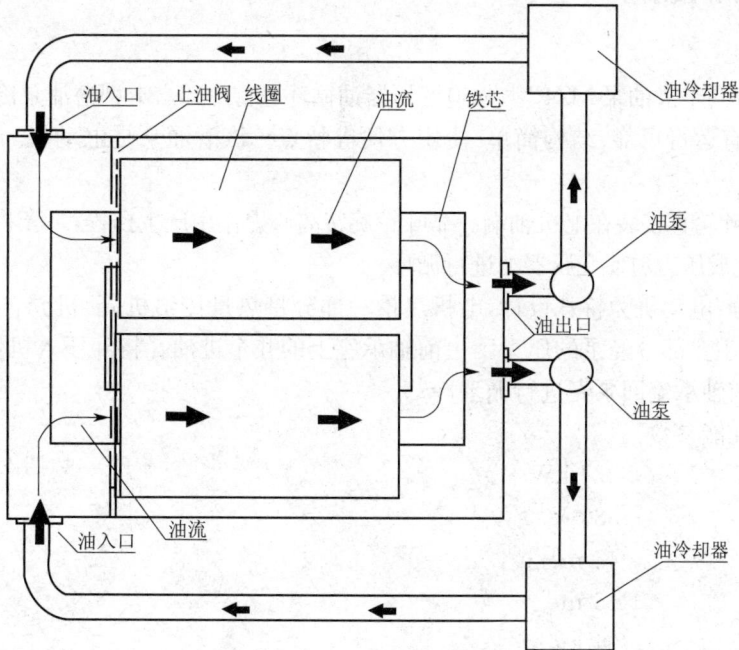

图7-12 冷却系统的油路

3. 复合冷却器（图7-13）

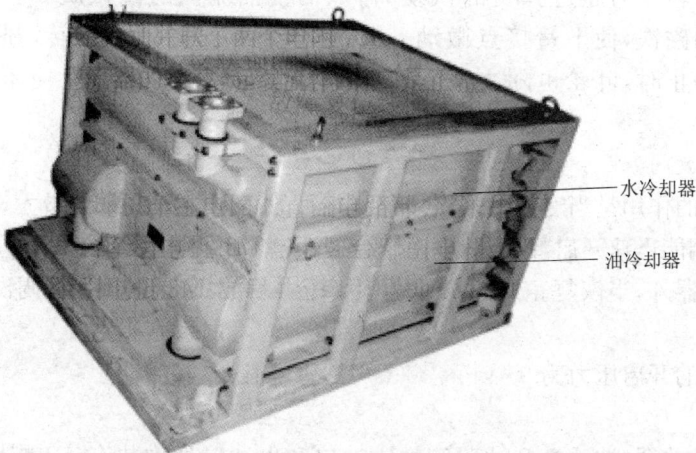

图7-13 复合冷却器

由于车体空间的限制,变压器油冷却分为两路,与变流器的两个水冷却器,组成两个冷却塔,首先冷却变流器后,再冷却变压器。冷却器为全铝合金板翘式结构,变压器部分冷却器的热交换容量 2×120 kW 。

热交换功率 ·· 240 kW

循环油量 ·· 2×48 m³/h

入口油温 ·· 85 ℃

出口油温 ·· 79 ℃

入口风温 ·· 57 ℃

三、变压器附属部件

(一)潜油泵

主变压器有两个潜油泵 MZ4 型,强迫变压器油循环进行冷却。本型潜油泵冷却方式采用油内循环方式,具有运行可靠、结构简单、使用方便等特点。该潜油泵是电动机与油泵组合为一体的。

油泵部分:叶轮直接装在电机轴端。靠叶轮旋转离心力作用产生扬程,泵壳将叶轮排出的高速油流动能转化成压力迫使变压器油进行循环。

电动机部分:电动机为特殊设计,电机热量一部分将热量传给机壳,机壳再将热量传给周围的空气中,但主要部分经泵的压力区由前轴承座上的几个进油孔将油压入机体内,而后油经轴的中心孔和前轴承流回泵壳进行循环冷却。

潜油泵的性能参数:

功率　　　　　3.7 kW

电压　　　　　380 V

油流量　　　　48 m³/h

扬程　　　　　16 m

质量　　　　　94 kg

(二)油流继电器

油流继电器是为了检查由油泵进行循环的油流是否正常的仪表。由于油流赋予油流继电器的叶轮的转动力超过弹簧的恢复力,从而使油流侧的磁铁旋转。该磁铁的磁力,旋动隔壁外侧的磁铁,使干簧接点微动开关断开。同时,指针也偏转,显示油循环正常。如果油流一旦停止时,叶轮也随之停止转动,由弹簧的恢复力作用,使干簧接点接触,报告油流出现异常。

(三)压力释放阀

压力释放阀的作用是当变压器油箱内部因某种故障而使压力急剧增大,其压力达到标定值时,压力释放阀能迅速开启释放,从而防止变压器油箱破裂或爆炸。从压力释放阀排除的气体和油流排到容器外,当恢复正常时阀口关闭。压力释放阀在出厂前已调试合格,用户不得拆装。

压力释放阀的开启压力为 95 kPa。

(四)蝶阀

在潜油泵、散热器、波纹管和油联管的入油口和出油口处均装有 4B 蝶阀。如图 7-14 所示,该型蝶阀能承受的工作压力为 0.1 MPa 。在安装前,应将蝶阀清洗干净,以免污物进入变压器油内。

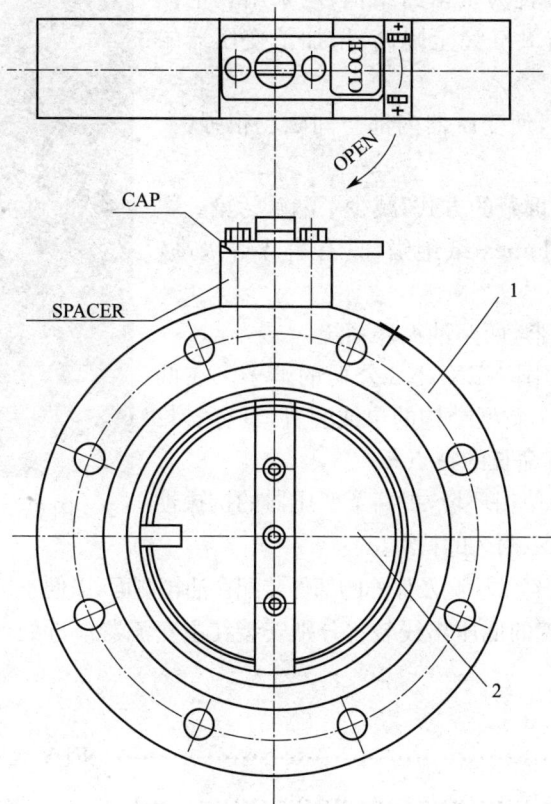

图 7-14 蝶阀

1—阀体；2—蝶板

主变压器正常工作时为"开（OPEN）"状态。在需要更换散热器、波纹管或油联管时，应先将阀关闭，使阀处于"闭（CLOSE）"状态，这样无须全部排除变压器油就能更换某些配件。

本阀可在更换配件时短时间将油封住，但没有长时间封油的功能。如需要长时间封，应在阀门上装上遮盖板。

（五）温度指示控制器

表 7-2　温度指示控制器的型号和额定值

名称	型号	额定值
温度指示控制器	Y4C—C—FD1/WK-20	DC 100 V(1±10%)0.03 A

温度指示控制器测定变压器油箱内部的油温度，它的感温元件是由螺旋状的双金属片构成，把温度变化转化成轴回转。刻度范围为 $-40 \sim +120$ ℃。当油温度为 100 ℃时，关闭接点，报告异常。信号温度计也有电接点。温度超过容许限度时，信号温度计能够传递信息、并在显示器上显示，主断路器断开（图 7-15）。

四、特　点

1. 采用下悬式安装，强迫导向油循环风冷方式，内装一台主变压器，总重 13 t。主变压器箱体与储油柜一体化，冷却装置分开布置。

2. 变压器采用心式卧放结构，A级绝缘，普通矿物油。

3. 变压器与冷却装置为全密封结构，均采用真空注油；设 N2 膨胀箱使油与大气完全隔离，增加了变压器的绝缘寿命。

4. 高阻抗绕组结构，使变压器内部空间磁场很强，大量采用无磁结构件。

5. 油箱采用硅钢板屏蔽的方式，减少了漏磁污染。

6. 线圈导线采用 Nomex 纸绝缘，具有耐热等级高，机械强度大的特点。

7. 全铝板翅式冷却器，两路油循环系统。

8. 高压套管采用法国 NEXANS 公司的端子。在低压套管出线装置中采用了新型结构的出线装置，具有安装拆卸方便，可靠及使用寿命长的特点。

9. 考虑到了机车的使用环境，提高了变压器的抗振性能，所以该变压器具有抗振、耐久的特点。

图 7-15　温度指示控制器

10. 将温度计等需要经常检测及保养的部件装配在油箱侧面，以便于进行维护保养、检查。

11. 将通过强大电流的低压出线装置分别安装在主变流器最近处，使其间连线最短。

五、主要技术数据

型号 ·· FPWR1/JQFP2-9006/25（DL）

机车网压范围 ······································· 17.5～31 kV

频率 ·· 50 Hz

联结组 ·· I_0—I_0

冷却方式 ································· 强迫油循环风冷（ODAF）

通风量 ·· 23 400 m³/h

油流量 ·· 45 m³/h

出线端子号 ··········· 1U；1V；2U1；2V1；2U2；2V2；2U3；2V3；2U4；2V4；2U5；
2V5；2U6；2V6；3U1；3V1；3U2；3V2

空载电流 ·· 0.26%

空载损耗 ··· 2 600 W

负载损耗 ·· 224 kW

总质量 ··· 13 000 kg

主变压器的额定值见表 7-3。

表 7-3　主变压器的额定值

线圈 ＼ 额定值	功率（kVA）	电压（V）	电流（A）
一次（高压绕组）	9 005	25 000	360
二次（牵引绕组）	8 400	1 450×6	966
三次（辅助绕组）	606	399×2	759

各试验电压见表 7-4。

表 7-4 线圈试验电压

线圈	工频试验电压	感应耐电压	冲击电压试验
一次架线侧	—	60 kV/min	150 kV
一次接地侧	2.5 kV 1 min	—	—
二次	5.3 kV 1 min	—	—
三次	2.9 kV 1 min	—	—

【任务实施】

一、一般注意事项

保养、检查,有时具有危险性,应充分作好事前准备工作,注意人身安全和对机器的保护。尤其应该注意的是在进行带电部分的检查时,一定要事先检查其是否已与电路断开然后再接地,将残留电荷放电。

二、主变压器运用前检查要求

1. 检查潜油泵、油配管、压力释放阀、油流继电器、通风机、端子等是否完好。
2. 观察储油柜油面,油位在规定范围内,温度计指示正常。
3. 检查所有蝶阀都应在开启状态。
4. 变压器在 1V 端接地应良好。
5. 检查变压器是否漏油,油路系统各部件、接头无裂损及渗漏现象。

三、保养检查时期和实施项目、涂料

主变压器外部所使用的涂料为深灰丙稀酸聚胺脂瓷漆。发现主变压器外表有涂料剥落和金属表面生锈的现象时,应除去锈痕、污物和剥落涂料,补刷深灰丙稀酸聚胺脂瓷漆。保养检查时期和实施项目见表 7-5。

表 7-5 保养检查时期和实施项目

序号	检查项目	检查内容及检查要领	注　释
1	外观检查	整体目测检查下列事项 (1)有无漏油 (2)螺栓有无松动 (3)有无损伤部位	
2	确认油量	目测板状油位计,检查油位 温度显示应无明显的差别	(1)箱体应水平 (2)观测位置应水平
3	油泵的运转声音	起动油泵,听旋转的声音,应启动两台油泵	将木棒放在旋转轴附近,听旋转声音。有异常响声时,应更换油泵
4	确认油流	运转油泵,通过油流继电器确认指针是否摆动到「ON」的位置 应启动两台油泵	指针停在「ON」·「OFF」以外的位置或工作不正常时应更换

序号	检查项目	检查内容及检查要领	注　释
5	压力释放阀检查	目测检查有无漏油	—
6	检查漏油	重点检查垫圈安装部、阀门、变压器的外部	从垫圈安装部漏油的话,则紧固法兰紧固螺栓,观察过程
		认为是漏油的部位用干布擦拭干净。如果漏油,则油渍重新出现	
7	主电路端子连接部的检查	低压绝缘套管的导体连接部有无松缓	有松动时应紧固
8	绝缘油的特性试验	(1)测量油耐电	测量方法及测量结果的判定基准参照相关国家标准
		(2)测量介损	
9	测量绝缘电阻	测量下列端子间的绝缘电阻。 (1)主变压器 一次～二次,接地间:200 MΩ 以上 二次～三次,接地间:200 MΩ 以上 三次～接地间:200 MΩ 以上	主变压器用 1 000 V 兆欧测量。 其他用 500 V 兆欧表测量。 应在常温下测量。 应记录测量时的气温·湿度·油温
		(2)其他 温度继电器 油流继电器(两台同时) 油泵(两台同时) 端子～接地间:100 MΩ 以上	
10	绝缘耐压试验	在下列端子间施加。	(1)试验电压应为标准值的 80%
		(1)感应耐电压试验 一次～接地间:60kV×80% 施加时间: $120\times\dfrac{50\text{Hz(rated)}-\text{frequecr}}{Tf\ \text{Hz(test}-\text{frequencr)}}$ 单位:s Tf:试验周波数将一次接地侧(1V)端子接地。 从二次绕组侧施加电压,在一次线路侧(1U)感应电压。 频率:100 Hz 以上	(2)无异常
		(2)工频耐电压试验 一次接地侧～其他绕组·大地间: 　2.5 kV×80%　1 min 二次　5.3 kV×80%　1 min 三次～大地间 　2.9 kV×80%　1 min 频率:50 Hz	
11	温度继电器的检修	(1)测量绝缘电阻(参照序号9) (2)确认警报触点动作(100±3) ℃ (3)指示试验 将水桶装上水,用加热器加热,与标准温度相比,测量各温度的指示误差。 各指示点的指示误差应在±3 ℃以内。 (4)窗玻璃的清扫	温度继电器的拆卸方法参照操作说明书。 警报指针(red)设定为 100℃,所以不需要调整; 玻璃窗因湿气,模糊不清时,应更换玻璃板的O形圈、密封垫片
12	油流继电器的检修	(1)测量绝缘电阻(参照序号9) (2)窗玻璃的清扫	—
13	绝缘套管的检查与清扫	(1)低压绝缘套管的清扫	(1)用干布擦拭干净
		(2)检查有无漏油	(2)清扫时一定不要使用溶剂

续上表

序号	检查项目	检查内容及检查要领	注 释
14	氮气压力和温度	检查氮气压力和绝缘油温度的关系，确认氮气有无泄漏 油温度—氮气压力曲线的范围是否有明显的偏离	油温度—氮气压力曲线在范围以外，变压器停止运转时，请通过氮气的补给或放出进行调整。 但最初注入的脱氧油（约三个月）氮在向油里溶解的过程中，氮气压力值有时在暂态压力范围
15	接线端子箱点检	油泵、温度继电器、油流继电器的端子部是否松动	（1）有松动时应拧紧
		检查端子箱内部 ·内部有无结露及雨水侵入 ·端子部生锈、松动 ·密封垫片的劣化	（2）有雨水侵入时应交换密封垫片
			（3）端子箱内部结露时，对电缆的导入口进行密封
			（4）端子生锈时应进行清扫

【实践与训练】

工作单 7.2

项目名称	变压器的检查与维护		
任务名称	HXD3 用主变压器的检查与维护		
班 级		姓 名	

【基础知识的认知】

熟悉 HXD3 用主变压器的结构，并说明其结构特点。

【动手能力训练】

1. 绘制 HXD3 用主变压器电气原理图。

2. 通过实际操作说明 HXD3 用主变压器的检查与维护的内容。

【工作总结】	
说明在本任务的工作过程中所了解、掌握的内容,有何收获。	
指导老师评价:	
任务完成人签字:	日期: 年 月 日
指导老师签字:	日期: 年 月 日

项目八　SS4G 型电力机车电路分析与电气试验

任务一　SS4G 型电力机车主电路分析

【任务要求】

1. 了解电力机车主线路的组成。
2. 理解 SS4G 型电力机车主线路的组成及特点。

【任务内容】

1. 分析 SS4G 型电力机车整流调压电路。
2. 分析 SS4G 型电力机车牵引供电电路。
3. 分析 SS4G 型电力机车加馈电阻制动电路。
4. 分析 SS4G 型电力机车功率补偿电路。
5. 分析 SS4G 型电力机车主电路保护电路。

【任务准备】

1. 所需设备:模拟驾驶装置、电器柜。
2. 所需物品:手电、万用表、兆欧表、试灯等。

【相关理论知识】

一、概　　述

(一)机车电气线路的分类

电力机车的电气线路就是将各电气设备在电方面连接起来构成一个整体,用以实现一定的功能。整流器电力机车的电气线路通常都由三部分组成,分别是主线路、辅助线路和控制线路。各种保护设在各线路之中,在电路连接方面不独立存在。

1. 主线路

主线路是指将牵引电动机及与其相关的电气设备(如牵引变压器、调压开关、整流元件、转换开关等)用导线(或铜排)连接而成的线路。由于该线路的电压为接触网电压与牵引电动机电压,电流为变压器绕组电流与牵引电动机电枢电流,因此该线路中的电压较高、电流大,又称高压线路。主电路的作用是实现牵引与制动运行,因此主电路又叫牵引动力电路。

2. 辅助线路

辅助线路是指将辅助电机(如劈相机、压缩机电机、通风机、油泵等)和辅助设备(如取暖设备、电热玻璃等)及与其相关的电气设备连接而成的线路。其工作电压视辅助电机类型而定,一般为 AC 380 V、220 V 或直流几百伏。

3. 控制线路

控制线路是指司机控制器,低压电器及主线路、辅助线路中各电器的电磁线圈等所组成的线路。通过控制线路可以使主线路和辅助线路中的电器协调动作。该线路中一般采用低压直流电源,电压值为 50~110 V,所以又叫低压线路,我国生产的电力机车其控制线路的电压为110 V。

机车的三大线路在电路连接方面基本上是相互独立的。它们之间通过电磁、机械或电空传动相联系。

(二)对机车主线路的基本要求

根据机车的运行情况,对机车的电气线路提出一定要求,机车主线路本身应满足以下几方面的要求:

(1)由于主线路是高压线路,因此在升弓带电情况下,要保证工作人员与高压带电部分隔离。

(2)能快速接通和断开电路。

(3)在网压波动允许的范围内能可靠地工作,具有一定的过载能力,对地有良好的绝缘。

(4)能改变机车的运行方向,能进行启动和调速。

(5)尽可能做到启动平稳、调速平滑、减少冲击。

(6)在故障情况下有维持运行的故障线路。

(7)有防空转保护装置。

(8)有充分的保护。

(9)有电气制动的机车应能可靠地进行牵引制动转换,并保证电气制动的电气稳定性和机械稳定性。

(10)应有使机车入库的低压电源及入库线路。

电力机车主线路是非常重要的。机车主线路要进行功率传递,其结构决定了机车的类型,同时在很大程度上也决定了机车的基本性能,直接影响机车性能的优劣、投资的多少、维修费用的高低等技术经济指标。

(三)电力机车主线路的组成

电力机车主线路一般均由变压器一次侧线路、变流调压线路、负载线路和保护线路四部分组成。

(四)SS_{4G} 型电力机车导线线号的划分及电气设备代号

1. SS_{4G} 型电力机车导线线号的划分

导线线号的划分编制是按电路种类而区分的,具体线号编制如下:

(1)主电路导线的线号编制除与电子柜接口导线线号全部采用 4 位数字(千位数字为 1)外,其余导线线号为 1~199。

(2)辅助电路导线的线号为 2 字头的 3 位数流水号(线号 200 为地线,与机车车体连通)。

(3)控制电源导线的线号具体划分如下:

①整备调速控制电路导线的线号为 400~629,500 除外。

②照明控制电路导线的线号为 630~689,780~789。其中 630~689 为升弓压缩机及风扇控制,780~789 为仪表照明控制。

③信号显示控制电路导线的线号为 701~779。

④电空制动控制电路导线的线号为 801~899。

⑤通讯信号控制电路导线的线号为 901～999。

⑥电子控制电路导线的线号为 1001～1399,1600～1799。其中 1001～1199 为从主电路接送入电子控制电路的线号,1200～1399 为从辅助电路直接送入电子控制电路的线号,1600～1799 为控制电路与电子控制电路单独联系线号;1500～1599 为辅机电子保护传感器的线号。

⑦内重联导线的线号前带有 N 字母,如 N401,N403 等;外重联导线的线号前带有 W 字母,如 W400;经重联中间继电器控制的导线线号是在原线号前面加数字 2,如线号为 401 的导线,经重联继电器接点后就成为 2401,这样做的好处是便于记住每根重联线的用途。

⑧线号 500 的导线为逆变电压＋24 V 和±15 V 的地线;线号 400 和 600 的导线为控制电源＋100V 地线。其中线号 600 的导线为电源屏内使用导线,通过 667QS 与 400 线相连;线号 700 的导线为电子柜内本身电源的地线。400、500、700 这三种地线相互独立,互不联系。

2. 电力机车上电气设备代号命名办法

我国电力机车上电气设备代号基本采用数字流水号、文字符号和脚注三种编制方法。

(1)数字流水号编制说明

①十位数字为 0,代表该设备为机车原边电路上的设备。

②十位数字为 1,代表该设备为机车第一位电机支路上的设备。

③十位数字为 7 或 8,代表该设备为机车第一转向架上的次边绕组和整流器上的设备。

④十位数字为 9,代表该设备为机车励磁绕组、励磁整流柜和主接地上的设备。

⑤PFC 电路上的设备无以上规则。例:R—电阻;C—电容;F—避雷器;L—平波电抗器;VT—晶闸管;VD—二极管。

(2)文字符号编制说明

文字符号主要表示电气设备、装置和元器件的功能、状态或特征,见表 8-1。

表 8-1　文字符号的含义

符　号	含　义
PA(电流表)	P(测量设备)＋A(电流)
PV(电压表)	P(测量设备)＋V(电压)
TA(电流互感器)	T(变换器)＋A(电流)
TV(电压互感器)	T(变换器)＋V(电压)
YVT(牵引电空阀)	YV(电空阀)＋T(牵引)
YVB(制动电空阀)	YV(电空阀)＋B(制动)

(3)脚注编制说明

电力机车电路图中还有一种脚注形式,可起到辅助文字符号的作用。脚注可以是数字,也可以是字母。如在 SS₃ 型电力机车上 TK₀ 表示在 0 级闭合的触头;1WH_{qy} 表示在牵引工况下闭合的机械联锁。

3. 电气设备名称

SS₄ 型与 SS₄G 型电力机车的设备名称与相应符号见表 8-2。

(五)电力机车布线图识读基础

以上我们从机车主电路中了解到,机车上所有电气设备都是靠连接导线将其连接成一个独立为电系统,如主电路就是由受电弓、主断路器、主变压器等设备及其连接导线组成的一个电系统。那么连接导线在机车上走线、布置和固定的方式及电气设备之间连接的方式就是布线图或接线图。

机车上电气设备有成百上千个，连接导线则更多，例如，仅主电路就有线号不重复的导线199根，加上在机车不同位置上固定的相同线号的导线，主电路的导线就更多了。为了更方便地标明、表示导线的连接，机车上的布线图也分为主电路布线、辅助电路布线、控制电路布线等。由于机车上大部分电器及电气部件都是集中安装在电气柜、空气柜中，因此各电气柜也有布线图。

表 8-2　SS₄ 型与 SS₄G 型电力机车电气设备名称与相应符号

序　号	名　称	SS₄ 型	SS₄G 型	序　号	名　称	SS₄ 型	SS₄G 型
1	受电弓	SD	AP	26	辅助电机		MA
2	高压连接器	LJ	AP	27	辅机保护装置	EF	
3	避雷器		F	28	电热玻璃	RB	EH
4	电压互感器	YH	TV	29	稳压电源	WY	AS
5	电流互感器	LH	TA	30	空调	KT	EV
6	变压器	BZ	TM	31	零压变压器	LB	TC
7	转化开关	WH	QP	32	启动继电器	QJ	AK
8	平波电抗器	PK	L	33	阀	F	YV
9	接触器	KC	KM	34	电压表	U	PV
10	隔离开关	KC	KM	35	按键开关	ZA 或 FA	SK
11	插座	CZ	XS	36	速度表		PS
12	整流器	JZ	V	37	速度传感器		BV
13	功率因数补偿装置	JZ	V	38	风扇		MD
14	继电器（接地）	DJ	KE	39	风速	FJ	KF
15	过流继电器	LJ	KC	40	风力继电器	YJ	KF
16	自动开关	ZK	QA	41	油流继电器		KF
17	网压表	WU	QA	42	时间继电器	SJ	KT
18	电度表	WH	PJ	43	中间继电器	ZJ	KA
19	接地电刷	DS	E	44	司机控制器	SK	AC
20	电流传感器		SC	45	电流表		PA
21	电压传感器		SV	46	电测压力表		PP
22	晶闸管开关		QV	47	测量用分流表		RS
23	控制变压器		T	48	牵引控制柜	QG	
24	非线性电阻		RV	49	电制动控制柜	ZQ	
25	牵引电阻	M	M				

布线图无论对制造、检修人员还是司乘人员都是非常有用的。对制造人员而言，布线图是机车上导线安装、整定、接线的标准，必须严格按标准布置导线，这样才不会错接、漏接导线，避免人为故障；对检修人员而言，从布线图上可以很方便地查出任意一根导线或电器连接的位置和如何接线的，易于准确快捷检修电路、排除故障。对司乘人员而言，布线图结合电路图可以使司机很快查出故障部位并做出应急处理，因此识读机车布线图是一项基本功。下面我们以

成型电力机车为例进行介绍。

1. 对布线图的规定

(1)各电器联锁触头常开、常闭状态

① 各接触器、继电器在无电释放状态；

② 位置转换开关在"F"("向前")位、"T"("牵引")位；

③ 故障隔离开关在"运行"位。

(2)布线图中导线分高压、低压分别绑扎。

(3)各导线线径代号根据机型不同而含义不同。

(4)布线图上导线有线号、电器有代号、各开关有位置标记。

(5)ST、XP、XS表示的意义：

①ST 表示接线排，如 22ST4 表示第 22 号接线排第 4 排接线柱。

②XP 表示插座，如 14XP 表示第 14 个插座。

③XS 表示插头，如 32XS 表示第 32 号插头，该插头每根插针所接导线及针数，都可以从插头的布线图中可以清楚地显示出来，如 32XS 为 20 芯插头，3 组悬空。

(6)为扩大导线容量，有时导线需若干根并联使用，此时布线图上也应标明，如 D11×2 表示 D11 线由两根并联使用。

(7)同一线号的导线需分别接到不同位置时，则需要多少根导线，就在其线号后乘以总根数，如 3×4 表示 3 号线有 4 根。

(8)电器接线用英文小写字母表示引出线端子，用阿拉伯数字表示动静联锁节点的引出线端子，1YVR 接线图表明 1YVR 一个线圈共有 4 组联锁节点，两个常开两个常闭，并且 3、4 号端子各自接有两根导线。

2. 主电路布线图识读方法

由左及右分别为第 1 牵引电机电枢绕组 A11、B21，励磁绕组 D11、D21 均为两根并联接到Ⅰ号电气柜背面 A11、B21、D11、D21 处(同样方法可找出第 2、3、4 牵引电机电枢绕组和励磁绕组的接线方式)；1XS 使用插头引入 91 号线并与 1 号线相连；硅机组接线母排 35、44 分别接到Ⅱ号电气柜内，制动电阻柜出线端子共接有来自Ⅰ号电气柜的 29 号、7 号、14 号导线。车内连线集中固定在机车走廊中。

3. Ⅰ、Ⅱ号高压柜低压布线图识读方法

Ⅰ号电气柜共有 4 个插头插座 32XS、33XS、35XS、31XS，均为 20 芯结构，线号为每根插针所接线号及线号所接的电器代号表示在括号中。双划线表示线束，其流向可以看出柜内接线全部汇集在 4 个插座柜头上与其他电气部件连接。

综上所述，识读布线图比较简单，它与电路图结合起来，就能将抽象的原理图与具体电气部件实物对应起来，由抽象转变为具体。SS₄G 型电力机车主电路设备明细见表 8-3。

表 8-3　SS₄G 型电力机车主电路设备明细

代　号	名　称	代　号	名　称
1AP、2AP	受电弓、高压连接器	10QP、60QP	空载试验转换开关
4QF	主断路器	20QP、50QP	入库转换开关
5F	避雷器	30XS、40XS	主电路入库插座

代　号	名　称	代　号	名　称
6TV	高压电压互感器	70V、80V	主整流器
7TA	高压电流互感器	101KC	原边过流继电器
8TH	主变压器	102QA	自动开关
9TA	电流互感器	103—104PV	网压表
100TV	电压互感器（PFC）	107—108QP	电度表
109TA	电流互感器（PFC）	107—108QP	二位置转化开关
11L、21L、32KH、42KH 12KH、22KH、32KH、42KH	线路接触器	93C	励磁过压吸收电容
13R、23R、33R、43R	移动电阻	94R	励磁过压吸收电压
14R、24R、34R、44R	固定分路电阻	199SC	励磁电流传感器
15—16R、25—26R 35—36R、45—46R	磁削电阻	95—96QS	接地隔离开关
17—18KH、27—28KH 37—38KH、47—48KH	磁削接触器	97—98KE	接地继电器
19QS、29QS、39QS、49QS	电机故障隔离开关	110E. 120E. 130E. 140E.	接地电刷
71—72C、81—82C	过压吸收电容	111SC、121SC、131SC、141SC	牵引电机电流传感器
73—74R、83—84C		112SC. 122SC. 132SC. 142SC	牵引电机电流传感器
75—76R、85—86R	主整流器负载电阻	174—175TA. 184—185TA	同步控制变压器
77—78PFC，87—88PFC	功率因数补偿装置	176—177TA. 186—187TA	次边电流互感器
191—196R	接地电阻	197—198C	接地电容

二、SS4G 型电力机车主电路的特点

（一）传动形式

SS4G 型电力机车采用传统的交直传动形式，使用传统的串励式脉流牵引电动机，具有较成熟的经验，控制系统较简单。

（二）牵引电动机供电方式

SS4G 型电力机车采用一台转向架两台牵引电机并联，由一台主整流器供电，即转向架独立供电方式。全车装设四台两轴转向架，具有四台独立的相控式主整流器，此方式具有三个优点：一是具有较大的灵活性，当一台主整流器故障时，只需切除这台转向架的两台电机，机车仍可保留 3/4 牵引能力；二是同一节车前后两台转向架可进行电气式轴重补偿，即对前转向架（其轴重相对较轻）给以较小的电流，以充分黏着；三是实现以转向架为中心的电气系统单元化。

（三）整流调压电路形式

机车主电路采用了三段不等分半控整流调压电路，采用这种调压方式可以使得输出的脉动直流电电流波形由矩形波变成阶梯波，畸变减小，从而使供电电源的功率因数有所提高，特别是启动时更是如此。

（四）电制动方式

机车采用加馈电阻制动，每节车四台牵引电机主极绕组串联，由一台励磁半控桥式整流器

供电。每台转向架上的两台牵引电机电枢与各自的制动电阻串联后,并联在一起,再与主整流器构成串联回路。

与常用电阻制动相比,加馈电阻制动具有以下三大优点:

(1)可加宽调速范围,将最大制动力延伸至 0(为安全着想,机车的最大制动力延伸至 10 km/h);

(2)能较方便地实现恒制动力控制;

(3)取消了常规的半电阻制动接触器,简化了控制电路。

(五)测量系统

直流电流与直流电压的测量实现传感器化,其优点:一是便于实现直读仪表、过载保护及反馈控制三位一体化;二是实现主电路高电位与控制系统的隔离,使司机台仪表接线插座化。机车全部采用了霍尔传感器检测直流电流、电压信号,有利于司机操作安全,并可提高系统的控制精度。

(六)保护系统

SS₄G 型电力机车采用双接地继电保护,每台转向架电气回路单元各接一台主接地继电器,以便于查找接地故障。并且接地继电器设置位置较其他机车不同,位于主变流装置上、下两段桥的中点,使整流装置对地电位降低,改善硅元件工作条件。

【任务实施】

一、SS₄G 型电力机车主电路分析

1. 网侧高压电路(25 kV 电路)

(1)电路的组成和电流路径

网侧高压电路的主要功能是由接触网取得电能,网侧电路如图 8-1 所示。主要设备有高压部分(受电弓 1AP、高压连接器 2AP,主断路器 4QF,高压电压互感器 6TV,高压电流互感器 7TA,避雷器 5F,主变压器 8TM 的高压绕组 AX)和低压部分(电流互感器 9TA,网压表 103PV,电度表 105PJ,自动开关 102QA,接地电刷 110E～160E 及 PFC 用电压互感器)。

(2)电路的电流路径

网侧电流从接触网流入升起的受电弓,进入主断路器 4QF→主变压器一次侧 AX 绕组→车体→车体与转向架软连线→接地电刷 110E～160E→轮对→钢轨。

(3)主要设备用途

受电弓是电力机车、电动车辆从接触网接触导线上受取电流的一种受流装置。它通过绝缘子安装在电力机车、电动车辆的车顶上,当受电弓升起时,其滑板与接触网导线直接接触,从接触网导线上受取电流,通过车顶母线传送到机车内部,供机车使用。

主断路器是连接在受电弓与主变压器原边绕组之间,安装在机车车顶中部,它是电力机车电源的总开关和机车的总保护电器。当主断路器闭合时,机车通过受电弓从接触网导线上获得电源,投入工作;若机车主电路和辅助电路发生短路、过载、接地等故障时,故障信号通过相关控制电路使主断路器自动开断,切断机车总电源,防止故障范围扩大。

避雷器是一种限制过电压的保护装置它与被保护物并联,当出现过电压危及被保护物时,避雷器放电,使高压冲击电流泄入大地,之后恢复原工作状态,截止伴随而来的正常工频电流,

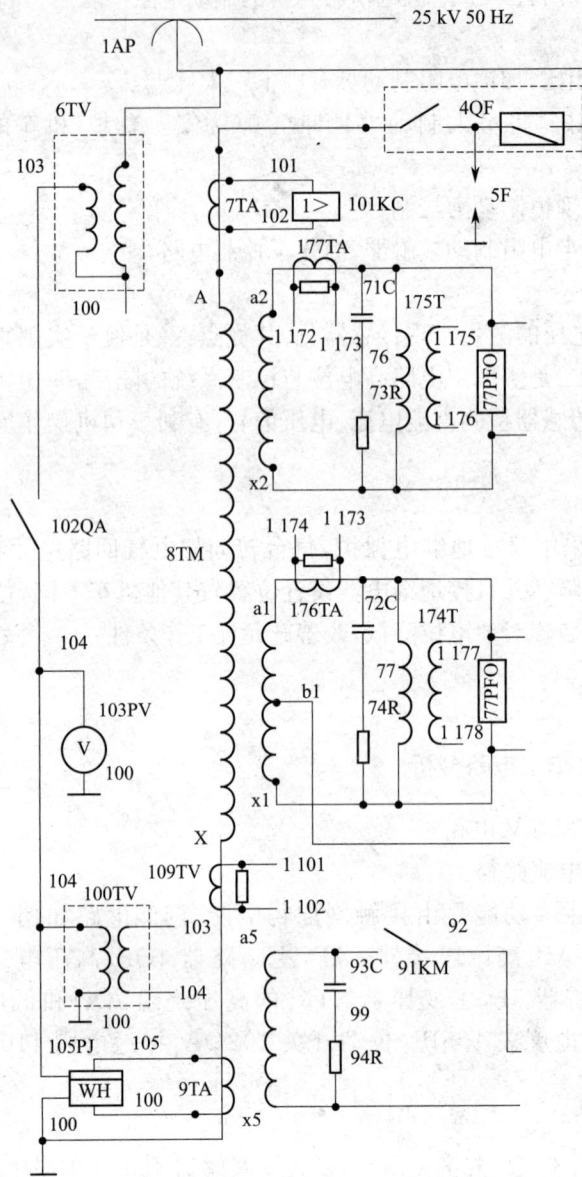

图 8-1　网侧电路

使电路与大地绝缘。

　　高压互感器在电力系统中,高电压和大电流是不能直接测量的,一般只能借助于类似变量器的电压互感器或电流互感器,把高电压、大电流变换成低电压、小电流,再供给测量仪表及继电器的线圈使用。这样可以使测量仪表与高压电路绝缘,保证工作人员的人身安全,扩大仪表量程。

　　主变压器又称为牵引变压器,是交-直流传动电力机车中的重要电器设备,用来将接触网取得的单相工频交流 25 kV 高压电降为机车各电路所需的电压。

　　低压部分主要用于检测机车网压,提供电度表用的电压信号。

2. 整流调压电路

为实现转向架独立控制方式,每节车采用两套独立的整流调压电路,分别向相应的转向架供电。牵引绕组 a_1-b_1-x_1 和 a_2-x_2 供电给主整流器 70 V,组成前转向架供电单元;牵引绕组 a_3-b_3-x_3 和 a_4-x_4 供电给主整流器 80 V,组成后转向架供电单元。

以前转向架单元和电机 1M 为例,如图 8-2 所示,整流电路为三段不等分整流调压电路。其中各段绕组的电压为 $U_{a2x2} = U_{a1x1} = 2U_{a1b1} = 2U_{b1x1} = 695.4$ V。

图 8-2　整流调压电路

三段不等分整流桥的工作顺序:首先投入四臂桥进行大桥调压,即触发 VT₅ 和 VT₆,投入 a_2-x_2 绕组。VT₅、VT₆、VD₃ 和 VD₄ 顺序移相,整流电压由 0 逐渐升至 $U_{d/2}$(U_d 为总整流电压),VD₁ 和 VD₂ 续流。在电流正半周时,电流路径为 a_2→VD₃→71 号导线→平波电抗器 11L→电机 1M→72 号导线→VD₂→VD₁→VT₆→x_2;当电源处于负半周时,电流路径为 x_2→VT₅→71 号导线→平波电抗器 11L→电机 1M→72 号导线→VD₂→VD₁→VD₄→a_2。

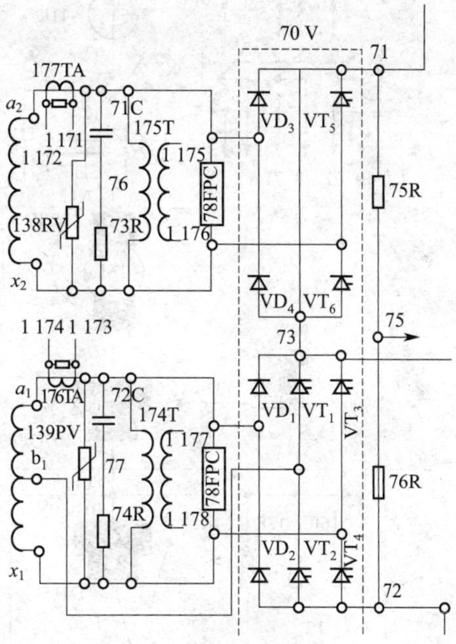

当 VT₅ 和 VT₆ 满开放后,触发 VT₁ 和 VT₂,绕组 a_1-b_1 投入,进行小桥调压。电源处于正半周时,电流路径为 a_2→VD₃→71 号导线→平波电抗器 11L→电机 1M→72 号导线→VT₂→b_1→a_1→VD₁→VT₆→x_2→a_2;当电源处于负半周时,电流路径为 x_2→VT₅→71 号导线→平波电抗器 11L→电机 1M→72 号导线→VD₂→a_1→b_1→VT₁→VD₄→a_2。此时,VT₁、VT₂、VD₁ 和 VD₂ 顺序移相,整流电压在 $(1/2 \sim 3/4)U_d$ 之间调节。

当 VT₁ 和 VT₂ 满开放后,维持 VT₅ 和 VT₆ 满开放,并触发 VT₃ 和 VT₄、b_1-x_1 绕组再投入,进行调压桥调压。VT₃ 和 VT₄ 顺序移相,整流电压在 $(3/4 \sim 1)U_d$ 之间调节。当电源处于正半周期时,电流路径为 a_2→VD₃→71 号导线→平波电抗器 11L→电机 1M→72 号导线→VT₄→x_1→a_1→VD₁→VT₆→x_2;当电源处于负半周期时,电流路径为 x_2→VT₅→71 号导线→平波电抗器 11L→电机 1M→72 号导线→VD₂→a_1→x_1→VT₃→VD₄→a_2。

在整流器的输出端还分别并联了两个电阻 75R 和 76R,其电阻的作用有两个:一是机车高压空载做限压试验时,作整流器的负载,起续流作用;二是正常运行时,能够吸收部分过电压。

3. 牵引供电电路

(1)电路构成

机车牵引供电电路,即机车主电路的直流电路部分,采用转向架独立供电方式如图 8-3 所示。第 1 转向架的第 1 台牵引电机 1M 与第 2 台牵引电机 2M 并联,由主整流器 70 V 供电;第 2 转向架的第 3 台牵引电机 3M 与第 4 台牵引电机 4M 并联,由主整流器 80 V 供电。两组供电电路完全相同且独立。

牵引电机支路的电流路径基本相同,现以第 1 台牵引电机支路为例说明,如图 8-4 所示。其电流路径为正极母线 71→平波电抗器 11L→线路接触器 12 KM→电流传感器 111SC→电机电枢→位置转换开关的"牵制"鼓 107 QPR1→位置转换开关的"前-后"鼓 107QPV1→主极磁场绕组→107QPV1→牵引电机隔离开关 19QS→107QPR1→负极母线 72。

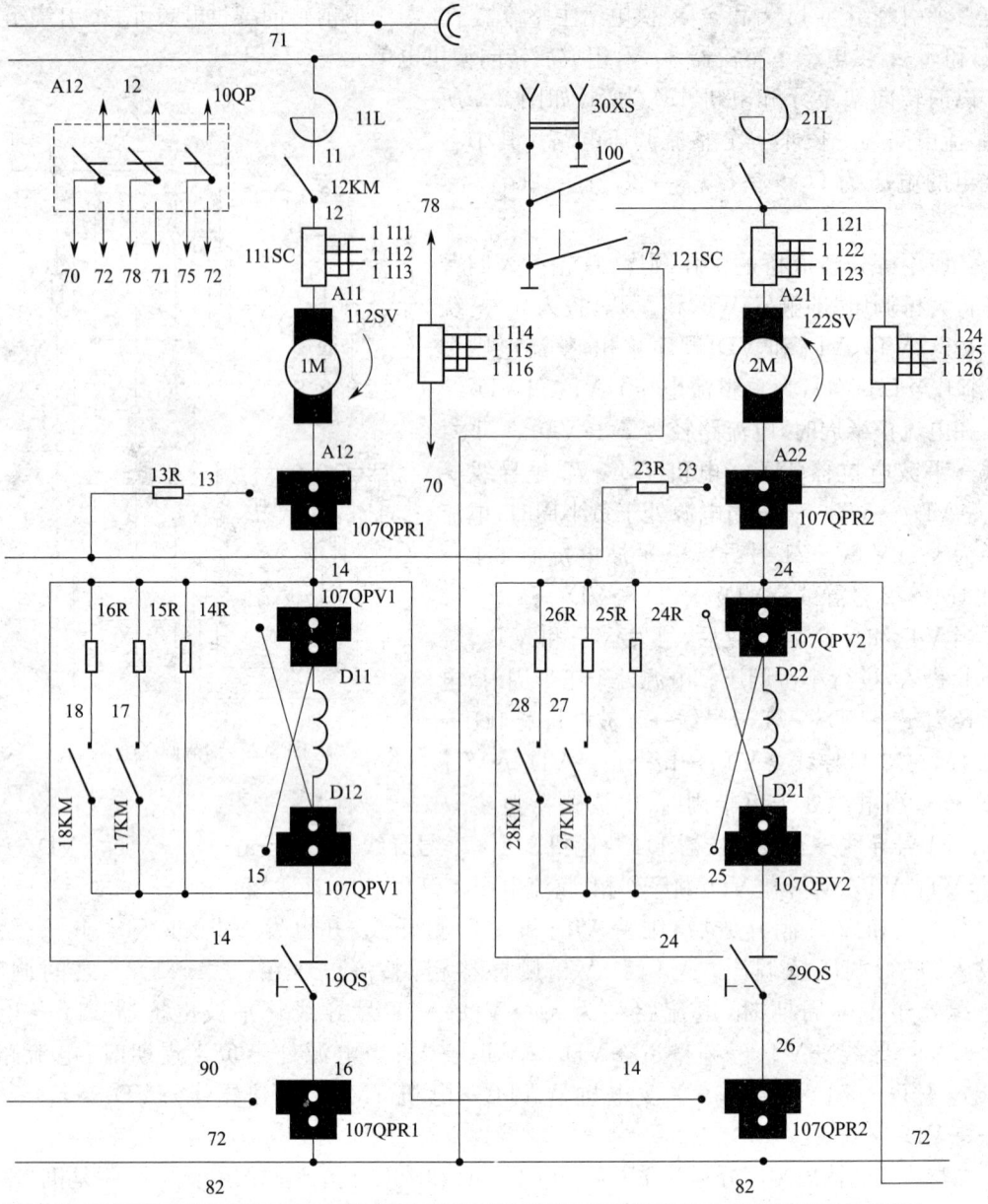

图 8-3　牵引电路一(向前)

与主极绕组并联的有固定分路电阻 14R、I 级磁削电阻 15R 和接触器 17KM、II 级磁削电阻 16R 和接触器 18KM。14R 与主极绕组并联后,实现机车的固定磁削级,其磁削系数为 0.96。通过接触器 17KM 的闭合,投入 15R,实现机车的 I 级磁削级,其磁削系数为 0.70。通过接触器 18KM 的闭合,投入 16R,实现机车的 II 级磁削级,其磁削系数为 0.54。当 17KM 和 18KM 同时闭合时,15R 和 16R 同时投入,实现机车的 III 级磁削级,其磁削系数为 0.45。

(2)电机接线

为均衡轴重,减少轴重转移,两转向架上两台牵引电机背向布置,故其相对旋转方向应相反。以第 1 转向架前进方向为例,从 1M 电机非整流子侧观察,电枢旋转方向应为顺时针方向;从 2M 电机非整流子侧看去应为逆时针方向。同样,第 2 转向架 3M 电机电枢的旋转为顺时针方向,4M 电机电枢的旋转为逆时针方向。

因此,各牵引电机的电枢与主极绕组的相对接线方式如下。

1M:A11A12→D11D12;2M:A21A22→D22D21;3M:A31A32→D31D32;4M:A41A42
→D42D41。

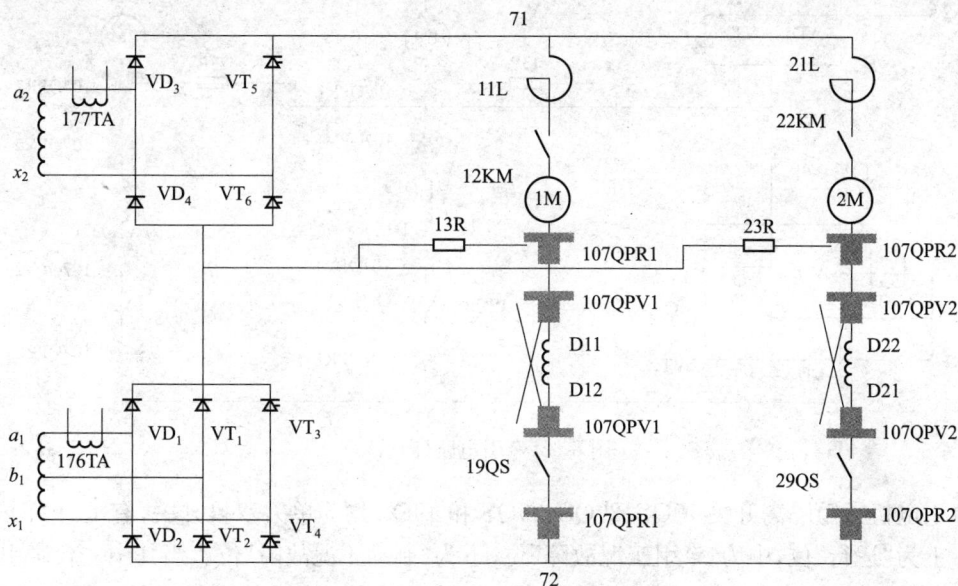

图 8-4 牵引电机支路二(向前)

上述接线方式为机车向前方运行时的状况。当机车向后方运行时,主极绕组通过"前-后"换向鼓反向接线如图 8-5 和图 8-6 所示。

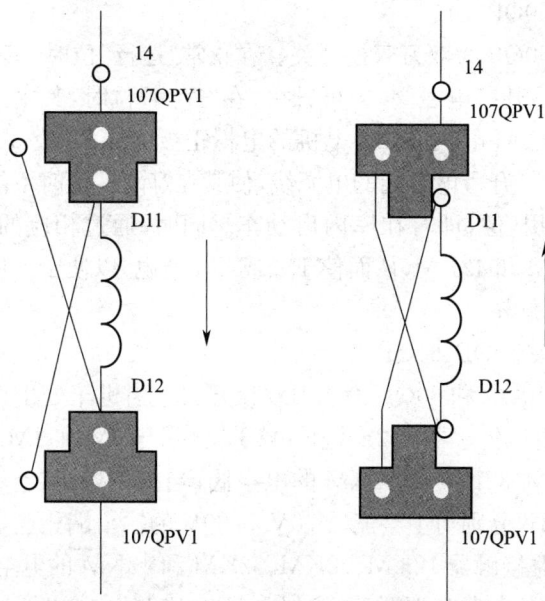

图 8-5 位置转换开关的识读

(3)各开关作用

①牵引电机故障隔离开关 19QS、29QS、39QS、49QS

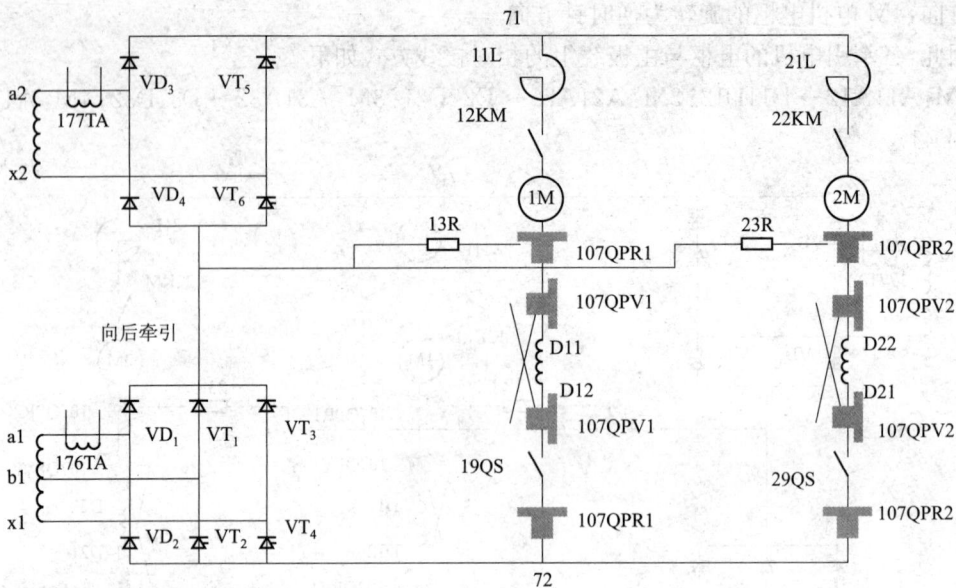

图 8-6　牵引电路（向后）

牵引电机故障隔离开关 19QS、29QS、39QS 和 49QS 均为单刀双投开关，有上、中、下三个位置。上为"运行"位，中为"牵引工况故障"位，下为"制动工况故障"位。当其中一台牵引电机故障时，将相应牵引电机故障隔离开关置中间位，其相应常开联锁接点打开相应线路接触器，该电机支路与供电电路完全隔离。若误将隔离开关置向下位，则由于线路接触器已打开，虽然无电流，但导线 14 与 16、或 24 与 26、或 34 与 36、或 44 与 46 之一相连，故障电机在电位上并不能与主电路隔离，若为接地故障，则仍会引起接地继电器动作。

②库用开关 20QP、50QP

库用开关 20QP 和 50QP 为双刀双投开关。在正常"运行"位时，其主刀与主电路隔离，其相应辅助接点接通受电弓升弓电磁阀，方可升弓；在"库用"位时，其主刀将库用插座 30XS 或 40XS 的库用电源分别与 2M 电机或 3M 电机的电枢正极引线 22 或 32 及总负极 72 或 82 连接，其辅助接点断开受电弓升弓电磁阀的电源线，使其在"库用"位时不能升弓。只要 20QP 或 50QP 中任意一个在"库用"位，即可在库内启动车。同时，通过相应的联锁接点可分别接通 12KM 和 22KM 或 32KM 和 42KM，从而使 1M 或 4M 通电，以便于工厂或机务段出厂试验时测试电机转向、出入库及旋轮。

③空载试验转换开关 10QP、60QP

空载试验转换开关 10QP 和 60QP 为三刀双投开关。当机车处于正常"运行"位时，10QP 和 60QP 将 1 位和 4 位电压传感器 112SV 和 142SV 分别与 1M 和 4M 的电枢相连，其相应辅助接点接通 12KM、22KM、32KM 和 42KM 的电空阀；当机车处于"空载试验"位时，10QP 和 60QP 将 112 SV 和 142SV 分别与主整流器 70V 和 80V 的输出端相连，同时短接 76R 和 86R。其相应辅助接点断开线路接触器 12KM、22KM、32KM 和 42KM 的电空阀电源线，使 10QP 或 60QP 置于"试验"位时电机与整流器脱开，确保空载试验时的安全性。

（4）检测

每台牵引电机设有一台直流电流传感器和一台直流电压传感器，其作用除提供电子控制的电机电流与电压反馈信号外，还通过电子柜处理之后，作为司机台电流表与电压表显示的信号检测。直流电压传感器设置在电枢两端,它有两个优点:一是在牵引与制动时,司机台能看到牵引电机电压;二是两台并联的牵引电机其中一台空转时,电枢电压的反应较快。

另外,取消了传统的电机电流过流继电器,电机的过流信号由直流电流传感器经电子柜发出,而进行卸载或跳主断操纵。牵引电机过流保护整定值为 1 300(1+5%)A。

4. 加馈电阻制动电路

SS₄G 型电力机车与其他机型的主要不同之处是其采用了加馈电阻制动电路,主要优点是能够获得较好的制动特性,特别是低速制动特性。

加馈电阻制动又称为"补足"电阻制动,它是在常规电阻制动的基础上而发展的一种能耗制动技术。根据理论分析可知,机车轮周制动力为

$$B = C\Phi I_z(\text{N})$$

式中　C——机车结构常数;

　　　Φ——电机主极磁通,Wb;

　　　I_z——电机电枢电流,A。

在常规的电阻制动中,当电机主励磁最大值恒定后,电枢电流 I_z 随着机车速度的减小而减小。因此,机车轮周制动力也随着机车速度的减小而减小。为了克服机车轮周制动力在机车低速区域减小的状况,加馈电阻制动从电网中吸收电能,并将该电能补足到 I_z 中去,以此获得理想的轮周制动力。

机车处于加馈电阻制动时,经位置转换开关转换到"制动"位,牵引电机电枢绕组与主极绕组脱离与制动电阻串联,且同一转向架的两台电机电枢支路并联之后,与主整流器串联构成回路。此时,每节车 4 台电机的励磁绕组串联连接,经励磁接触器、励磁整流器构成回路,由主变压器励磁绕组供电,如图 8-7、图 8-8 所示。

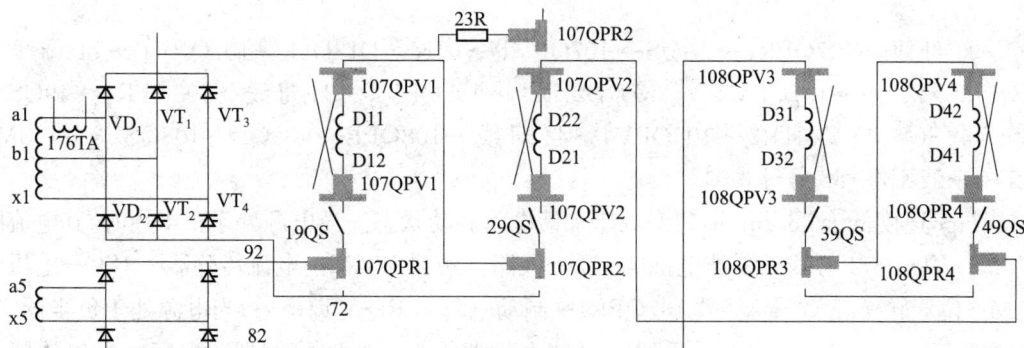

图 8-7　励磁回路

现以 1M 电机为例,叙述一下电路电流的路径:

当机车速度高于 33 km/h 时,机车处于纯电阻制动状态。其电流路径为 71 号母线→平波电抗器 11L→线路接触器 12 KM→电流传感器 111SC→1M 电机电枢→107QPR1 位置转换开关"牵制"鼓→制动电阻 13R→VD₄→VD₃→71 母线。

此时励磁绕组的电流路径是主变压器的励磁绕组 a₅-x₅ 经励磁接触器 91KM 向励磁整流器 99V 供电,并与 1M~4M 电动机励磁绕组串联,且励磁电流方向与牵引时相反,由下往上。从励磁整流器的输出端开始,其电流路径为:

91 母线→199SC 电流传感器→

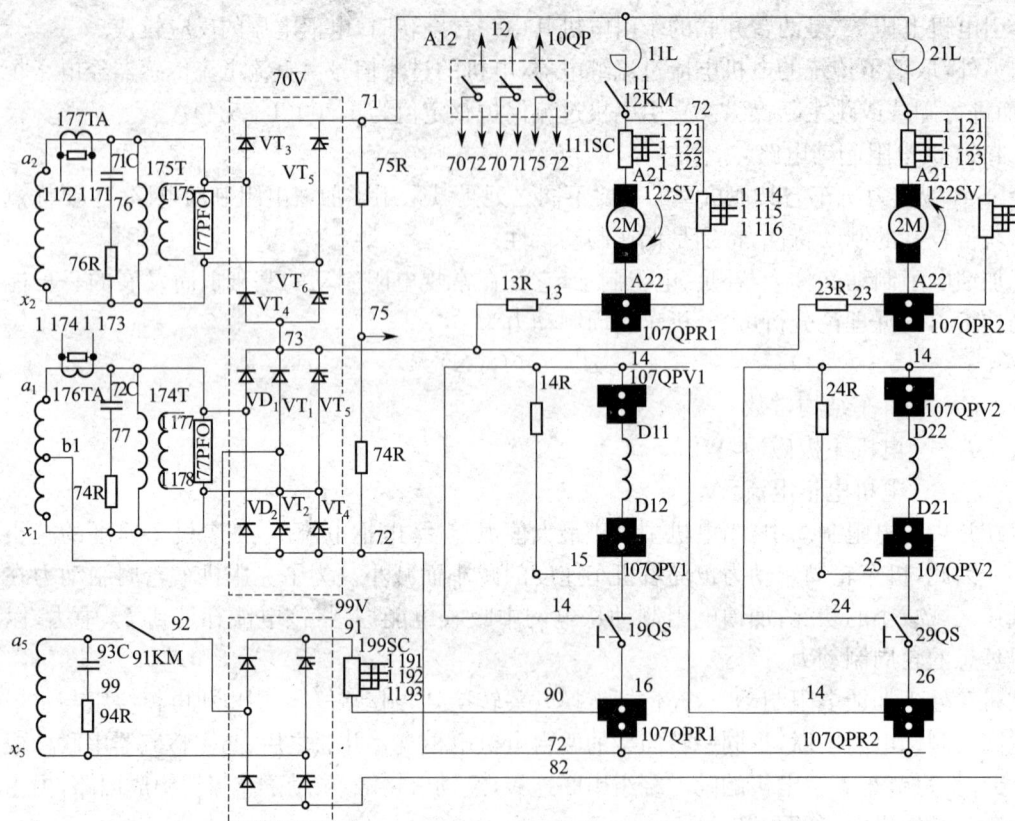

图 8-8　加馈电阻制动电路

　　→90 母线→107QPR1→19QS→107QPV1→（1M）D12D11→107QPV1→14 母线→
107QPR2→29QS→107QPV2→（2M）D21D22→107QPV2→24 母线→108QPR4→49QS→
1080PV4→（4M）D41D42→108QPV4→44 母线→108QPR3→39QS→108QSV3→（3M）
D32D31→92KM→82 号母线。

　　当机车速度低于 33 km/h,机车处于加馈电阻制动状态。当电源处于正半周时,其电流路
径为 a₂→VD₃→71 母线→平波电抗器 11L→线路接触器 12KM→电流传感器 111SC→电机电
枢 1M→位置转换开关"牵制"鼓 107QPR1→制动电阻 13R→VT₆→x₂;当电源处于负半同时,
其电流路径为 x₂→VT₅→71 号导线→平波电抗器 11L→线路接触器 12KM→电流传感器
111SC→电动机电枢 1M→位置转换开关"牵制"鼓 107QPR1→制动电阻 13R→VD₄→a₂。

　　加馈电阻制动时,励磁绕组的电流路径同电阻制动。

　　负极母线 82 为主整流器 80V 与励磁整流器 99V 的公共点,由此形成两个独立的接地保
护电路系统。第 I 转向架牵引电动机 1M 和 2M 电枢、制动电阻及主整流器 70 V,主接地继
器 97KE,组成第 I 转向架主接地保护系统;第 II 转向架牵引电动机 3M 和 4M 电枢、制动电阻
及主整流器 80V,励磁整流器 99V,主接地继电器 98KE,组成第 II 转向架主接地保护系统。

　　制动工况时,当一台牵引电动机或制动电阻故障后,应将相应隔离开关置向下位,则线路
接触器打开,电枢回路被甩开,电机励磁绕组无电流但有电位。

　　5. 功率补偿电路

SS₄G 型机车上有 4 组完全相同的 PFC 装置,该装置是通过滤波电容和滤波电抗的串联谐振,降低机车三次谐波含量,提高机车的功率因数。它主要由真空接触器、无触点晶闸管开关、滤波电容、滤波电抗和故障隔离开关等电器组成。电路中设置故障隔离开关,是在 PFC 电路出现接地故障时隔离用。机车运行中若机车检测到无功功率达到补偿量时,4 组 PFC 装置顺序投入工作,需退出补偿时先投先切。

6. 保护电路

SS₄G 电力机车主电路保护包括短路、过流、过电压及主接地保护 4 个方面。

(1)短路保护

当网侧出现短路时,通过网侧电流互感器 7TA→原边过流继电器 101KC,使主断路器 4QF 动作,实现保护。其整定值为 320 A。

当次边出现短路时,经次边电流互感器 176TA、177TA、186TA 及 187TA→电子柜过流保护环节,使主断路器 4QF 动作,实现保护。其整定值为 3 000(1+5%)A。

在整流器的每个晶闸管上各串联一个快速熔断器,实现元件击穿短路保护之用。

(2)过流保护

考虑到牵引工况和制动工况时,牵引电机的状况不同,牵引电机过流保护的整定值和保护方式设置也不同。

在牵引工况时,牵引电机的过流保护是通过直流电流传感器 111SC、121SC、131SC 和 141SC→电子柜→主断路器来实现的,其整定值为 1 300(1+5%)A。

在制动工况时,牵引电机的过流保护是通过直流电流传感器 111SC、121SC、131SC 和 141SC→电子柜→励磁过流中间继电器 559KA→141SC→电子柜→励磁接触器 91KM 来实现的,其整定值为 1 000(1±5%)A。此外,在制动工况时,还设有励磁绕组的过流保护,它是通过直流电流传感器 199 SC→电子柜→励磁过流中间继电器 559KA→励磁接触器 91KM 来实现的,其整定值为 1 150(1+5%)A。

(3)过电压保护

机车的过电压包括大气过电压、操作过电压、整流器换向过电压和调整过电压等。大气过电压的保护主要采用两种方式:一是在网侧设置新型金属氧化物避雷器 5F;二是在各主变压器的次边绕组上设置 RC 吸收器。牵引绕组上的 RC 吸收器由 71C 与 73R、72C 与 74R、81C 与 83R、82C 与 84R 构成;励磁绕组上的 RC 吸收器由 93C 与 94R 构成。

当机车主断路器 4QF 打开或接通主变压器空载电流时,机车将产生操作过电压,通过网侧避雷器 5F 和牵引绕组上的 RC 吸收器能够对此操作过电压进行限制。

机车的主整流器 70V 和 80V、励磁整流器 99V 的每个晶闸管和二极管上均并联有 RC 吸收器,以抑止整流器的换向过电压。

另外,牵引电机的电压由主整流器进行限压控制,其限制值为 1 020(1+5%) A。

(4)主接地保护

牵引工况下,每个转向架供电单元设一套接地保护系统,除网侧电路外,主电路任一点接地时,接地继电器均动作,无"死区"。接地继电器动作之后,通过其联锁使主断路器动作,实现主电路接地保护。

制动工况下,具有两套独立回路,励磁回路属于第 2 回路。为消除"死区",回路各电势均为相加关系。为此,励磁电流方向与牵引时相反,改为由下而上,故电枢电势方向也相反,改为下正上负。当制动工况发生接地故障时,接地继电器动作,通过其联锁使主断路器动作,实现主电路接地保护。

　　第Ⅰ转向架供电单元的接地保护系统由接地继电器 97KE、限流电阻 193R、接地电阻 195R、隔离开关 95QS、电阻 191R 和电容 197C 组成;第Ⅱ转向架供电单元的接地保护系统由接地继电器 98KE、限流电阻 194R、接地电阻 196R、隔离开关 96QS、电阻 192R 和电容 198C 组成。其中 191R 与 197C、192R 与 198C 是为了抑止 97KE 或 98KE 动作线圈两端因接地故障引起的尖峰过电压而设置的。95QS 和 96QS 的作用在于当接地故障不能排除,但仍需维持故障运行时,通过将其置"故障"位,使接地保护系统与主电路隔离,接地继电器不再动作而跳主断路器。此时,195R 或 196R 与主电路相连,接地电流经此流回大地。

【实践与训练】

工作单 8.1

项目名称	SS$_{4G}$ 型电力机车电路分析与电气试验		
任务名称	SS$_{4G}$ 型电力机车主电路分析		
班　级		姓　名	

【基础知识的认知】

说明 SS$_{4G}$ 型电力机车主电路的构成与特点。

【动手能力训练】

对照下图说明三段不等分整流桥的工作过程。

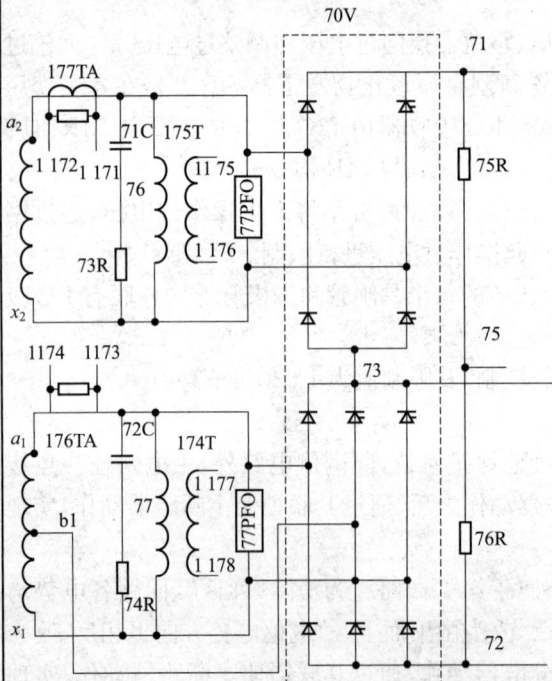

【工作总结】
说明在本任务的工作过程中所了解、掌握的内容,有何收获。
指导老师评价:
任务完成人签字:　　　　　　　　　　　　　　　日期:　年　月　日
指导老师签字:　　　　　　　　　　　　　　　日期:　年　月　日

任务二　SS₄G 型电力机车辅助电路分析

【任务要求】

1. 了解电力机车辅助设备设置与作用。
2. 理解 SS₄G 型电力机车辅助电路的组成。

【任务内容】

1. 分析 SS₄G 型电力机车辅助电路的负载构成。
2. 分析 SS₄G 型电力机车辅助电路负载电路。
3. 分析 SS₄G 型电力机车辅助电路的保护电路。

【任务准备】

1. 所需设备:模拟驾驶装置、电器柜。
2. 所需物品:手电筒、万用表、兆欧表、试灯等。

【相关理论知识】

一、概　　述

电力机车的辅助线路是由辅助设备及其相关的电气设备连接构成的线路,其中辅助设备是为保证主线路中各电气设备的正常工作而设置的。辅助线路能否正常工作,直接影响主线能否正常工作,即影响机车的正常工作。

辅助线路中的设备主要有分相设备、空气压缩机组、通风机组、油泵及其他设备如取暖备、通风设备、电热玻璃、热饭电炉、空调等。

（一）辅助线路组成

电力机车的辅助线路主要由电源电路、负载电路、保护电路组成。电源电路由主变压辅助绕组提供单相 380 V 和 220 V 交流电源,再由劈相机变换成为同频率的三相交流电源供给辅助机组;负载载电路包括三相负载电路和单相负载电路。其中三相负载主要有空气压缩机电动机、通风机电动机、油泵电动机,通过三相交流接触器控制其工作。单相负载主要有一些加热、取暖元件,由转换开关控制其工作;保护电路主要是在辅助电路发生过流、接地、过电压、欠电压和单机过载故障时,使相应电器动作,从而实现及时保护的电路。

(二)分相设备

在单相交流供电的电力机车上,若选用三相交流异步电动机作为辅助电机,机车内需设有分相设备,以便将单相交流电转变为同频率的三相交流电供给三相电机。分相设备主要有旋转劈相机和静止劈相机两种。静止劈相机是由晶闸管构成的一种变流器,由整流器与逆变器两部分组成,这种变流器又称为辅助电源。下面介绍旋转式异步劈相机的启动工作原理。

1. 旋转劈相机的启动

旋转劈相机可以视为单相电动机与一个三相发电机的组合体,其启动方式可分为直接启动和间接启动两种。劈相机直接启动的原理如图 8-9 所示。在接入单相电源时,闭合接触器 A,电流一路通过 C_1—C_4—C_2 绕组,另一路经 C_1—C_4—C_3 绕组再经接触器 A、启动电阻 R 到 C_2 与电源构成回路。前一回路可近似看作纯电感负载,其电流滞后电源电压为 90°,后一回路为电阻电感负载,其电流滞后电源不到 90°,当电阻值较大时,电流可与电压相位接近,这样,两个支路的电流间就有一个相位差。此外,由于两回路绕组在空间布置上有角度差,这就满足了单相电动机启动的两个基本条件,在电机内将产生一椭圆形的旋转磁场,使电枢转动。当电机电枢转动起来以后,在定子三相绕组中产生三相感应电势,由 C_1、C_2、C_3 输出三相交流电,C_1—C_4、C_2—C_4 称为电动相,C_3—C_4 称为发电相。在劈相启动后,可以使线路中的接触器 A 断开,切除启动电阻 R。国产电力机车均采用直接启动的方式。

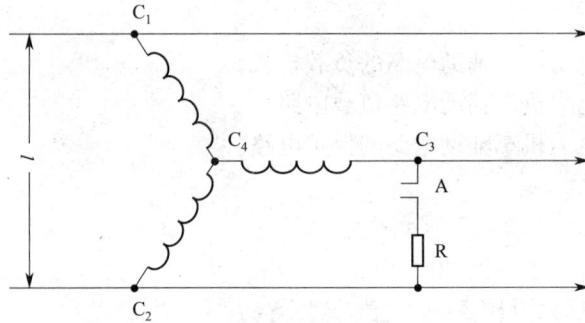

图 8-9　劈相机直接启动的原理

2. 辅助设备的设置

电力机车上的各种辅助设备是为了保证机车正常运行和实现各种辅助功能而设置的,其中主要是保证主线路各电气设备的正常工作。根据机车的要求,一般有以下辅助设备:

① 分相设备

分相设备是辅助线路的关键设备,同时又是辅助电路的薄弱环节,为了提高电力机车的可靠性,通常电力机车设置有两台劈相机共同工作,或者设置一台劈相机,由一台通风机兼做劈相机使用。这样如果其中一台劈相机出现故障,另一台劈相机或通风机仍能保证辅助电路的正常工作。

② 空气压缩机及其驱动电机

空气压缩机及其驱动电机简称压缩机组。空气压缩机的作用是产生电力机车用压缩空气

(也称风源),其压缩空气不仅要提供机车上所有风动电器(如受电弓、主断路器、两位置转换开关、电空接触器、各种阀等),更重要的是作空气制动系统的动力源,故电力机车上设置有两台空气压缩机,有一定储备以保证系统工作的可靠性,从而保证行车安全。

③ 通风机及其驱动电机

通风机及其驱动电机简称通风机组。通风机用以冷却牵引电动机、整流硅机组、牵引变压器散热器、平波电抗器、制动电阻及其他设备。

④ 循环油泵

循环油泵用来使牵引变压器的冷却油强迫进行循环,以进行变压器内部的冷却。

⑤ 其他辅助设备

其他辅助设备主要有用来改善工作条件而设置的取暖、通风设备,此外还有电热玻璃、热饭电炉等设备。

3. 辅助机组的启动

机车上的辅助机组一般不需要调速,因此采用直接启动的方式,缩短启动时间,但是直接启动时启动电流较大,若所有辅机同时启动,将会因为从电网取用电流过大而使网压过分降低,严重时会导致辅机启动失败。所以,常用辅助机组分别启动的方式解决电机同时启动带来的电流冲击问题,分别启动不致使网压过分降低。有些机车采用电阻降压的启动方式启动辅助电机,以减小启动电流,缺点是增加了附加设备。机车上的车内助电机一般不需要调速,也有机车为加强对主线路某些设备的通风冷却,在牵引运行时,使通风机全速工作,当机车由牵引转入惰行时,仍使通风机以半速运转,其缺点是使相应的线路复杂了。

鉴于机车辅助电机的工作条件一般都较差,因而对电机的要求也较高,在选用电机时应有一定的裕量。另外,在实际运用中,辅助线路的故障也不少,为了能在发生故障的情况下使机车维持运行,保证铁路运输畅通,在辅助线路中也应设置故障运行线路。

二、SS₄G 型电力机车辅助电路

SS₄G 型电力机车辅助电路采用传统的单三相供电系统,辅机均采用三相异步电动机拖动。电源来自主变压器的辅助绕组 a_6—b_6—x_6,其中 a_6—x_6 的额定电压为 399.86 V,b_6—x_6 的额定电压为 226 V。单相交流电源从 a_6—x_6 经库用转换刀开关 235QS 至导线 201、202 给各辅机及窗加热、取暖设备供电。机车在库内可通过辅助电路库用插座 294XS 引入 380 V 单相或三相电源,将 235QS 投向"库用"位,辅助电路设备即可由库内电源供电,如图 8-10 所示。

【任务实施】

SS₄G 型电力机车辅助电路分析。

1. 单三相供电系统

(1)劈相机分相启动

SS₄G 型电力机车采用型号为 YPX-280M-4、380 V、57 kW 的劈相机。劈相机的运转与停止通过其相应的接触器 201KM 控制,如图 8-11 所示。劈相机是单相电动机与三相发电机的组合,启动时必须在第二电动机绕组与发电机绕组间接入启动电阻 263R 进行分相启动,启动电阻的接通与开断由接触器 213KM 来执行。由劈相机启动继电器 283AK 监测启动过程并控制启动电阻回路的开断,283AK 的工作电源(DC110 V)从导线 531 经 533KT 常开联锁由导线 281 引入。当按下"劈相机"按键开关后,接触器 213KM 闭合,启动电阻投入,210KM

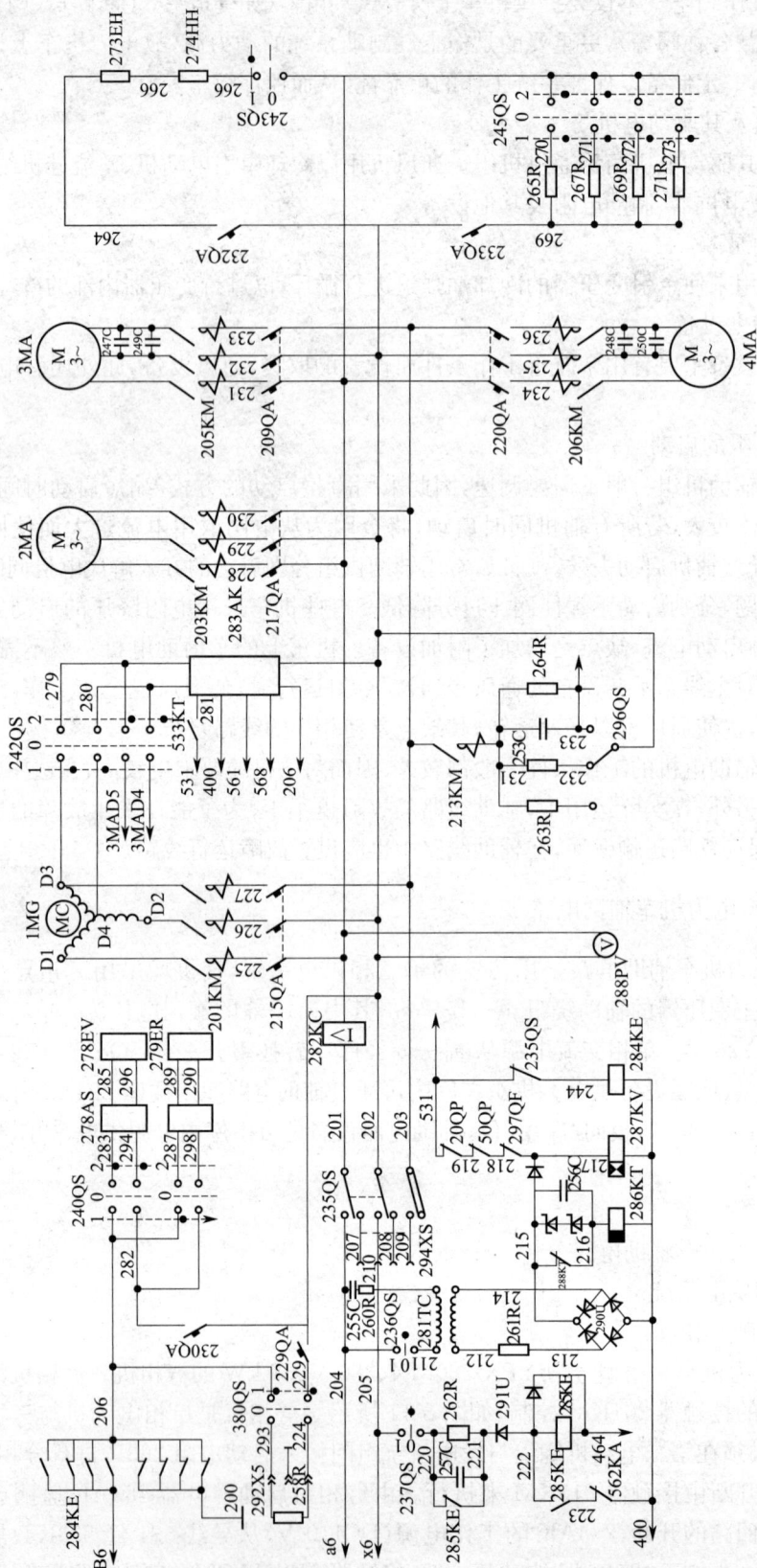

图 8-10　SS₄G 型电力机车辅助电路

闭合,劈相机开始启动,这时劈相机启动继电器监测劈相机发电相电压(由导线 279、280 引入)来间接反映劈相机的转速。当劈相机转速接近电动相的转速时,也即 283AK 测得其发电相电压接近于比较电压(额定网压下,该电压值为 220 V,由导线 202、206 引入)时,283AK 动作,其常开联锁闭合,导线 561、568 连通,则劈相机启动中间继电器 566KA 得电,使 213 KM 及劈相机启动延时时间继电器 533KT 失电,213KM 主触头打开,开断了启动电阻 263R 回路,劈相机启动完成。同时,533KT 常开联锁开断了导线 531 与 281 通路,使 283AK 失去工作电源处于闭置状态。劈相机启动电阻有三个抽头,即备有两组,当一组烧损可换另一组使用,此时只需把导线 232 换接至另一抽头即可。

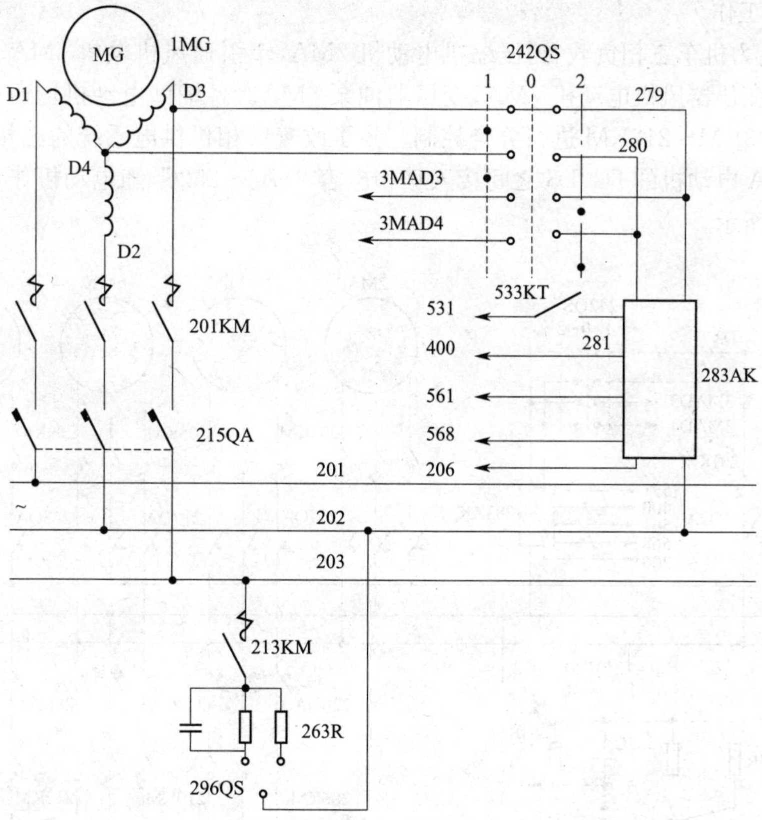

图 8-11 劈相机

(2)通风机电动机电容分相启动

第一台牵引通风机电机 3MA 的电容分相启动电路是为劈相机发生故障而特设的电路。在机车运行中,劈相机一旦发生故障,为保证其他辅机继续工作,即可切除劈相机,而以启动电容 253C 对风机电机 3MA 直接进行分相启动。这时,要把劈相机故障转换开关 242QS 打向"0"位,即把 283AK 监测劈相机发电相电压的引入线转接到 3MA 的第三相上,同时必须把闸刀开关 296QS 倒向启动"电容"位(因启动电阻不能启动通风机)。启动过程由启动继电器 283AK 控制,启动完成后 283AK 常开联锁闭合,使 213KM 线圈失电,其主触头打开切除启动电容。在运用 3MA 替代劈相机作电容分相启动时,司机操纵与使用劈相机时相同,由于两节车的辅助电路未重联,因此可以一节车做劈相机电阻分相启动,另一节车(劈相机故障)做 3M 电容分相启动。必须强调的是采用电容分相启动通风机电动机时,网压不得低于 22 kV 且必须是在劈相机故障状态下进行。

（3）劈相机启动系统常见故障

劈相机启动电阻甩不开的故障处理，该故障的现象是：启动电阻长期接入，劈相机"嗡嗡"声不息，劈相机启动中继电器 566KA 不吸合，213KM 不打开。

原因：劈相机启动继电器 283AK 不动作或发生卡位故障，导致其常开联锁不闭合。

临时处理办法：处理 283AK 故障可人为按下启动继电器的凸出键而让其动作，常开联锁闭合使 566KA 吸合，切断 213KM 线圈电源，甩开启动电阻。

2. 三相负载电路

当劈相机启动完毕后，辅助回路导线 201、202、203 即可提供三相不对称电源，这时，各辅机可依次投入工作。

SS4G 型电力机车三相负载有：压缩机电动机 2MA，牵引通风机电机 3MA、4MA，制动风 5MA、6MA。变压器风机电动机 7MA，变压器油泵 8MA。各辅助电动机均通过其相对应的交流接触器 203KM～212KM 进行分合控制。为了改善劈相机供电系统的三相电源对称性，在 3MA～5MA 电动机的 D2、D3 之间接入移相电容 247C～252C，随电动机作负载投入而投入，如图 8-12 所示。

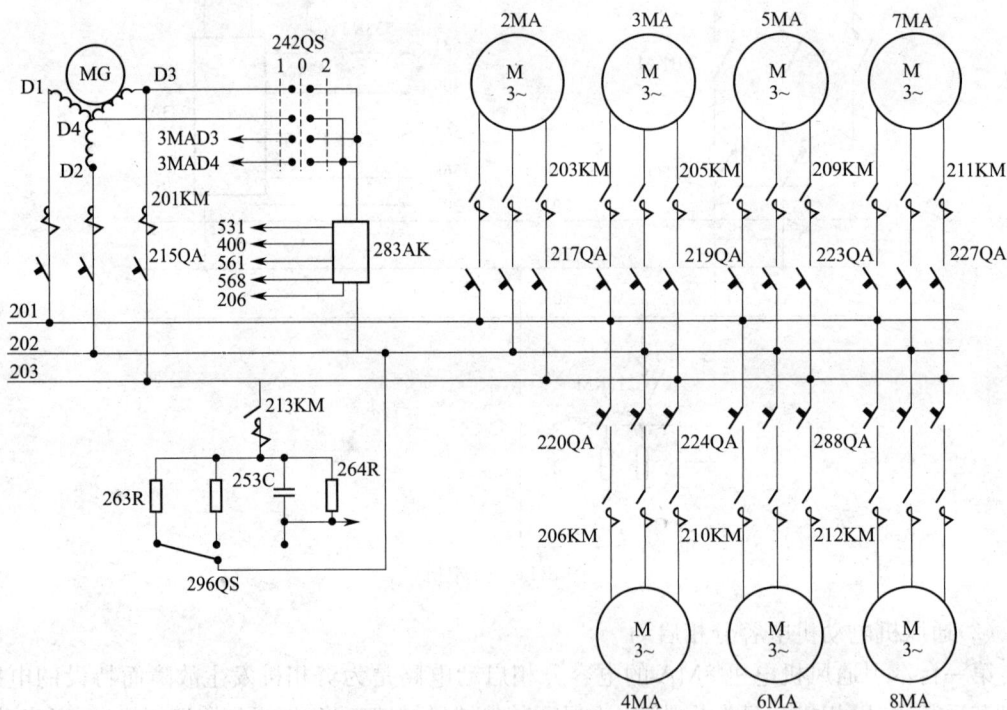

图 8-12　三相负载电路

235QS 为库用转换刀开关，机车在电网下，235QS 倒向"运行"位，则主变压器辅助绕组 a6-x6 通过导线 204、205 经 235QS 与导线 201、202 连接，从而给辅助电路提供 380 V 单相电源。若机车在库内时，235QS 需倒向"库用"位，此时可使用的库内电源有三相和单相两种。

（1）库内三相电源

一般在机务段内不启动劈相机，直接启动辅机时使用。把库内三相电源接到库用插座 294XS 的 207、208、209 三点上，通过 235QS 及导线 203 与 209 之间的连接母线直接为辅助电路提供三相电源。

（2）库内单相电源

仅在制造厂或大修厂库内电源容量大时使用。单相电源送至库用插座294XS的207、208两点上（为插座上部两点位置），经235QS给辅助电路提供单相电源，此时需使用劈相机实现三相供电系统。若只使用库内单相电源，也可拆开导线203、209之间的连接母线，这样做的目的：一是从安全角度考虑，使库用插座上的第三点（209点）不带电；二是若电源线误接至接点208、209上时，避免劈相机因不能正常启动而受损，如图8-13所示。

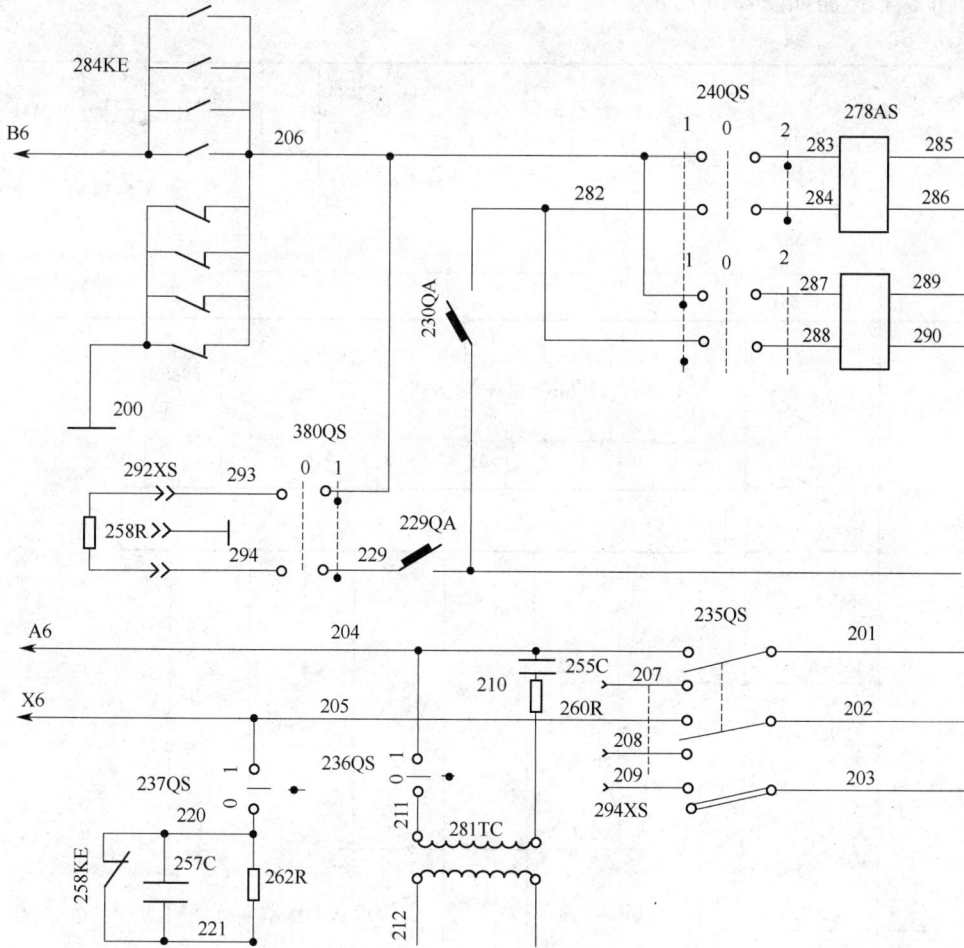

图8-13　单三相供电系统

3. 单相负载电路

（1）380 V单相负载电路

380 V单相负载电路由导线201、202供电，一路经自动开关232QA至导线264给窗加热玻璃273EH、274EH提供380 V单相交流电源；另一路经自动开关233QA至导线给壁炉及脚炉提供单相380 V电源。243QS为窗加热开关，245QS为取暖开关，共有三个位置：中间"0"为关断，"1"位为脚炉、壁炉同时开，"2"位为开通壁炉、关断脚炉。自动开关232QA、233QA分别作电路的过载保护用。

（2）220 V单相负载电路

220 V单相负载电路的负载包括司机室空调及热饭电炉由导线202、206，一路经转换开关

240QS空调稳压器278AS供空调机280EV使用,自动开关2 300 A作该电路的过载保护;另一路经转换开关238QS至220 V电源插座292XS,该插座也可供热饭电炉使用,自动开关229QA作该电路的过载保护。中间继电器284KE所起作用是机车在电网下时,连通导线206、b6而接通220V电路回路;机车在使用库内电源时,连通导线206、200(地线),使机车在库内也可获得220 V电源。

4. 保护电路

机车保护电路如图8-14所示。

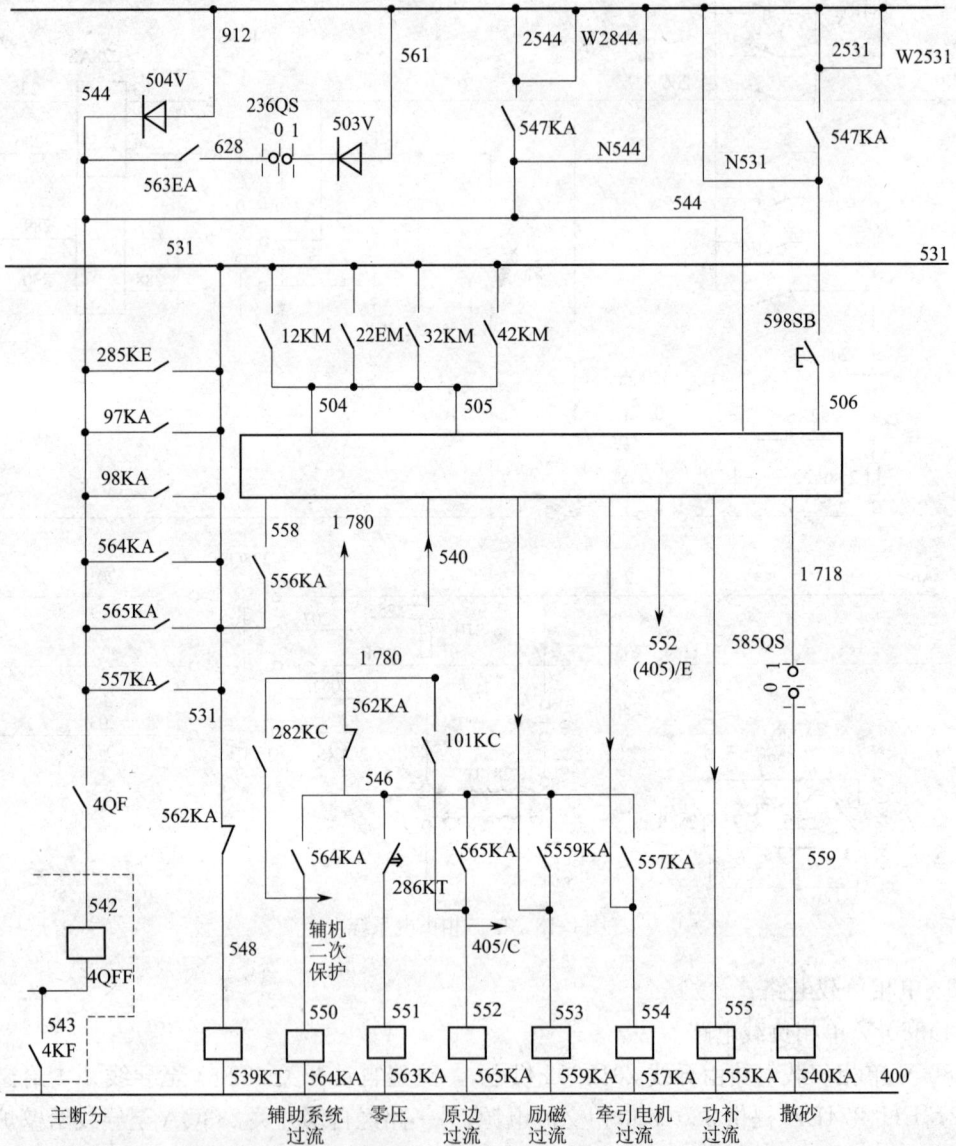

图8-14　机车保护电路图

(1)零压保护

零压保护是接触网供电的失压保护,由接在主变压器绕组 a_6-x_6 两端的零压变压器281TC、电阻261R、整流装置290U、电容256C及零压时间继电器286KE组成,如图8-15所示。当电网正常供电时,286KE 吸合;当电网失压时 286KE 失电动作,其常闭联锁闭合,经 563KA 零压中间继电器将接通主断路器的分闸电路,并显示信号。因电网失压后,变压器辅助绕组两端电压不是突变至 0,而是随时间衰减的,所以在此电路中串有 2 个稳压管,截压 50 V,主要作用是使零压时间继电器 286KE 在电网失压后能在 2 s 内动作,以达到保护的准确性及必要性(供电网故障重合闸为2 s),排除电网失电后重合闸时劈相机处于单相堵转合闸及短暂脱弓乱跳闸。在稳压管两端并接有电容 256C,其作用主要是在零压时间继电器 286KE 吸合过程中,在 286KE 常闭联锁打开的瞬间,利用电容的反突变特性,使加在 286KE 线圈上的电压有一衰减过程(使 286KE 吸合的电流不是突然变小,而是随时间衰减)。所以并接电容 256C 在于帮助零压时间继电器能可靠吸合,避免在此过程中出现衔铁振荡现象。

零压保护电路同时还起到保护阀 287YV 的交流保护作用,即保护阀 287YV 由两路送电:一路从控制电路电源线 531 经主电路入库转换开关 20QP、50QP 联锁,车顶门行程开关 297QP 联锁送至 287YV 线圈;另一路由零压保护电路给 287YV 供电,由此构成保护阀的双电源送电状态。即使出现控制电路切断而机车高压供电依然存在的情况,287YV 仍得电,门联锁锁闭,各室门打不开,达到确保人身安全的目的。'

(2)辅接地保护

在变压器辅助绕组 x_6 与地之间设有辅助电路接地保护电路,如图 8-16 所示。这个系统由辅接地继电器 285KE、整流元件 291U、限流电阻 262R、电容 257C、辅接地故障开关 237QS 组成。辅接地保护属于有源保护装置,支路经 110 V 控制电源后接地。当辅助电路某点接地时,辅接地保护系统形成回路,285KE 动作吸合,其辅助联锁使主断路器分闸线圈得电跳闸,司机台辅接地信号显示。此时 285KE 常闭联锁开断,回路串入电阻 262R 以免出现大电流而烧损接地继电器。同时经由 285KE 自身联锁和恢复中间继电器 562KA 联锁接通自锁回路,保持信号记忆。故障解除后,借助主断路器合闸操作,562KA 常闭联锁断开使 285KE 恢复。在限流电阻 262R 再衰并接电容 257C 是使 285KE 动作时能可靠吸合,以提高保护系统的可靠性。

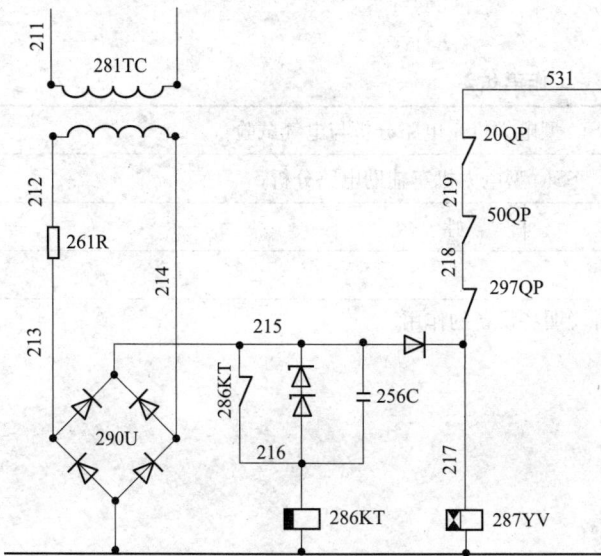

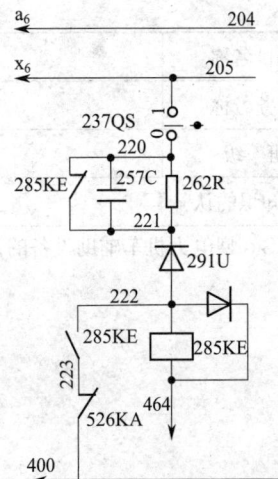

图 8-15 零压保护　　图 8-16 辅接地保护

237QS 是辅接地保护故障隔离开关,若确定辅助电路有一点接地且不能排除时,可切断保护电路,使机车作故障运行,此时要求司机严密监视各辅机工作状态,以确保行车安全。

（3）辅机过载保护

SS$_{4G}$ 型机车辅机为自动开关过流保护。自动开关具有两种保护功能,即瞬时电磁脱扣的短路保护功能和热脱扣动作的过载保护功能。当发生短路故障时,自动开关在 0.5 s 内开断。过载保护具有反时限特性,过载电流较大,保护动作时间较短,反之过载电流较小,则保护动作时间较长。辅机过载保护的特点是分断能力较高,保护动作时能自动切断故障电路,有效地保护串接在它后面的辅机的相应支路。因自动开关的保护特性具有分散性,所以其保护特性的整定和校核非常关键。需要注意的是自动开关在保护动作后,无法立即恢复,需过 2～3 min 热元件冷却复位后,才能重新合上动作钮扣。

辅机过载保护装置故障处理：

①电子式辅机保护装置动作且接触器粘焊

把故障辅机相应的故障开关置"隔离"位,同时拆除相应接触器主触头非电源端的连线并隔离相应需通风的牵引电机。维持机车故障运行,回段入库故障处理完毕后恢复。

②自动开关动作且接触器粘焊

把故障辅机相应的故障开关置"隔离"位,同时使自动开关保持"分断"位,并隔离相应需通风的牵引电机,维持机车故障运行,回段入库故障处理完毕后恢复。

③过电压保护

采用跨接在辅助绕组 a$_6$、x$_6$ 两端间的 RC 过电压保护电路,由电阻 260R、电容 255C 组成,吸收过电压。

④过电流保护

辅助电路过电流保护采用电流继电器 282KC。在辅助绕组短路或其他原因造成辅助电路短路,其电流超过 2 800 A 时,282KC 吸合动作使机车主断路器分闸,并显示辅助过流信号。

【实践与训练】

工作单 8.2

项目名称	SS$_{4G}$ 型电力机车电路分析与电气试验		
任务名称	SS$_{4G}$ 型电力机车辅助电路分析		
班　级		姓　名	
【基础知识的认知】 说明 SS$_{4G}$ 型电力机车辅助设备的设置情况,并说明各设备的作用。			

【动手能力训练】
1. 分析 SS₄G 型电力机车辅助电路,并说明其三相负载和单相负载有哪些?
2. 通过对 SS₄G 型电力机车辅助电路的分析,说明其接地保护和辅机过载保护是如何实现的?
【工作总结】
说明在本任务的工作过程中所了解、掌握的内容,有何收获。
指导老师评价:
任务完成人签字:　　　　　　　　　　　　　　　　　日期:　年　月　日
指导老师签字:　　　　　　　　　　　　　　　　　　日期:　年　月　日

任务三　SS₄G 型电力机车控制电路分析

【任务要求】

1. 了解 SS₄G 型电力机车控制电路的组成。

2. 理解 SS4G 型电力机车控制电路的组成及特点。

【任务内容】

1. 分析 SS4G 型电力机车控制电源电路。
2. 分析 SS4G 型电力机车整备控制电路。
3. 分析 SS4G 型电力机车调速控制电路。
4. 分析 SS4G 型电力机车控制电路的保护电路。

【任务准备】

1. 所需设备:模拟驾驶装置、电器柜。
2. 所需物品:手电、万用表、兆欧表、试灯等。

【相关理论知识】

一、概　　述

控制电路是由司机控制台上各按键开关和司机控制器手柄位置操纵形成的电路。

(一)对控制电路的要求

1. 能改变机车运行状态,包括工况和方向的转换。
2. 能对牵引力、制动力和速度进行调节。
3. 能对各辅助机组的起动、运行和停止进行准确控制。
4. 能保证主电路、辅助电路有效有序的工作。
5. 能保证各电器按一定次序动作。
6. 能显示一些故障现象。
7. 在发生某一故障时能进行切除或采取相应措施维持机车运行。
8. 重联运行时既能单独操纵,又能重联操纵。
9. 具有一定的安全保护装置,确保人身和行车安全。
10. 电气制动和空气制动应具有一定安全防护装置。
11. 操纵简单、安全可靠、经济适用、维修方便。

(二)电力机车控制方法

电力机车的控制有直接控制和间接控制两种。电压低、功率小的电器电路采用直接控制,即用手动方法直接控制。高电压、大功率电器电路采用间接控制,即通过按键开关和司机控制器控制低压电器,再通过低压电器去控制高压电器电路。

(三)电力机车电路通用符号及说明

1. 各电气设备在电气线路中应标明相应的设备代号。
2. 不同导线在电气线路中应标明导线代号。
3. 常开联锁(正联锁)、常闭联锁(反联锁)采用"上开下闭、左开右闭"的标注方法。
4. 某些位置开关(联锁)不完全按"3"的方法标注,应根据实际分析。
5. 凸轮控制器或鼓形控制器的触头闭合次序展开为一个平面的触头闭合电路图。
6. 比较复杂的电器在电路中不易标出工作次序,一般采用附加工作位置图表。
7. 固定位置的电器是司机控制器在零位,位置转换开关在机车 1 端向前、牵引位;各按键开关在水平断开位;空气断路器在断开位;各闸刀开关在运行位;各保护自动开关在断开位。

二、联锁方法与重联电路

(一)常用联锁方法

常用联锁方法有机械联锁和电气联锁两种。

1. 机械联锁

机械联锁有司机控制器换向手柄与调速手轮间的机械联锁,司机台上按键开关与电钥匙的联锁,换向手柄、电钥匙与钥匙箱的联锁。

2. 电气联锁

电气联锁有串联联锁、并联联锁、自持联锁和延时联锁。

延时联锁又有延时闭合正联锁、延时断开正联锁、延时闭合反联锁和延时断开反联锁。

(二)迂回电路及其防护

某一电路或支路在某一时刻本不应该有电,但却通过其他支路"串电"到该支路,这种串电电路称为迂回电路。

迂回电路会引起电器误动作,破坏电器动作的逻辑关系,造成电路工作紊乱。防止方法是在电路中串入迂回二极管。

(三)重联及重联电路

多台机车通过机车两端的多芯电缆插头使电气线路连接起来,由一名司机操纵多台机车的运行方式称为机车重联。司机操纵的机车称为本务机车,非操纵的机车称为重联机车。

(四)控制电路的逻辑关系

1. 控制电路中导线、开关、联锁和电器线圈一律用机车规定代号表示。

2. 控制电路中串联连接元件用"."表示其电路结构。

3. 控制电路中并联连接元件用"+"表示其电路结构。

4. 描述控制电路一般从控制电源正极写起。

5. 继电器、电磁接触器、电空接触器等常开联锁用该电器的代号书写,常闭联锁在该电器代号上加一短直线,线圈代号外加方框表示。

6. 发光二极管用显示汉字加框表示,指示灯用其代号加框表示,电机用其代号表示。

三、SS₄G 型电力机车的控制电路

SS₄G 型电力机车控制电路分为有触点电路和无触点电路两部分。有触点控制电路分为控制电源、整备控制、调速控制、保护控制、信号控制和照明控制电路等。无触点控制电路指电子控制柜电路。这里重点分析控制电源电路、整备控制电路、调速控制电路。

【任务实施】

一、SS₄G 型电力机车的控制电路分析

(一)控制电源

SS₄G 型电力机车控制电源为 110 V,由全波半控桥式整流稳压装置提供。其原理是电源变压器 670TC 的一侧通过库用闸刀从牵引变压器辅助绕组获取 396 V 交流单相电源,经

670TC 降压到 220 V 后送入半控桥,再通过晶闸管 VT_1、VT_2 和二极管 VD_1、VD_2 半控桥式整流及 671L、663C 滤波后,成为直流电源,如图 8-17 所示。通常情况下,110 V 整流电源与蓄电池并联运行,向机车控制电路提供 110 V 电源。但在起机前即在降弓情况下,蓄电池供机车进行辅助压缩机打风、升弓、合主断路器及照明、低压试验用,有时作为机车故障时维持运行的控制电源。

控制电路各支路均有单机自动开关进行短路与过流保护,其对应关系见表 8-4。

表 8-4　控制电路各支路的单机自动开关

名称	符号	名称	符号	名称	符号	名称	符号
交流电源	600QA	蓄电池	601QA	受电弓	602QA	主断路器	603QA
司机控制器	604QA	辅机控制	605QA	前照明	606QA	副前照明	607QA
车内照明	608QA	电子控制	609QA	电扇空调	610QA	自动信号	611QA
自动停车	612QA	无线电台	613QA	逆变电源	614QA	电空制动	615QA
接地保护	616QA	重联	617QA	备用	623QA	电炉	229QA
空调	230QA	备用	231QA	窗加热	232QA	取暖	233QA

整流输出(蓄电池充电)经 666QS 与蓄电池并联,110 V 电源通过 667QS 接通负载。当整流桥故障时,拉开 666QS 使整流桥与蓄电池脱开;当负载故障时,拉开 667QS 切断负载与电源联系。

(二)整备控制电路

运行整备时各电气闸刀及隔离开关应置于正确位置:666QS、667QS、668QS、675QS 在上合位;10QP、60QP 在上合位;20QP、50QP 在上合位;19QS、29QS、39QS、49QS 在上合位;95QS、96QS 在上合位;236QS、237QS、572QS、573QS、574QS、575QS、576QS、579QS、581QS、582QS、584QS、588QS、589QS、590QS、599QS 在中间位;296QS 在上合位;242QS 在左 45°;591QS 手动左 45°,自起在右 45°;592QS 单机左 45°,重联右 45°;240QS 工作右 45°;243QS 右 45°;245QS 弱位左 45°,强位右 45°;585QS 中间位。

各位置开关扳动正确后进行操纵控制。对于电力机车的工作,动力源为接触网的电源,因此需要完成整备电路控制。

该电路包括升降受电弓、分合闸主断路器、启动劈相机、空气压缩机、通风机的工作控制电路。

而受电弓的升起是由压缩空气进入升弓气缸推动活塞完成,所以在整备无风情况下应先打风。

1. 辅机泵风控制电路

闭合蓄电池单机自动开关 601QA,闭合 667QS 及 610QA,按动辅压缩机按钮 596SB1、2,辅助压缩机接触器 442KM 得电,其主触头闭合接通辅机电动机 447MD,辅压缩机泵风。

接触器 442KM 得电电路:673RS→667QS→464 线→610QA→596SB1、2→442KM→400 线→667QS→600 线→601QA。

447MD 得电电路:667QS→464 线→610QA→442KM→447MD→400 线→667QS→600 线→601QA。

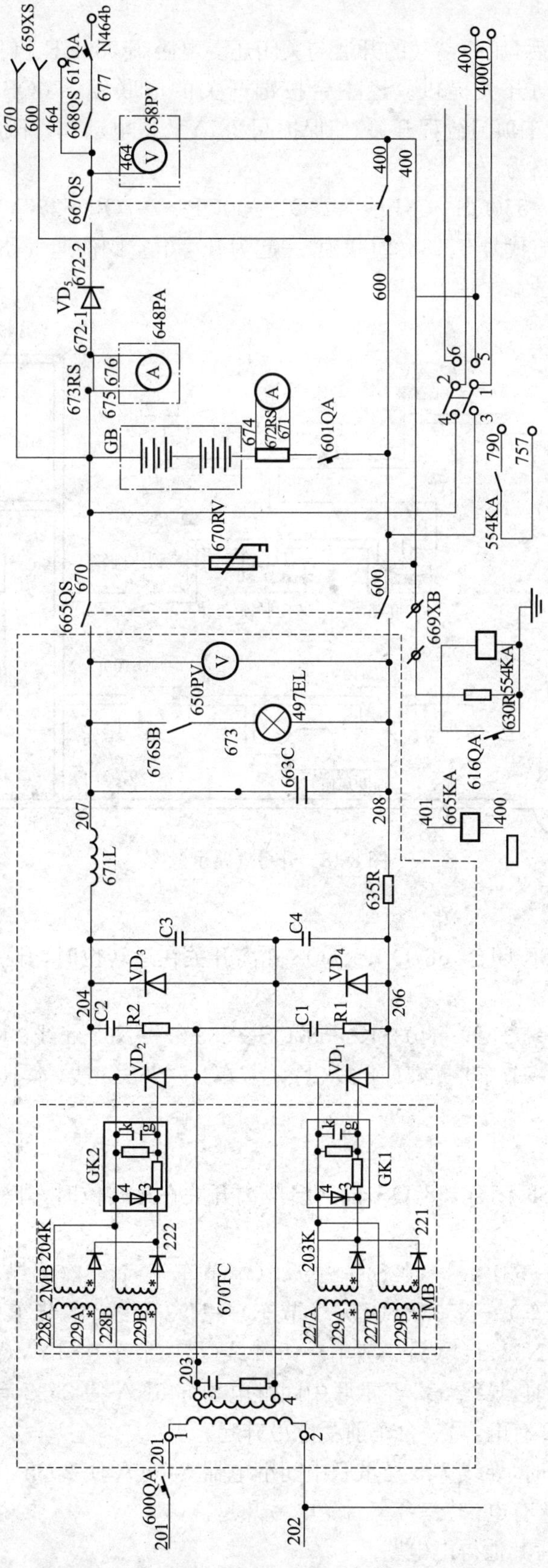

图 8-17　SS₄G 型电力机车电源电路原理图

2. 升弓控制电路

辅机泵电机泵风后,压缩空气的开通与关闭还受电磁阀 284KE 和 287YV 控制,控制过程为电源由 602QA 自动开关提供。经主台按键开关的电联锁 570QS,使导线 531 有电,经 20QP、50QP、297QP(车顶门行程开关)使保护阀 287YV 得电动作,开通通向高压室门保护阀 287YV 的气路;其电路为:

464 线→602QA→570QS→531 线→20QP→50QP→297QP→287YV→400 线。

287YV 得电后,与代号 37、38(门联锁)一起为升弓电空阀沟通气路,如图 8-18 所示,此气路在电空制动机管路上。

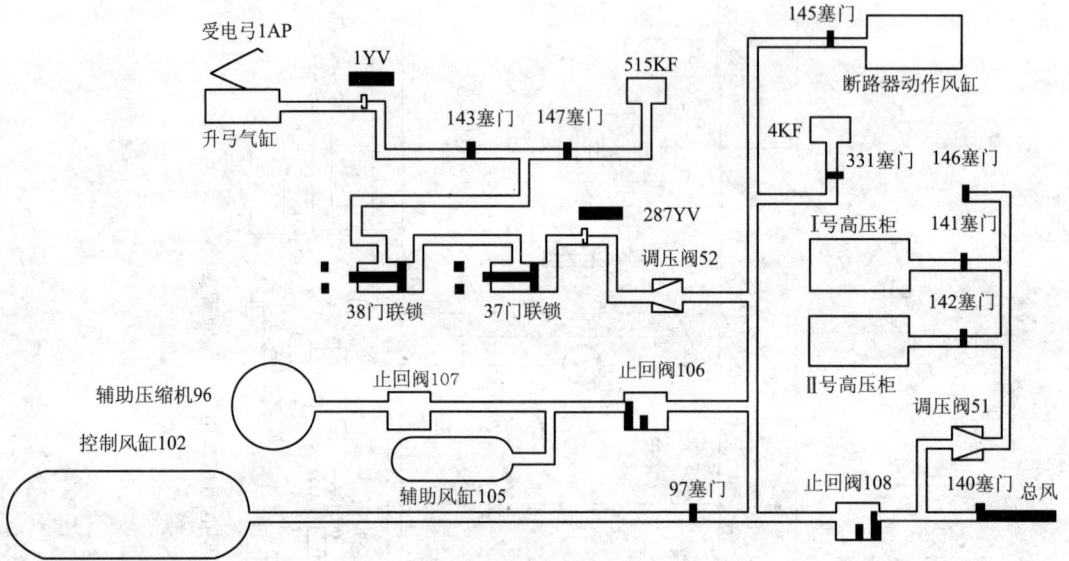

图 8-18　升弓气路示意图

1)升前弓电路

当按键开关 403SK 闭合,587QS、588QS 隔离开关在运转位时,升弓电磁阀 1YV 得电;其电路为:

464 线→602QA→531 线→403SK→587QS→533 线→N533a 线(本节车)→N533b 线(另一节车)→515KF(另一节车)→N534b 线(另一节车)→N534a 线(本节车)→534 线→1YV→400 线。

2)升后弓电路

当按键开关 402SK 闭合,587QS、588QS 隔离开关在运转位时,升弓电磁阀 1YV 得电;其电路为:

464 线→602QA→531 线→402SK→N535(本节车)→N532(另节车)→587QS(另一节车)→533 线(另一节车)→N533a 线(另一节车)→N533b 线(本节车)→515KF(本节车)→N534b 线(本节车)→N534a 线(另一节车)→534 线(另一节车)→1YV(后弓)→400 线

在两台机车重联时,导线 532 经重联中间继电器 546KA 使 2532 有电,经外重联电缆后,使另一台车的 W2532 有电,另一台车前受电弓升起。

在两台机车重联时,导线 535 经重联中间继电器 546KA 使 2535 有电,经外重联电缆后,使另一台车的 W2535 有电,另一台车后受电弓升起。

3)闭合 602QA 后其他得电电路

（1）延时继电器 539KT 得电，其电路为：

464→602QA→531 线→562KA→539KT→400 线。

主断路器闭合后时延时 1 s 断开，防止长时间通电烧坏线圈。

（2）延时继电器 528KT 得电，其电路为：

464→602QA→531 线→4QF→528KT→400 线。

目的是机车过分相区段时，劈相机自动启动控制。

（3）重联控制中间继电器 545KA、546KA、547KA、548KA 得电，其电路为：

464 线→602QA→531 线→570QS→592QS→545KA、546KA、547KA、548KA→400 线。

545KA、546KA、547KA、548KA 得电后，接通重联线路，为两台机车重联控制做准备。

另外，导线 531 有电，为主断路器闭合（断开）及主接触器 12KM、42KM 得电做准备。

3. 主断路器控制电路

1）合闸控制

主断路器闭合必须满足以下 4 个条件：

（1）全车所有司机控制器处于零位，即 568KA 得电动作；

（2）主断路器本身处于正常断开状态（非中间位）；

（3）劈相机按键处于断开位，即 567KA 处于失电状态；

（4）主断路器储风缸风压大于 450 kPa。

当按下"主断合"按键开关 401SK 后，风压大于 450 kPa 时，4KF 闭合，则合闸线圈 4QFN 得电，其电路为：

464 线 → 602QA → 531 线 → 401SK → 586QS → 568KA → 539KT → $\overline{\text{567KA}}$ → 541 线 → 4QFN→4KF→400 线。

602QA 是分闸控制自动开关；568KA 是零位中间继电器；539KT 是主断路器控制延时继电器；567KA 是劈相机启动中间继电器；4KF 是压力控制开关，主断路器风缸压力大于 450 kPa 时动作；4QFN 得电后，主断路器闭合，将主变压器原边绕组通过受电弓与接触网接触，通过电刷与轮对、钢轨接触，由变电所供电。

在主断路器合闸线圈得电的同时，主接地复位线圈 97KER、98KER 和故障复位中间继电器 562KA 线圈得电，为主回路接地、辅助系统过流、原边过流、励磁过流、牵引电机过流和零压故障进行复位控制，其电路为：

464 线→602QA→531 线→401SK→586QS→568KA→（539KT→97KER、98KER 线圈）、562KA 线圈→400 线。

562KA 得电后，反联锁断开 539KT 线圈电路，延时 1 s 其正联锁断开 4QFN、97KER、98KER 电路，以保护线圈。

2）分闸控制

人工分断时，按下"主断路器分"按键开关 400SK 后，风压大于 450 kPa 时，则分闸线圈 4QFF 得电，其电路为：

464 线→603QA→556 线→400SK→544→4QF→4QFF→4KF→400 线。

4QFF 得电后主断路器断开，切断主变压器原边与变电所的电路。

此外，当电力机车发生原边过流、次边过流、牵引电机过流、辅助系统过流、主电路接地、辅助回路接地、零电压及紧急制动等情况时，主断路器将自动断开以实施保护。

（1）原边过流

当原边过流继电器101KC检测到原边过流而动作时,导线1780经101KC常开联锁使导线552有电,原边过流中间继电器565KA得电动作,其正联锁闭合并自锁,导线531经565KA的正联锁,使导线544有电,促使主断路器分断。其电路为:

1780线→101KC,$\overline{562KA}$→565KA→522线→565KA线圈→400线。

464线→602QA→570QS→531线→565KA→544→4QF→4QFF→4KF→400线。

(2)次边过流

变压器次边电流的检测信号送到电子柜,当电子柜判断出次边过流时,送出+110 V的电压信号,这一信号直接作用于565KA,使565KA得电动作并自锁,最后使主断路器分断。

(3)牵引电机过流

牵引电机的电枢电流检测信号,直接送入电子柜,由电子柜来判断电机是否过流及哪一台过流。若一旦判断出某台电机过流,则电子柜送出+110 V的电压信号,作用于牵引电机过流中间继电器557KA,使557KA得电动作。557KA得电后一方面自锁,另一方面使导线544有电,促使主断路器分断。

(4)主回路接地

SS₄G型电力机车每台转向架的主回路上设有一个接地继电器。当某一接地继电器动作时,其接点接通了导线531与544之间的回路,使导线544有电,主断路器分断。

(5)辅助系统过流

辅助系统过流是通过辅助系统过流继电器282KC来检测。当282KC检测到辅助系统过流时动作,其正联锁闭合,接通辅助系统过流中间继电器564KA的供电回路,导线550得电,564KA得电动作并自锁,导线531经564KA的正联锁,使导线544有电,使主断路器分断。

(6)辅助回路接地

当辅助回路接地时,辅助回路接地继电器285KE得电动作,导线531经285KE,使导线544有电,促使主断路器分断。

(7)零电压

检测机车是否处于零电压状态,是通过零电压继电器286KT来检测的。当机车处于零电压或机车失压超过2 s以上时,286KT失电,其反联锁恢复到闭合位,导线546经286KT的反联锁,使导线551有电,零压中间继电器563KA得电动作,其正联锁闭合;导线561经隔离二极管503V、零压隔离开关236QS及563KA的正联锁,使导线544有电,促使主断路器分断。

其中导线561受劈相机中间继电器567KA的控制,所以,零压保护只有当劈相机投入工作时才起作用。

(8)紧急制动

制动的控制信号来自信号柜和"紧急制动"按钮,由导线912送入,导线912经隔离二极管504 V,使导线544有电,促使主断路器分断。

故障保护的恢复控制是通过按压司控台上的"恢复"按钮。

上述各种故障保护,其自锁的中间继电器,由恢复中间继电器562KA的常闭接点维持。故障消除后,闭合主断路器的同时,线圈562KA得电后又失电,所有保护中间继电器失电打开,故障及相应信号恢复。

4. 劈相机控制

劈相机控制分为手动和自动,由选择开关591QS控制,由605QA自动开关提供电源。

1)手动控制

当闭合605QA(591QS在"0"位)按下"劈相机"按键开关404SK后,劈相机中间继电器567KA得电,其电路为:

464线→605QA→560线→404SK→591QS(0位)→567KA线圈→400线。

567KA得电后,其正联锁闭合,使导线561有电,分别接通下方几条通路:

分相接触器213KM、劈相机分相延时继电器533KT(延时3 s)、劈相机启动延时继电器527KT(延时1 s)、劈相机接触器201KM、劈相机启动继电器283AK得电电路以及延时继电器523KT、535KT、536KT、526KT得电电路为:

(1)213KM电路:464线→605QA→560线→567KA→561线→$\overline{566KA}$→213KM→400线。

(2)533KT电路:464线→605QA→560线→567KA→561线→$\overline{566KA}$→533KT→400线。

(3)527KT电路:464线→605QA→560线→567KA→561线→$\overline{566KA}$→527KT→400线。

(4)201KM电路:464线→605QA→560线→567KA→561线→213KM→242QS(1位)→201KM→400线。

(5)283AK电路:464线→602QA→531线→533KT→283AK→400线。

213KM得电后,接通劈相机启动电阻电路:a_6→215QA→225线→1MG的D1-D4-D3→201KM→227线→213KM→263R→296QS→x_6。

213KM联锁闭合,经劈相机故障隔离开关242QS使接触器201KM得电,劈相机主电路沟通并开始启动。

启动原理:当按下劈相机按键开关后,接触器213KM闭合,启动电阻投入,201KM闭合,劈相机开始启动;这时劈相机启动控制继电器283AK延时3 s投入工作,检测劈相机发电电压(由279、280引入),当转速达到0.9n_N、电压220 V时,283AK动作,常开联锁闭合,接通劈相机运转中间继电器566KA,566KA得电后切断213KM、533KT、527KT电路(201KM由自锁联锁自持),527KT线圈失电后,延时1 s断开劈相机分相接触器213KM,533KT失电后,延时3 s断开劈相机起动继电器283AK,劈相机启动完毕。

当533KT失电后,反联锁闭合,导线577有电,为空压机、通风机、油泵等工作准备电源。

另外,导线561有电,接通535KT、536KT、523KT、526KT电路,523KT延时3 s后还接通卸荷阀247YV,其电路为:

(1)535KT电路:464线→605QA→560线→567KA→561线→$\overline{205KM}$→535KT→400线。

(2)536KT电路:464线→605QA→560线→567KA→561线→$\overline{206KM}$→536KT→400线。

(3)523KT电路:464线→605QA→560线→567KA→561线→$\overline{203KM}$→523KT→400线。

(4)526KT电路:464线→605QA→560线→567KA→561线→$\overline{209KM}$→526KT→400线。

(5)247YV电路:464线→605QA→560线→567KA→561线→523KT→247YV→400线。

2)劈相机自动控制

所谓自动控制是指主断路器合闸后,劈相机自动启动,目的用于机车过分相区段时,减少司机操作。

劈相机控制开关591QS打到自动位"1"位,按下按键404SK,在主断分400SK闭合后,4QFF得电,4QF闭合,528KT延时1 s得电,其常闭联锁断开567KA电路,劈相机停止工作,牵引通风机、变压器油泵风泵电机和制动通风机均停止工作。当通过了分相区段后,按合闸按钮(4QFF 重新失电),4QF 断开,528KT 失电,延时 1 s,528KT 联锁闭合,使继电器 567KA 重新得电,即 464 线→605QA→560 线→404SK→562 线→591QS1→563 线→528KT→564 线→567KA→400 线;得电后结果与手动相同。

5. 空气压缩机泵风控制

1)自动泵风

按下"压缩机"按键开关 405SK 后,导线 577 经 405SK、517KF(低于 750 kPa 闭合,高于 900 kPa 断开)、566KA、579QS,使压缩机接触器 203KM 得电,其电路为:

464 线→605QA→560 线→567KA→561 线→533KT→577 线→405SK→596 线→517KF→566KA→579QS→203KM→400 线。

203KM 得电后,接通空压机电机 2MA 电路;此时,若劈相机 D1 为高电位,D2、D3 为低电位,其电路为:

D1→201KM→225 线→215QA→217QA→228 线→203KM→2MA→203KM(229 线、230 线)→215QA(226 线、227 线)→201KM→D2、D3→D4→D1。

2MA 得电后泵风。

2)手动泵风

若按键 405SK 损坏或压力开关 517KF 失控,可按下"压缩机"手动按钮开关 408SK,直接经 566KA、579QS,使压缩机接触器 203KM 得电,其电路为:

464 线→605QA→560 线→567KA→561 线→533KT→577 线→408SK→566KA→579QS→203KM→400 线。

203KM 得电后与自动泵风相同。

当自动泵风压力达到 900 kPa 以上或松开手动按钮时,203KM 失电,常闭联锁接通 523KT 电路,延时 3 s 523KT 动作,523KT 正联锁闭合接通空压机卸荷阀 247YV,使空压机在无负荷(背压)状态下再启动,防止电机烧损。其电路为:

(1)523KT 电路:464 线→605QA→560 线→567KA→561 线→579QS→617 线→203KM→523KT→400 线。

(2)247YV 电路:464 线→605QA→560 线→567KA→561 线→523KT→247YV→400 线。

6. 通风机、变压器油泵和风机控制

1)手动控制

在劈相机工作状态下,按下"通风机"按键开关 406SK,首先通风机 1 接触器 205KM 得电,其电路为:

464 线→605QA→560 线→567KA→561 线→533KT→577 线→406SK→566KA→242QS→575QS→205KM→400 线。

205KM 得电后,主触头闭合接通"通风机 1"3MA 电机电路:

D1→201KM→225 线→215QA→219QA→231 线→205KM→3MA→205KM(232 线、233 线)→215QA(226 线、227 线)→201KM→D2、D3→D4→D1。

同时,205KM 反联锁断开,535KT 失电,延时 3 s 后,535KT 反联锁闭合,再使"通风机 2"接触器 206KM 得电,其电路为:

535KT 电路:464 线→605QA→560 线→567KA→561 线→$\overline{205KM}$→535KT→400 线。

206KM 电路:464 线→605QA→560 线→567KA→561 线→533KT→577 线→406SK→

566KA→535KT→576QS→206KM→400 线。

206KM 得电后,主触头闭合接通"通风机 2"4MA 电机电路:

D1→201KM→225 线→215QA→219QA→234 线→206KM→4MA→206KM(235 线、236 线)→219QA→215QA(226 线、227 线)→201KM→D2、D3→D4→D1。

同时,206KM 反联锁断开,536KT 失电,延时 3 s 后,536KT 反联锁闭合,又使变压器油泵接触器 212KM 和风机接触器 211KM 得电,其电路为:

536KT 电路:464 线→605QA→560 线→567KA→561 线→$\overline{206KM}$→536KT→400 线。

212KM 电路:464 线→605QA→560 线→567KA→561 线→533KT→577 线→406SK→566KA→535KT→$\overline{536KT}$→584QS→212KM→400 线。

211KM 得电电路:464 线→605QA→560 线→567KA→561 线→533KT→577 线→406SK→566KA→$\overline{535KT}$→$\overline{536KT}$→599QS→211KM→400 线。

212KM 得电后,主触头闭合接通变压器油泵 8MA 电机电路:D1→201KM→225 线→215QA→228QA→246 线→212KM→8MA→212KM(247 线、248 线)→228QA→215QA(226 线、227 线)→201KM→D2、D3→D4→D1。

211KM 得电后,主触头闭合接通变压器风机 7MA 电机电路:D1→201KM→225 线→215QA→227QA→243 线→211KM→7MA→211KM(244 线、245 线)→227QA→215QA(226 线、227 线)→201KM→D2、D3→D4→D1。

2)自动控制

所谓自动控制,是 406SK 在自动位、调速手轮转到高级位后,通风机能够自动启动;当 570QS 扳到"1"位、406SK 在断开位、调速手轮转到 1.5 级及以上,导线 417 有电时,自起风机中间继电器 549KA 得电动作,其电路为:

577 线→227AC(1.5 级以上)417 线(577 线是劈相机工作后经 533KT 有电)。

417 线→549KA→400 线。

549KA 得电后,一正联锁自持。二正联锁闭合,577 线通过 406SK 常闭触点、二极管 509V 到 588 线,回到手动工作电路上(此种情况下要停止其工作,应闭合 406SK,然后再断开)。

通风机自起工作电路:464 线→605QA→560 线→567KA→561 线→533KT→577 线→$\overline{406SK}$→570QS→549KA→509V(二极管)→566KA→$\overline{535KT}$→576QS→205KM→400 线。

其余和手动一样。

7. 制动风机控制

在劈相机工作状态下,实施电阻制动时,按下"制动风机"按键开关 407SK,首先制动风机 1 接触器 209KM 得电,其电路为:

464 线→605QA→560 线→567KA→561 线→533KT→577 线→407SK→566KA→581QS→209KM→400 线。

209KM 得电后,主触头闭合接通"制动风机"5MA 电机电路:D1→201KM→225 线→215QA→223QA→237 线→209KM→5MA→209KM(238 线、239 线)→215QA(226 线、227 线)→201KM→D2、D3→D4→D1。

然后,209KM 反联锁断开,526KT 失电,延时 3 s 后,526KT 反联锁闭合,再使"制动风机

2"6MA 接触器 210KM 得电,其电路为:

526KT 电路:464 线→605QA→560 线→567KA→561 线→$\overline{209KM}$→526KT→400 线。

210KM 电路:464 线→605QA→560 线→567KA→561 线→533KT→577 线→407SK→566KA→$\overline{526KT}$→582QS→210KM→400 线。

210KM 得电后,主触头闭合接通"制动风机"6MA 电机电路:D1→201KM→225 线→215QA→224QA→240 线→210KM→6MA→210KM(241 线、242 线)→224QA→215QA(226 线、227 线)→201KM→D2、D3→D4→D1。

8. 风速延时控制

在通风机风道中安装有牵引风速继电器(风压开关)519KF、520KF 和制动风速继电器 511KF、512KF,当牵引通风机和制动风机工作时(风速 6.3~7.7 m/s),风速继电器闭合,分别接通中间继电器 550KA、551KA、541KA 和 542KA,并分别接通不同工况下的风速延时继电器 530KT,去控制预备中间继电器 556KA。其电路为:

561 线→519KF→550KA→400 线。

561 线→520KF→551KA→400 线。

561 线→511KF→541KA→400 线。

561 线→512KF→542KA→400 线。

牵引时 530KT 得电电路:

406 线→$\overline{560KA}$→219QA→550KA→551KA→220QA→530KT→400 线。

制动时 530KT 得电电路:

405 线→560KA→223QA→541KA→542KA→219QA→550KA→551KA→220QA→530KT→400 线。

556KA 得电电路:

(1)牵引前进时:403 线→$\overline{561KA}$→107QPF 自锁联锁→108QPF 自锁联锁→108QPT 自锁联锁→107QPT 自锁联锁→530KT→4QF(主断合)→556KA→400 线。

(2)牵引后退时:404 线→$\overline{561KA}$→107QPBW 自锁联锁→108QPBW 自锁联锁→108QPT 自锁联锁→107QPT 自锁联锁→530KT→4QF(主断合)→556KA→400 线。

(3)电阻制动时:405 线→209KM→210KM→91KM→530KT→4QF(主断合)→556KA→400 线。

556KA 得电,给电子控制柜提供控制信号,控制机车功率的变化速率。

(三)牵引走车控制

1. 牵引、后退

(1)准备

在闭合自动开关 604QA,465 线有电,再闭合电钥匙 570QS,466 线有电,此时接通中间继电器 558KA、功率补偿放电接触器 116KM、126KM、156KM、166KM 及功率补偿线路接触器 114KM、124KM、154KM、164KM 得电,其电路为:

558KA 电路:464 线→604QA→465 线→570QS→466 线→(12KM、22KM、32KM、42KM)→558KA→400 线。

116KM、126KM、156KM、166KM 电路:464 线→604QA→465 线→570QS→466 线→

116KM、126KM、156KM、166KM→400 线。

114KM、124KM、154KM、164KM 电路：464 线→604QA→465 线→570QS→466 线→572QS→555KA→(116KM、126KM、156KM、166KM)→(119、129、159、169QS)→(114、124、154、164)KM→400 线。

558KA 得电，为前(107YVF、108YVF)后(107YVBW、108YVBW)方向转换开关和牵引(107YVT、108YVT)制动(107YVB、108YVB)工况转换开关得电做准备。

当调速手柄 627AC1 在"0"位、工况转换手柄 627AC2 在"0"位、辅助手柄(调车手柄)在"取出"位时 412 线有电，使零位中间继电器 568KA 得电，其电路为：

464 线→604QA→465 线→570QS→466 线→532KT→418 线→412 线→568KA→400 线。

568KA 得电，一正联锁接通操纵台上"0"位指示灯。二正联锁闭合为"主断合"及主接地、故障复位继电器线圈得电准备电路(如果不在"0"位，不能合主断路器)。

(2)转换开关置"后"位

当主司机控制器 627AC2 的换向手柄置"后"位、628AC 在"取出"位时，导线 402、404、406、412 有电，其电路为：

465 线→570QS→401 线→627AC2→402 线。

465 线→570QS→401 线→627AC2→404 线。

465 线→570QS→401 线→627AC2→406 线。

404 线有电接通后退电空阀 107YVBW、108YVBW 电路，使牵引电动机励磁绕组电流方向按后退连接。其电路为：

404 线→558KA→107YVBW、108YVBW→400 线。

在电空阀 107YVBW、108YVBW 得电后，辅助联锁动作，接通预备信号 556KA，其电路为：

404 线→107QPBW→108QPBW→108QPT→107QPT→525KT→567KA→560KA→4QF→556KA，给电子控制柜提供预备电源信号。

导线 406 有电，使 107YVT、108YVT 得电，牵引电机为电动机形式，其电路为：

406 线→558KA→560KA→435 线→$\overline{92KM}$→107YVT、108YVT→400 线。

在 107YVT、108YVT 得电后，107QPR、108QPR 动作，使牵引电机电枢绕组和励磁绕组串联，形成电动机形式。

导线 406 有电，接通牵引工况下风速延时控制继电器 530KT(延时 3 s)电路，主手柄 1.5 级以上控制预备信号，其电路为：

406→560KA→219QA→550KA→551KA→220QA→530KT→400 线。

404 线→107YVBW→108YVBW→108QPT→107QPT→530KT→567KA→560KA→4QF→556KA。

导线 402 有电时，为导线 415 得电做准备。

当提主手柄 627AC 时，其触点连通导线 402 和 415，接通 678KA 和 532KT，其电路为：

402 线→627AC→415 线→678KA(532KT)→400 线。

678KA 得电，常闭联锁闭合，给电子控制柜 AE 提供一个零位信号。

532KT 延时 1 s 得电，一常闭联锁断开，使导线 412 失电，568KA 失电，切断主断合闸线圈、故障复位 562KA 电路，机车进入保护状态；二正联锁闭合接通主接触器 12KM、22KM、32KM、42KM，其电路为：

464 线→602QA→570QS→531 线→532KT→10QP→6OQP→501 线→$\overline{561KA}$→575QS（576QS）→19QS、29QS、39QS、49QS→12KM、22KM、32KM、42KM→400 线。

在接触器得电后，主触头闭合接通主电路；辅助联锁断开 558KA 电路；558KA 联锁断开牵引、后退转换电空阀电路不准再转换，若再转换须再回"0"位。

2. 转换开关从"后"位转换至"制"位

当工况转换开关 627AC2 由"后"位到"0"位时，导线 402、404、406 无电，导线 412 有电；导线 412 有电，作用同前所述；导线 402 无电，导线 415 无电，578KA 和 532KT 失电，主接触器 12KM、22KM、32KM、42KM 失电，辅助联锁闭合接通 558KA，再为前（107YVF、108YVF）后（107YVBW、108YVBW）方向转换开关和牵引（107YVT、108YVT）制动（107YVB、108YVB）工况转换开关得电做准备。

当工况转换开关 627AC2 由"0"位到"制"位时，导线 402、403、405 有电，导线 412 失电，其电路为：

465 线→570QS→401 线→627AC1→402 线。

465 线→570QS→401 线→627AC1→403 线。

465 线→570QS→401 线→627AC1→405 线。

导线 403 有电，接通前进位电空阀 107YVF、108YVF 电路，使牵引电动机励磁绕组电流为前进方向，其电路为：

403 线→558KA→107YVF、108YVF→400 线。

电空阀 107YVF、108YVF 得电后，其辅助联锁接通预备信号 556KA 电路（与后退位基本相同），其电路为：

403 线 → 561KA → 107QPF → 108QPF → 108QPT → 107QPT → 525KT → 567KA → 560KA→4QF→556KA，给电子控制柜提供预备电源信号。

导线 405 有电，接通电阻制动转换电空阀 107YVB、108YVB 电路，使牵引电机改接成发电机形式，其控制电路为：

405 线→558KA→438 线→107YVB、108YVB→400 线。

107YVB、108YVB 得电后，107QPR、108QPR 动作，使牵引电机电枢绕组和励磁绕组分开，励磁绕组由变压器、整流装置供电，电枢绕组切割磁场而发电，形成发电机形式。

导线 402 有电，为导线 415 得电做准备。

当提电阻制动级位手柄时，其触点连通导线 402 和 415 电路，导线 415 有电，678KA、532KT 得电，678KA 同前，532KT 延时 1 s，常闭联锁断开导线 412，常开联锁闭合接通主接触器 12KM、22KM、32KM、42KM；其一辅助联锁断开 558KA，其二联锁闭合接通 91KM、92KM，其电路为：

405 线→516KF→12KM→22KM→32KM→42KM→107QPB→108QPB→91KM、92KM，导线 405 有电，使牵引制动中间继电器 560KA、561KA 得电，将牵引和制动通风机信号均接入风速延时继电器 530KT，其电路为：

405 线→560KA→223QA→541KA→542KA→219QA→550KA→551KA→220QA→530KT→400 线，机车进一步保护。

提主手柄时，机车可实施电阻制动。

3. 转换开关从"制"位转换至"前"位

当工况转换开关 627AC2 直接从"0"位换置"前"位时，导线 402、403、406 有电，导线 412

失电,其电路为:

465 线→570QS→401 线→627AC2→402 线。

465 线→570QS→401 线→627AC2→403 线。

465 线→570QS→401 线→627AC2→406 线。

导线 403 有电接通前进位电空阀 107YVF、108YVF 电路,使牵引电动机励磁绕组电流方向为前进方向,其电路为:403 线→558KA→107YVF、108YVF→400 线。

前进电空阀得电后,转换开关辅助联锁接通预备信号 556KA 电路,其电路为:

403 线 → 561KA → 107QPF → 108QPF → 108QPT → 107QPT → 525KT → 567KA → 560KA→4QF→556KA,给电子控制柜提供预备电源信号。

导线 406 有电,使 107YVT、108YVT 得电,牵引电机为电动机形式,其电路为:

406 线→558KA 正→560KA→435 线→$\overline{92KM}$→107YVT、108YVT→400 线。

107YVT、108YVT 得电后,107QPR、108QPR 动作,使牵引电机电枢绕组和励磁绕组串联,形成电动机形式。

导线 402 有电,为导线 415 得电做准备。

当提牵引级位手柄时,其触点连通导线 402 和 415 电路,导线 415 有电,678KA、532KT 得电,678KA 向电子控制柜提供信号,532KT 延时 1 s,常闭联锁断开导线 412;常开联锁闭合接通主接触器 12KM、22KM、32KM、42KM 其辅助联锁断开 558KA,558KA 失电,联锁断开牵引制动和前进后退电空阀再得电电路。

导线 412 无电,作用同前所述。

4. 走车控制

1)主司机控制器 627AC1 从"0"位提到"1 位"

此时,导线 402、403、406、415 有电,导线 402、403、406 作用及电路不变。

导线 415 有电,接通零位失电中间继电器 678KA 和零位延时继电器 532KT,其电路为:

678KA 电路:465 线→570QS→401→627AC2→402 线→627AC1→415 线→678KA→400 线。

532KT 电路:465 线→570QS→401→627AC2→402 线→627AC1→415 线→532KT→400 线。

678KA 得电后,反联锁断开,向电子控制柜提供信号。

532KT 得电,延时 1 s 得电,反联锁断开导线 418、412,零位中间继电器 568KA 失电,零位灯灭,主断路器合闸线圈及接地复位、故障复位线圈失电。

另外 532KT 正联锁闭合,接通线路接触器,其电路为:

464 线→602QA→570QS→531 线→532KT→10QP→6OQP→501 线→$\overline{561KA}$→575QS (576QS)→19QS、29QS、39QS、49QS→12KM、22KM、32KM、42KM→400 线

线路接触器得电后,主触头闭合,将牵引电动机与整流柜连接,产生动力。辅助联锁断开线路接触器中间继电器 558KA 电路,558KA 联锁断开牵引电空阀、前进电空阀线圈电路。

2)机车牵引力(调速)控制

当机车需要大牵引力即提高速度时,向前推动司机控制器 627AC1,调节可调电阻 637R,向电子控制柜提供电压信号,电子控制柜根据手柄级位、电机反馈电流和机车速度,去控制整流柜可控硅 VT₅、VT₆、VT₁、VT₂ 及 VT₃、VT₄ 开通(半开通、饱和)情况,从而改变牵引电机的

电压,达到调节牵引电流、牵引力及机车速度的目的。

3)磁场削弱控制

当推司机控制器达到最高位且机车速度不能满足要求时,进行磁场削弱控制。

(1)Ⅰ级磁场削弱

在司机控制器 627AC1 转动到 8 级以上后,可将工况转换 627AC2 扳至Ⅰ位,导线 401 通过 627AC1 到线 410,再经过 627AC2 的Ⅰ级触点使线 407 有电,接通Ⅰ级磁场削弱电空阀 17YV、47YV,电空阀得电后,主触头闭合,接通Ⅰ级磁场削弱电阻,牵引电动机励磁绕组分流,达到Ⅰ级磁场削弱目的。其电路为:

465 线→570QS→401 线→627AC1→410 线→627AC2→407 线⋯407 线→17YV、47YV。

(2)Ⅱ级磁场削弱

在司机控制器 627AC1 转动到 8 级以上、工况转换 627AC2 扳至Ⅰ位后,机车牵引力仍不足,可将工况转换 627AC2 再扳至Ⅱ位,使导线 401、410 经过 627AC2 的Ⅱ级触点后的 408 线有电,接通Ⅱ级磁场削弱电空阀 18YV、48YV,电空阀得电后,主触头闭合,接通Ⅱ级磁场削弱电阻,牵引电动机励磁绕组进一步分流(磁场削弱系数 0.54),达到Ⅱ级磁场削弱目的。

(3)Ⅲ级磁场削弱

在司机控制器 627AC1 转动到 6 级以上、工况转换 627AC2 扳至Ⅱ位后,机车牵引力仍不足,可将工况转换 627AC2 再扳至Ⅲ位,使导线 401、410 经过 627AC2 的Ⅲ级触点后的 407、408 线有电,接通Ⅲ级磁场削弱电空阀 17YV、47YV,电空阀 18YV、48YV 得电后,主触头闭合,Ⅰ、Ⅱ级磁场削弱电阻均接入,牵引电动机励磁绕组再进一步分流(磁场削弱系数 0.45),达到Ⅲ级磁场削弱目的。

(4)低级延时控制

在 627AC1 调速手轮转到 1.5 级以上,导线 417 有电,525T 得电,延时 25 s 联锁动作,断开预备继电器 556KA 的一条电路,另一电路将 530KT 接入,以防止不开通风机时(530KT 不闭合)起动机车,即防止越位走车,预防"窜车"。

【实践与训练】

工作单 8.3

项目名称	SS₄G 型电力机车电路分析与电气试验		
任务名称	SS₄G 型电力机车控制电路分析		
班　级		姓　名	
【基础知识的认知】 说明 SS₄G 型电力机车控制电源电路工作原理。 			

【动手能力训练】
1. 分析 SS₄G 型电力机车整备控制中受电弓升弓电路的电流路径。
2. 分析 SS₄G 型电力机车主断路器控制电路的电流路径。
【工作总结】
说明在本任务的工作过程中所了解、掌握的内容,有何收获。
指导老师评价:
任务完成人签字:　　　　　　　　　　　　　　　　　　日期:　年　月　日
指导老师签字:　　　　　　　　　　　　　　　　　　　日期:　年　月　日

任务四　SS₄G 型电力机车高、低压电气试验

【任务要求】

1. 掌握 SS₄G 型电力机车低压电气试验程序。

2. 掌握 SS4G 型电力机车高压电气试验程序。

【任务内容】

1. SS4G 型电力机车低压电气试验。

2. SS4G 型电力机车高压电气试验。

【任务准备】

1. 所需设备:模拟驾驶装置、电气柜。

2. 所需物品:手电、万用表、兆欧表、试灯等。

【任务实施】

一、SS4G 型电力机车低压电器试验

(一)准备工作

(1)关好车顶门,各闸刀和自动开关及管路塞门在正常位。

(2)总风缸压力不低于 700 kPa,机车制动缸压力不低于 300 kPa。

(3)控制电压表显示 90 V 以上,换向手柄置"0"位取出。

(4)将两节车零压保护隔离开关 236QS 转置故障位。

(5)闭合"信号检查"开关 412SK,等显示屏灯全亮后关闭 412SK。

(二)试验程序与要求

1. 电源钥匙试验

(1)闭合电源钥匙开关 570QS:听门联锁进风动作声,看"零位"、"零压"、"预备"、"主断"状态指示灯亮。

(2)断开电源钥匙开关 570QS:听门联锁排风动作声,看"零位"状态指示灯灭。

(3)重新闭合电源钥匙开关 570QS。

2. 主断路器闭合试验

闭合"主断合"扳键开关 401SK:听主断路器闭合声,看"主断"状态指示灯灭,"零压"状态指示灯先灭后亮。

3. 主断路器断开试验

(1)闭合"主断分"扳键开关 400SK:听主断路器断开声,看"主断"状态指示灯亮。

(2)重新闭合"主断合"扳键开关 401SK。

4. 劈相机"手动位"试验

(1)将 591QS 转置"0"位,闭合"劈相机"状态指示开关 404SK:听启动电阻接触器 213KM、劈相机接触器 201KM 吸合声,看"劈相机"状态指示灯亮。

(2)断开"劈相机"扳键开关 404SK:听启动电阻接触器 213KM、劈相机接触器 201KM 和 523KT、526KT、533KT、535KT、536KT、527KT、247YV 释放声,看"劈相机"状态指示灯灭。

5. 劈相机"风机位"试验

(1)将 242QS 转置"2"位,闭合"劈相机"扳键开关 404SK:听启动电阻接触器 213KM、第一风机接触器 205KM 吸合声,看"劈相机"、"辅助回路"、"牵引风机 1"状态指示灯亮。

(2)断开"劈相机"扳键开关 404SK:听启动电阻接触器 213KM、第一风机接触器 205KM

和各时间继电器 523KT、526KT、533KT、535KT、536KT、527KT、247YV 释放声,看"劈相机"、"辅助回路"、"牵引风机1"状态指示灯灭。

6. 劈相机"自动位"试验

将 242QS、591QS 恢复置"1"位。

(1)闭合"劈相机"开关 404SK:听启动电阻接触器 213KM、劈相机接触器 201KM 吸合声,看"劈相机"状态指示灯亮。

(2)断开主断路器:听启动电阻接触器 213KM、劈相机接触器 201KM 和各时间继电器 523KT、526KT、533KT、535KT、536KT、527KT、247YV 释放声,看"劈相机"状态指示灯灭。

(3)闭合主断路器:延时 1 s 后,听启动电阻接触器 213KM、劈相机接触器 201KM 吸合声,看"劈相机"状态指示灯亮。

(4)人为闭合 283AK 试验按钮:听启动电阻接触器 213KM 释放声,延时 3 s 后听 533KT 释放声,看"劈相机"状态指示灯灭。

7. 压缩机试验

总风缸压力低于 700 kPa 时,闭合"压缩机"扳键开关 405SK(总风缸压力高于 700 kPa 时,闭合"强泵风"开关 408SK),听压缩机接触器 203KM 吸合声,延时 3 s 后听 523KT 和 247YV 释放声。

8. 牵引风机试验

闭合"通风机"开关 406SK:听第一牵引风机接触器 205KM 吸合声,延时 3 s 后,第二牵引风机接触器 206KM 吸合声,再延时 3 s 后,主变风机接触器 211KM 和主变油泵接触器 212KM 吸合声。看副台"牵引风机1"、"牵引风机2"、"油泵"状态指示灯依次按顺序亮,主台"辅助回路"状态指示灯亮。

9. 制动风机试验

(1)闭合"制动风机"开关 407SK:听第一制动风机接触器 209KM 吸合声,延时 3 s 后,听第二制动风机接触器 210KM 吸合声(有制动百叶窗的机车要听制动百叶窗的开启声)。看副台"制动风机1"、"制动风机2"状态指示灯按顺序亮。

(2)关闭压缩机、牵引风机、制动风机开关。

10. 两位置转换开关试验

(1)主台换向手柄置"后"位:听牵制开关、换向开关的转换声,看"预备"状态指示灯灭。

(2)主台换向手柄置"0"位:听牵制开关、换向开关电空阀的排风声,看"预备"状态指示灯亮。

(3)主台换向手柄置"制"位:听牵制开关的转换声,看"预备"状态指示灯亮。

(4)主台换向手柄置"前"位:听牵制开关、换向开关的转换声,看"预备"状态指示灯灭。

11. 主台牵引试验

(1)主台调速手柄置"1"位:听线路接触器 12KM、22KM、32KM、42KM 的吸合声,看"零位"状态指示灯灭。

(2)主台调速手柄置"10"位:听风机接触器 205KM、206KM、211KM、212KM 的吸合声,看副台"牵引风机1""牵引风机2"、"油泵"状态指示灯按顺序亮,主台"辅助回路"灯亮。延时 25 s 后,看主台"预备"状态指示灯亮。

(3)换向手柄置磁场削弱Ⅰ、Ⅱ、Ⅲ级,分别听各磁场削弱电空接触器的吸合声。换向手柄由"Ⅲ、Ⅱ、Ⅰ"依次退回"前"位,听磁场削弱电空接触器的释放排风声。

（4）主台调速手柄退置"0"位：延时 1 s 后，听线路接触器 12KM、22KM、32KM、42KM 的断开声，看"零位"状态指示灯亮。手柄无卡滞现象。

（5）闭合、断开一次"通风机"扳键开关 406SK：听风机接触器 205KM、206KM、211KM、212KM 的断开声，看主台"预备""辅助回路"状态指示灯灭，副台"牵引风机 1""牵引风机 2""油泵"状态指示灯灭。

（6）换向手柄置"0"位取出：听牵制开关、换向开关电空阀的排风声，看"预备"状态指示灯亮。

12. 辅助司机控制器试验

（1）换向手柄置"后"位，调速手柄推向调速区至最大位：听换向开关的转换声，线路接触器 12KM、22KM、32KM、42KM 和风机接触器 205KM、206KM、211KM、212KM 的吸合声。看主台"预备"、"零位"状态指示灯灭，"辅助回路"状态指示灯亮。看副台"牵引风机 1"、"牵引风机 2"、"油泵"状态指示灯按顺序亮。

（2）换向手柄退置"取出"位：延时 1 s 后，听线路接触器 12KM、22KM、32KM、42KM 的断开声。看"零位"状态指示灯亮。手柄无卡滞现象。

（3）换向手柄置"前"位，调速手柄推向调速区至最大位：听换向开关的转换声，线路接触器 17KM、22KM、32KM、42KM 的吸合声。看"零位"状态指示灯灭。

（4）换向手柄退置"取出"位：延时 1 s 后，听线路接触器 12KM、22KM、32KM、42KM 的断开声。看"零位"状态指示灯亮。手柄无卡滞现象。

13. 电阻制动试验

（1）将风速开关 573QS、574QS、589QS、590QS 转置"故障"位，机车制动缸压力缓解到 150 kPa 以下。

（2）闭合"通风机"和"制动风机"开关 406SK、407SK：听第一制动风机接触器 209KM 吸合声，延时 3 s 后，第二制动风机接触器 210KM 吸合声，看副台"制动风机 1""制动风机 2"状态指示灯按顺序亮。

（3）主台换向手柄置"制"位：听牵制开关的转换声，看"预备"状态指示灯亮。

（4）主台调速手柄置"1～4"位：听线路接触器 12KM、22KM、32KM、42KM 和励磁接触器 91KM、92KM 的吸合声，看"预备""零位"状态指示灯灭，"电制动"状态指示灯亮。

（5）小闸手柄置"制动"位，机车制动缸压力上升至 300 kPa：听励磁接触器 91KM、92KM 的断开声，看"预备"状态指示灯亮，"电制动"状态指示灯灭。

（6）主台调速手柄退回"0"位：延时 1 s 后，听线路接触器 12KM、22KM、32KM、42KM 的断开声，看"零位"状态指示灯亮。

（7）将风速隔离开关 573QS、574QS、589QS、590QS 和零压隔离开关 236QS 恢复置"正常"位：听主断路器断开声，看"主断"状态指示灯亮。

（8）关闭劈相机、通风机、制动风机开关，取出换向手柄。

（9）闭合"主断"扳键开关 400SK，无接触器吸合声，断开电源钥匙开关 570QS。

14. 保护动作试验

拉开门联锁杆，闭合电源钥匙开关 570QS。

（1）主电路接地保护试验

闭合主断路器，人为使主电路接地，主接地继电器 97KE 和 98KE 动作：听主断路器断开声，看主台"主断""主接地"状态指示灯亮，副台"主接地 1""主接地 2"状态指示灯亮。

（2）辅助电路接地保护试验

闭合主断路器，人为使辅助电路接地，辅接地继电器285KE动作：听主断路器断开声，看主台"主断"、"辅助回路"状态指示灯亮，副台"辅接地"状态指示灯亮。

（3）原边过载保护试验

闭合主断路器，人为使原边过流继电器101KC动作：听主断路器断开声，看主台"主断"、"原边过流"状态指示灯亮。

（4）牵引过载保护试验

闭合主断路器，人为使牵引电机过流中间继电器557KA动作：听主断路器断开声，看主台"主断"、"牵引电机"状态指示灯亮。

（5）电阻制动励磁过载保护试验

闭合主断路器，人为使励磁过流中间继电器559KA动作：听主断路器断开声，看主台"励磁过流"状态指示灯亮。

（6）辅助电路过载保护试验

闭合主断路器，人为使辅助电路过流继电器282KC动作：听主断路器断开声，看主台"主断"、"辅助回路"状态指示灯亮，副台"辅过流"状态指示灯亮。

关闭电源钥匙开关570QS，关闭各高压柜室门，低压试验完毕。

二、SS4G型电力机车高压电器试验

（一）准备工作

（1）确认车上人员均处于安全地点，锁闭各高压柜室门。

（2）总风缸压力不低于600 kPa，机车制动不低于300 kPa。

（3）各闸刀和自动开关及管路塞门在正常位。

（4）换向器手柄置"0"位并取出。

（二）试验程序与要求

1. 升弓试验

（1）闭合电源钥匙开关570QS：听门联锁进风动作声，看"零位"、"零压"、"预备"、"主断"状态指示灯亮。

（2）鸣笛并呼唤"升弓了"，闭合"后弓"开关402SK：看受电弓升起，时间不大于8 s，无冲网现象，网压表显示19～29 kV。

（3）关闭"后弓"扳键开关402SK：看受电弓降落时间不大于7 s，无砸车顶现象。

（4）升前弓试验同②③项。

（5）前弓试验试完毕后再升后弓，看网压表显示19～29 kV。

2. 主断路器试验

闭合"主断合"扳键开关401SK：听主断路器闭合声和主变压器交流声正常，看主台"主断"、"零压"状态指示灯灭，辅助电压表显示正常。控制电压表显示110 V充电正常。

3. 劈相机试验

闭合"劈相机"扳键开关404SK：听劈相机启动声音正常，看辅助电压表波动，主台"劈相机"状态指示灯亮，延时3 s后状态指示灯灭。

4. 压缩机试验

（1）闭合"压缩机"扳键开关405SK：听压缩机启动工作声音正常，电空阀247YV排风正

常,延时 3 s 后排风停止,看辅助电压表波动,总风缸压力达到(900±20) kPa 时,压缩机自动停止工作。听电空阀 247YV 和空气干燥器排风声正常。

(2)闭合"强泵风"开关 408SK:听压缩机启动工作声音正常,电空阀 247YV 排风正常,延时 3 s 后排风停止,看辅助电压表波动,总风缸压力约达到 1 000 kPa 时,听高压安全阀排风正常。

(3)关闭"强泵风"扳键开关 408SK:听电空阀 247YV 和空气干燥器排风声正常。

5. 制动机试验

按 DK-1 电空制动机"五步闸"试验程序要求进行。

6. 牵引风机试验

闭合"通风机"扳键开关 406SK:听第一牵引风机、第二牵引风机、主变风机和油泵依次启动工作声音正常。看辅助电压表波动三次,主台"辅助回路"状态指示灯先亮后灭三次,副台"牵引风机 1"、"牵引风机 2"、"油泵"状态指示灯依次按顺序先亮后灭。

7. 主台牵引试验

大闸最大减压量,机车制动缸压力不低于 400 kPa。

(1)主台换向手柄置"前"位:听牵制开关、换向开关的转换声,看"预备"状态指示灯灭。

(2)主台调速手柄置"1"位:听线路接触器 12KM、22KM,32KM、42KM 的吸合声,看"零位"状态指示灯灭,各牵引电机电流表显示正常(电流不超过 150 A)。

(3)主台调速手柄退置"0"位:延时 1 s 后,听线路接触器 12KM、22KM、32KM、42KM 的断开声。看"零位"状态指示灯亮,各牵引电机电流表指示下降至 0。

(4)换向手柄置"0"位取出:听牵制开关、换向开关电空阀的排风声,看"预备"状态指示灯亮。

8. 辅台牵引试验

(1)换向手柄置"前"位,推向调速区 1 位:听换向开关的转换声,线路接触器 12KM、22KM、32KM、42KM 的吸合声;看"预备"、"零位"状态指示灯灭。各牵引电机电流表显示正常(电流不超过 150 A)。

(2)换向手柄退置"取出"位:延时 1 s 后,听线路接触器 12KM、22KM、32KM、42KM 的断开声;看"预备"、"零位"状态指示灯亮,各牵引电机电流表指示下降至 0。

9. 制动风机试验

闭合"制动风机"扳键开关 407SK:听第一制动风机、第二制动风机依次启动工作声音正常;看辅助电压表波动两次,主台"辅助回路"状态指示灯先亮后灭两次,副台"制动风机 1"、"制动风机 2"状态指示灯依次按顺序先亮后灭。

10. 电阻制动试验

(1)机车制动缸压力缓解到 150~100 kPa。

(2)主台换向手柄置"制"位:听牵制开关的转换声,看"预备"状态指示灯亮。

(3)主台调速手柄置"10~1"位:听线路接触器 12KM、22KM、32KM、42KM 和励磁接触器 91KM、92KM 的吸合声,看"预备"、"零位"状态指示灯灭,"电制动"状态指示灯亮,励磁电流表徐徐上升至 930 A,电机电流表显示 50 A。

(4)关闭"制动风机"扳键开关 407SK:听各制动风机停止工作,看"预备"状态指示灯亮。励磁电流表和电机电流表指示下降至 0。

(5)闭合"制动风机"扳键开关 407SK:听第一制动风机、第二制动风机依次启动工作声音正常,看"预备"状态指示灯灭。励磁电流表徐徐上升至 930 A,电机电流表显示 50 A。

(6)小闸手柄置"制动"位,机车制动缸压力上升至 300 kPa:听励磁接触器 91KM、92KM 的断开声,看"预备"状态指示灯亮,"电制动"状态指示灯灭,励磁电流表和电机电流表指示下降至 0。

(7)主台调速手柄退回"0"位:延时 1 s 后,听线路接触器 12KM、22KM、32KM、42KM 的断开声,看"零位"状态指示灯亮。

(8)换向手柄置"0"位取出,进行走廊巡视检查。

(9)关闭通风机开关 406SK、制动风机开关 407SK。

11."紧急制动"试验

(1)按压"紧急制动"按钮 594SB:听主断路器跳闸,电动放风阀、紧急放风阀动作排风声;看列车管、均衡风缸压力表迅速下降至 0,"主断"状态指示灯亮,自动撒砂。

(2)将按钮 594SB 解锁,均衡风缸和列车管不得充风。

(3)闭合主断路器,劈相机启动正常,大闸手柄置"紧急"位。

(4)人为断开一次自动开关 604QA,听主断路器跳闸,恢复自动开关 604QA。

(5)闭合主断路器,劈相机启动正常,大闸手柄置"运转"位,看均衡风缸、列车管压力显示充风至 600 kPa:听电动放风阀、紧急放风阀、中继阀无排风声。

(6)闭合"强泵风"扳键开关,使总风缸压力至 950 kPa,关闭"强泵"扳键风开关。

12. 失压保护试验

(1)关闭"受电弓"开关(降弓),看网压开始跌落约 1 s 后,主断路器断开,"主断""零位"态指示灯亮。

(2)关闭"劈相机""压缩机"扳键开关。

(3)关闭电源钥匙开关 570QS,高压试验完毕。

【实践与训练】

工作单 8.4

项目名称	SS₄G 型电力机车电路分析与电气试验	
任务名称	SS₄G 型电力机车高、低压电器试验	
班　级		姓　名	

【基础知识的认知】

1. 说明 SS₄G 型电力机车低压电气试验前应做好哪些准备工作?

2. 说明 SS₄G 型电力机车高压电器试验前应做好哪些准备工作?

【动手能力训练】
1. 概括 SS$_{4G}$ 型电力机车低压电气试验的试验内容。
2. 概括 SS$_{4G}$ 型电力机车高压电气试验的试验内容。
【工作总结】
说明在本任务的工作过程中所了解、掌握的内容，有何收获。
指导老师评价：
任务完成人签字：　　　　　　　　　　　　　　　　日期：　年　月　日
指导老师签字：　　　　　　　　　　　　　　　　　日期：　年　月　日

项目九　HXD₃ 型电力机车电路分析及电气试验

任务一　HXD₃ 型电力机车主电路分析

【任务要求】

1. 熟知 HXD₃ 型电力机车主电路的构成。
2. 理解高压接地开关的作用。

【任务内容】

1. 分析 HXD₃ 型电力机车网侧电路的构成。
2. 分析 HXD₃ 型电力机车主变流器和牵引电动机电路。
3. 分析 HXD₃ 型电力机车保护电路。
4. 分析 HXD₃ 型电力机车库内动车电路。

【任务准备】

1. 所需设备：司机控制器、模拟驾驶操纵台、电器柜。
2. 所需物品：手电、万用表、兆欧表、改锥、手钳、尖嘴钳、剥线钳、棉布、毛刷、气吹装置等。

【相关理论知识】

一、概　　述

HXD₃ 型电力机车主电路主要由网侧电路、主变压器、主变流器及牵引电动机等组成。

二、网侧电路

网侧电路由两台受电弓 AP1、AP2，两台高压隔离开关 QS1、QS2，一个高压电流互感器 TA1，一个高压电压互感器 TV1，一台主断路器 QF1，一台高压接地开关 QS10，一台避雷器 F1，主变压器原边绕组 AX，一个低压电流互感器 TA2 和回流装置 EB1～EB6 等组成，如图 9-1所示。

接触网电流通过受电弓 AP1 或 AP2 进入机车，经高压隔离开关 QS1 或 QS2 和主断路器 QF1，通过高压电流互感器 TA1 进入车内，经 25 kV 高压电缆与主变压器原边 1U 端子相连，经过主变压器原边，从 1V 端子流出，通过 6 个并联的回流装置 EB1～EB6，从轮对回流至钢轨。

当受电弓升起后，由网压表 PV1、PV2 显示接触网电压。在机车控制系统自检正常后，通过微机显示屏也可观察到原边电流和网压。

通过采集原边低压电流互感器 TA2 和高压电压互感器 TV1 提供的电流和电压信号来实

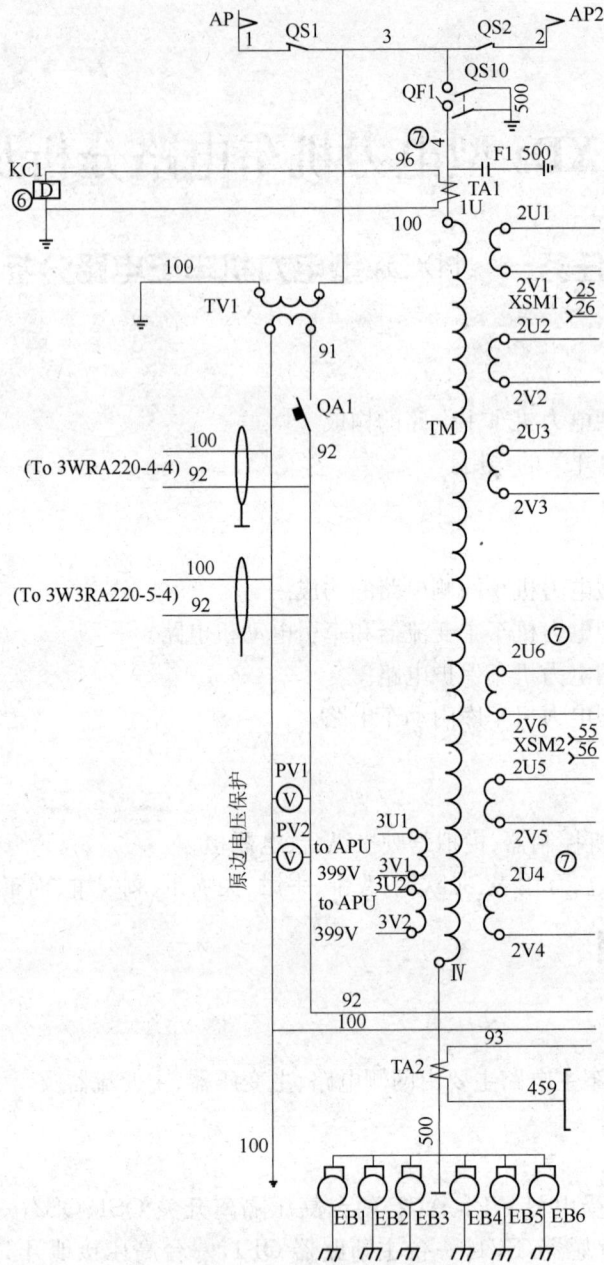

图 9-1　网侧电路与受电弓

现电能的计量,如图 9-2 所示。

（一）受电弓 AP1、AP2

HXD$_3$ 型电力机车采用 DSA200 型受电弓。该弓采用原装德国进口件,在国内组装。各项性能指标均高于国内同类产品,弓内装有自动降弓装置,当弓网故障时,可自动降弓保护。

（二）高压隔离开关 QS1、QS2

HXD$_3$ 型电力机车采用两台 BT25.04 型高压隔离开关,该开关是采用电空控制方式进行转换的。当一台受电弓发生故障接地时,可通过控制电器柜上的隔离开关 SA96,将其置于对应隔离位,通过 TCMS 发出指令来控制相应的电空阀,实现高压隔离开关的开闭操作,以切除故障的受电弓,同时使用另一台受电弓维持机车正常运行,减少机破,提高机车运用可靠性,如图 9-3 所示。

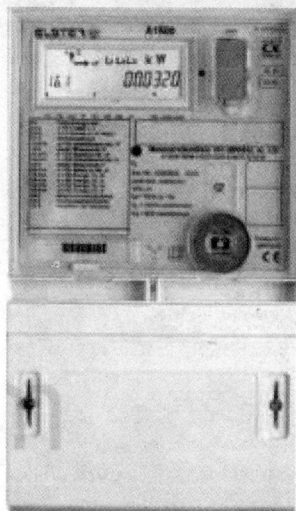

图 9-2　智能型电度表

图 9-3　高压隔离开关

(三)高压电压互感器 TV1

HXD₃ 型电力机车采用干式高压电压互感器,其次边输出通过保护用的自动开关 QA1,分别送到主变流器 UM1 和主变流器 UM2 的控制单元,作为主变流器控制的同步信号使用,还可为原边电压的检测和电度表的计量提供电压输入,其变比为 25 000 V/100 V。

(四)主断路器 QF1

HXD₃ 型电力机车主断路器 QF1 采用一台 BVAC N99.205 型真空断路器。该断路器除接通和开断机车的总电源外,还能在主电路发生过流、接地、零压等故障时,起最后一级保护作用,如图 9-4 所示。

(五)避雷器 F1

避雷器 F1 接在主断路器 QF1 和高压电流互感器 TA1 之间,用以抑制操作过电压及雷击过电压如图 9-5 所示。

(六)高压电流互感器 TA1

电流互感器 TA1 主要用作短路电流的检测,是保护用互感器,用以驱动过电流继电器 KC1 动作,因而对其饱和度有较高要求,对其检测精度要求比测量用互感器低。

(七)低压电流互感器 TA2

低压电流互感器 TA2 是为电度表的计量提供电流输入,为机车微机控制系统提供原边电流信号,用于原边电流显示,属于测量用互感器,要求有较高的测量精度。

(八)回流装置 EB1~EB6

回流装置保证网侧向钢轨的回流作用,同时保护机车轮对轴承不受电蚀。保证机车可靠接地。

(九)电度表 PWH

机车选用了爱尔斯特 ELSTER 公司生产的智能型电度表 PWH,通过采集原边低压电流互感器 TA2 和高压电压互感器 TV1 提供的电流和电压信号来实现机车牵引、再生电能的计

图 9-4　BVAC N99.205 型真空断路器

图 9-5　避雷器

量。电度表设有屏显窗口和切换按钮,通过按钮切换,可以进入不同的状态模式(滚动模式、标准模式、ABL 模式),进行信息量的查询。电度表既可查询近期每天的电能消耗及能量的反馈,还可查询当时的原边电压、电流及功率因数等。

(十)高压接地开关 QS10

机车通过设置高压接地开关 QS10,来实现机车的高压安全互锁。高压接地开关 QS10 上配有一把蓝色钥匙和两把黄色钥匙,其中蓝色钥匙用于控制受电弓的升弓气路,黄色钥匙用于打开机械室天窗或高压电器柜门,如图 9-6(a)所示。通过它与接地开关的连锁控制,实现 HXD3 型电力机车的高压电气安全互锁功能。

机车正常运行时,需要将高压接地开关 QS10 置"运行"位,此时 QS10 的接地端与车顶回路断开,将蓝色钥匙拔出并插入管路柜上的升弓气路阀,保证受电弓的气路连通;同时 QS10 的辅助连锁触点闭合(425 得电),为主断路器闭合提供了必要条件。

机车需要打开顶盖天窗或电器柜门进行检修时,首先断开主断路器并降弓,然后将空气管路柜上的蓝色钥匙旋转拔除,以切断升弓气路;将蓝色钥匙插入接地开关 QS10 并向右旋转至"接地"位,保证车顶设备可靠接地;旋转黄色钥匙并将其拔出,之后便可打开天窗或高压电器柜门,从而实现了机车高压安全保护,如图 9-6(b)所示。

三、变压器电路

机车采用轴向分裂、心式卧放、下悬式安装的一体化多绕组变压器,具有高阻抗、质量轻等特点;采用了真空注油、强迫风冷、氮气密封等特殊的工艺措施,延长变压器的绝缘寿命。

主变压器的 6 个 1 450 V 牵引绕组分别用于两套主变流器的供电,两个 399 V 辅助绕组分别用于辅助变流器的供电,如图 9-7 所示。

【任务实施】

一、主变流器和牵引电动机电路分析

机车采用两组主变流器 UM1、UM2,分别由主变压器的牵引绕组 2U1~2V6 供电,主变

流器再分别给牵引电动机 M1、M2、M3 和 M4、M5、M6 供电。两套主变流器的电路完全相同，以下就主变流器 UM1 的电路进行说明，如图 9-8 所示。

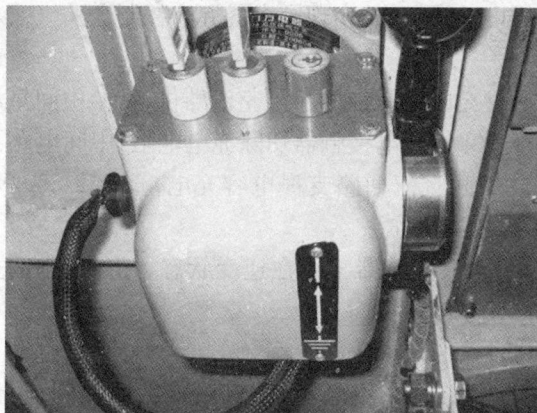

(a) 高压接地开关

(b) 旋转电钢匙

图 9-6　高压接地开关操作

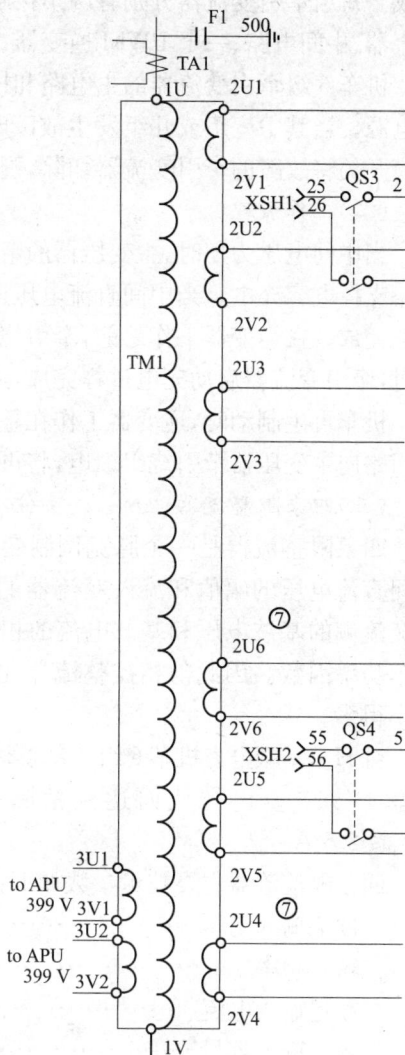

图 9-7　主变压器绕组

图 9-8　变流装置

（一）主变流器电路分析

主变流器 UM1 内部可以看成由三个独立的"整流中间电路逆变"环节（称为牵引变流器）构成。每组牵引变流器分别有两个接触器、一个输入电流互感器、一个充电电阻、一个四象限整流器、中间电路、一个 PWM 逆变器、两个输出电流互感器等组成。

机车 6 组牵引变流器的主电路和控制电路相对独立，分别为 6 个牵引电动机提供交流变频电源。当其中一组或几组发生故障时，可通过列车控制管理系统 TCMS 微机显示屏，利用触摸开关将故障的牵引变流器切除，剩余单元仍可继续工作，实现整车的冗余控制。

（二）工作原理

当中间电压为零时，主变压器的牵引绕组通过充电电阻向四象限整流器供电，给中间直流回路支撑电容充电。当中间直流电压达到 2 000 V 时，充电接触器切除充电电阻，中间电路预充电完成。在逆变器工作之前，牵引绕组迅速向中间直流回路支撑电容充电，直至 2 800 V。此时，牵引变流器启动充电过程完成，逆变器可以投入工作。

机车再生制动时，逆变器工作在整流状态，四象限整流器工作在逆变状态，并通过中间直流回路向主变压器牵引绕组馈电，将再生能量回馈至接触网。

（三）四象限整流器

四象限整流器是一个脉宽调制变流器，它将电源的交流电压，通过脉冲宽度控制，控制中间直流电压的幅值和流入变流器的交流电流相位，使交流电流的波形尽量接近正弦，使得交流侧的基波电压和基波电流的相位差接近于 0，这样既限制了谐波电流分量，又提高了机车功率因数。因此与相控整流器比较，四象限整流器有很高的功率因数，谐波电流含量也小得多。

对 HXD$_3$ 型电力机车 6 组四象限整流器的调制波相位是一致的，但载波的相位不一致，依次相差 $30°$、$60°$…$180°$，从而达到消除谐波的目的，通过这样做还可以保证等效干扰电流 $J_p \leqslant 2.5$ A。

四象限整流器主要技术参数如下：

额定输入电压 ……………………………………………………… AC 1 450 V

输入频率 ……………………………………………………… 50 Hz

额定输入电流 ……………………………………………………… 965 A

额定输入容量 ……………………………………………………… 1 280 kV·A

中间电压 ……………………………………………………… 2 800V

（四）中间直流电路

机车采用的是电压型逆变器，为了稳定中间回路电压，并联了大容量的支撑电容，同时还对四象限脉冲整流器和逆变器产生的高次谐波电流进行滤波。中间直流电路主要由中间电压支撑电容、瞬时过电压限制电路和主接地保护电路组成。该车中间直流电路与以往的交流传动电力机车不同，取消了二次滤波电路，它是通过逆变器的软件控制，来消除二次谐波电压的影响，大幅度抑制牵引电机电流脉动现象和转矩脉动现象。

瞬时过电压限制电路由 IGBT 和限流电阻组成。

主接地保护电路由跨接在中间回路的两个串联电容和一个接地信号传感器组成。每台主变流器含有三套独立的接地保护电路，可以分别对三组牵引变流器进行接地监测和保护。接地检测信息送至 TCMS，可以实现故障显示。可以通过接地故障转换开关，实施对接地保护的隔离。

（五）牵引逆变器和牵引电动机供电电路

（1）牵引逆变器主要技术参数

额定输入电压 ······································· 2 800 V

额定输出电压 ······································· 2 150 V

额定输出电流 ······································· 390 A

最大输出电流 ······································· 520 A

输出频率 ··· 0～120 Hz

（2）牵引电动机的主要技术参数

额定输出功率 ······································· 1 250 kW

额定电压 ··· 2 150 V

额定电流 ··· 390 A

极数 ··· 4

额定转速 ··· 1 365 r/min

最高转速 ··· 3 195 r/min

效率 ··· 0.95

　　HXD₃型交流传动货运电力机车的牵引逆变器是由 IGBT 元件组成的 PWM 逆变单元，整车的 6 个牵引逆变器分别向 6 台牵引电动机供电。由于牵引逆变器采用矢量控制模式，使异步牵引电动机具有快速反应的动态性能，实现了机车每个牵引电动机的独立控制。由于整车采用轴控方式，当整台机车的 6 个轴的轮径差、轴重转移及空转等可能引起的负载分配不均匀时，均可以通过牵引变流器的控制进行适当的补偿，以实现最大限度地发挥机车牵引力。

二、保护电路分析

　　保护电路包括主变压器牵引绕组过流保护电路、主接地保护电路、牵引电机过流保护、原边电压保护、瞬时过电压保护和牵引变流器检修安全连锁保护等。

　　（一）主变压器牵引绕组过流保护电路

　　在每组牵引变流器的输入回路中，设有一个输入电流互感器 ACCT，起控制和监视变流器充电电流及牵引绕组短路电流的作用，其动作保护值为 1 960 A。保护发生时，四象限脉冲整流器和逆变器的门极均被封锁，输入回路中的工作接触器断开，同时向微机控制系统发出跳主断信号，通过复位开关可进行恢复。若这种故障在 3 min 连续发生两次，故障将被锁定，必须切断 CI 控制电源才能恢复正常，如图 9-9 所示。

　　（二）主接地保护电路

　　接地保护电路由跨接在中间回路的两个串联电容和一个接地信号检测传感器组成。当主电路正常时，由于只有一点接地，接地保护电路中流过的电流为零，接地信号检测传感器无信号输出。当

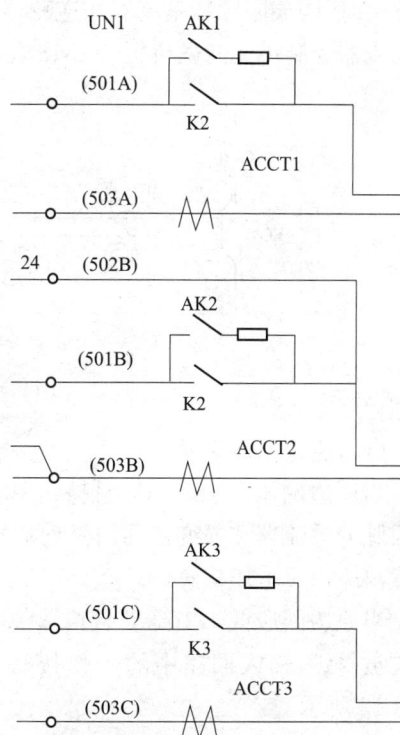

图 9-9　主变压器牵引绕阻过流保护电路

主电路某一点接地时则形成回路,由故障电流流过,传感器输出电流信号,主变流器控制单元向微机柜 TCMS 发出 CI 接地信息,实施跳主断。当发生接地故障,且确认只有一点接地时,可以将置于控制电气柜内的对应接地故障转换开关置于中立位,维持继续运行,回段后再作处理,也可采取将故障的 CI 切除,机车维持 5/6 的动力继续运行,回段后再作处理,如图 9-10 所示。

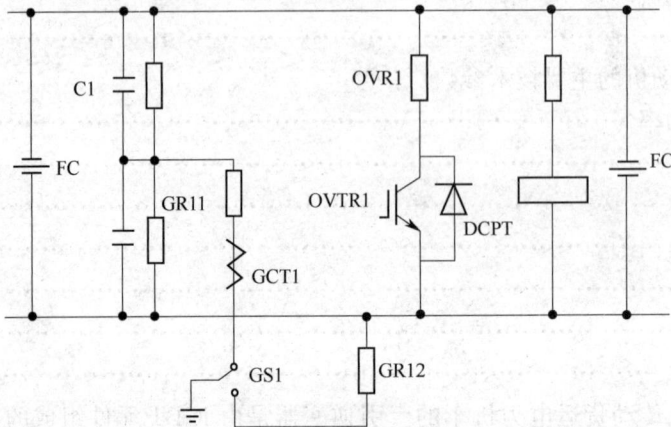

图 9-10　主接地保护电路

(三)牵引电动机过流保护

在每组牵引变流器的输出回路中,设有输出电流互感器 CTU、CTW,对牵引电机过载及牵引电机三相不平衡起控制和监视保护作用。牵引电机过载保护的动作值为 1 400 A。当保护发生时,四象限脉冲整流器和逆变器的门极均被封锁。输入回路中的工作接触器断开,同时主变流器控制单元向微机柜 TCMS 发出 CI 过流信息,实施跳主断,如图 9-11 所示。

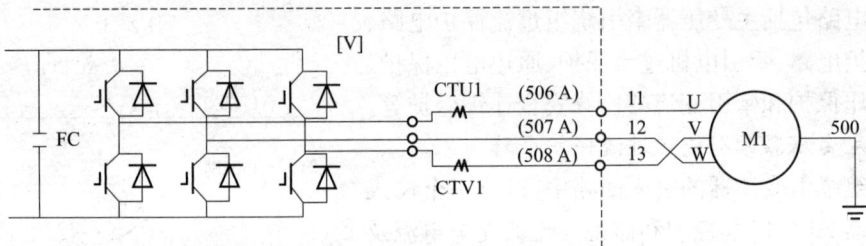

图 9-11　牵引电动机过流保护

(四)原边电压保护

当原边网压高于 32 kV 且持续 10 ms 或者是高于 35 kV 且持续 1 ms 时,CI 实施保护,四象限脉冲整流器和逆变器的门极均被封锁,输入回路中的工作接触器断开,同时向微机控制系统发出原边过电压信息。

当原边网压低于 16 kV 且持续 10 ms 时,CI 实施保护,四象限脉冲整流器和逆变器的门极均被封锁,输入回路中的工作接触器断开,同时向微机控制系统发出原边欠压信息,如图 9-12 所示。

(五)瞬时过电压保护

在机车出现空转、滑行或者受电弓离线造成的网压中断等情况时,牵引变流器的中间回路

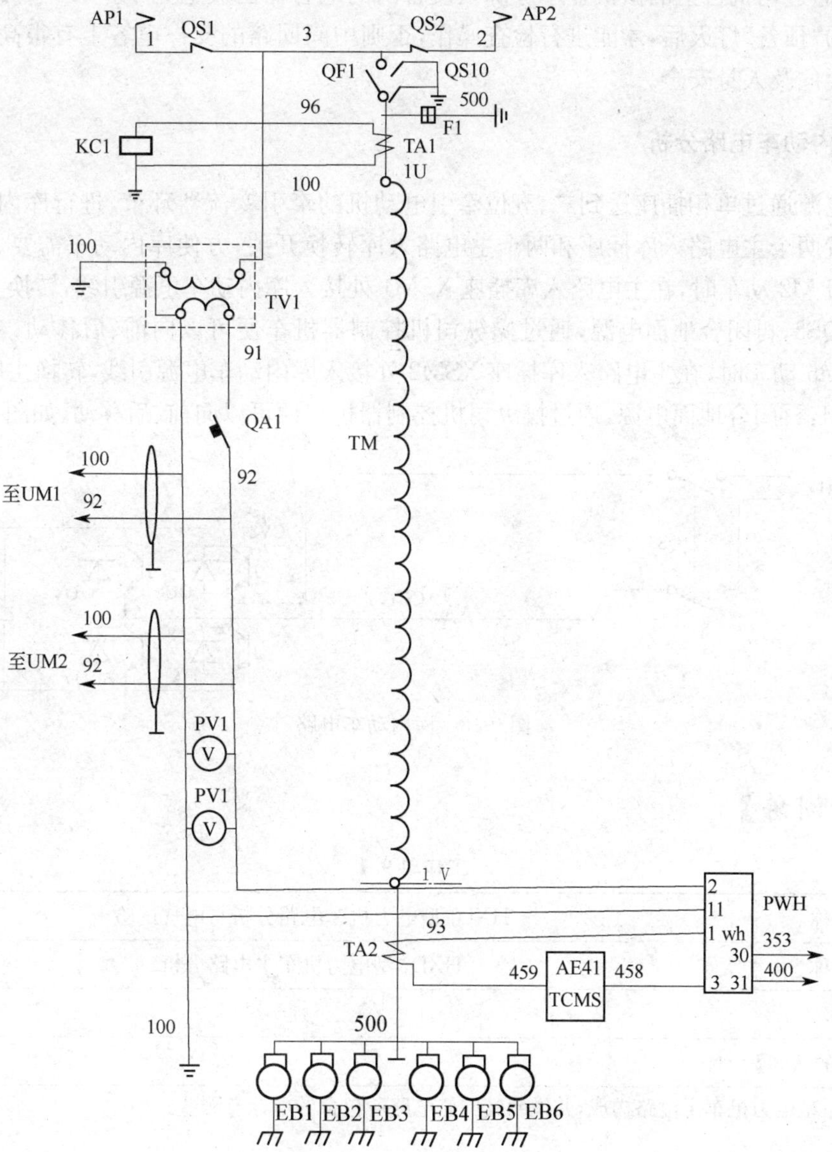

图 9-12　原边电压保护

上可能出现瞬时过电压,为了防止这种过电压对变流器造成损坏,在中间直流回路设有瞬时过电压限制电路,由 IGBT 和限流电阻组成,通过牵引变流器中间直流回路电压传感器的监测。这是一种多次重复方式的保护,当过电压存在时,该 IGBT 将导通,直流回路能量经限流电阻放电而释放,消除过电压。

当中间回路电压大于等于 3 200 V 时,瞬时过电压保护环节动作,四象限脉冲整流器和逆变器的门极均被封锁,输入回路中的工作接触器断开。

此外,当中间回路电压小于等于 2 000 V 时,中间回路低电压保护环节动作,四象限脉冲整流器和逆变器的门极均被封锁,输入回路中的工作接触器断开(库内动车除外)。

(六)牵引变流器的检修安全连锁保护

在检查或操作牵引变流器之前,须断开真空主断路器,降下受电弓,然后闭合主变流器的试验开关,通过司机台上的微机显示屏确认设备内的电容器已放电完毕(＜36 V)或观察故障显示灯中的"预备"灯灭后,才能进行检查操作,否则中间回路的支撑电容上有很高的电压,未及时放完会危及人身安全。

三、库内动车电路分析

库内电源通过单相插座送到二、五位牵引电动机的牵引变流器环节,进行库内动车作业。机车共设置两个主电路入库插座和两个主电路入库转换开关,方便库内动车需要。当需要用牵引电动机 M2 动车时,在主电路入库插座 XSM1 处接入库内动车电源引线,转换主电路入库转换开关 QS3,再闭合地面电源,通过操纵司机控制器机车便可以向前、后移动;当需要用牵引电动机 M5 动车时,在主电路入库插座 XSM2 处接入库内动车电源引线,转换主电路入库转换开关 QS4,再闭合地面电源,通过操纵司机控制器机车便可以向前、后移动,如图 9-13 所示。

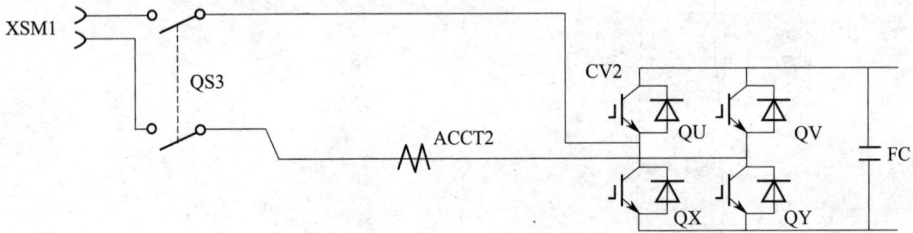

图 9-13　库内动车电路

【实践与训练】

工作单 9.1

项目名称	HXD₃ 型电力机车电路分析与电气试验	
任务名称	HXD₃ 型电力机车主电路分析	
班　级		姓　名	

【基础知识的认知】

说明 HXD₃ 型电力机车主电路构成,并说明其网侧电路所包含的电器有哪些?

【动手能力训练】

1. 分析说明 HXD₃ 型电力机车主变流器电路的构成及其工作原理。

2. 分析说明 HXD₃ 型电力机车保护电路的保护作用。
【工作总结】 说明在本任务的工作过程中所了解、掌握的内容,有何收获?
指导老师评价:
任务完成人签字:　　　　　　　　　　　　　　　日期:　年　月　日
指导老师签字:　　　　　　　　　　　　　　　　日期:　年　月　日

任务二　HXD₃型电力机车辅助电路分析

【任务要求】

熟知 HXD₃ 型电力机车辅助电路的构成。

【任务内容】

1. 分析 HXD₃ 型电力机车辅助变流器及辅助电机供电电路。
2. 分析 HXD₃ 型电力机车辅助加热装置电路。

【任务准备】

1. 所需设备:司机控制器、模拟驾驶操纵台、电器柜。
2. 所需物品:手电、万用表、兆欧表、螺丝刀、手钳、尖嘴钳、剥线钳、棉布、毛刷、气吹装置等。

【任务实施】

一、HXD₃型电力机车辅助电路构成分析

机车辅助电路可以分成相对独立的两部分,即辅助电动机供电电路和辅助加热装置电路,分别如图 9-14、图 9-15、图 9-16 所示。

二、辅助电动机电路分析

辅助电动机电路由辅助变流器、辅助滤波装置、电磁接触器、自动开关、辅助电动机等组成。

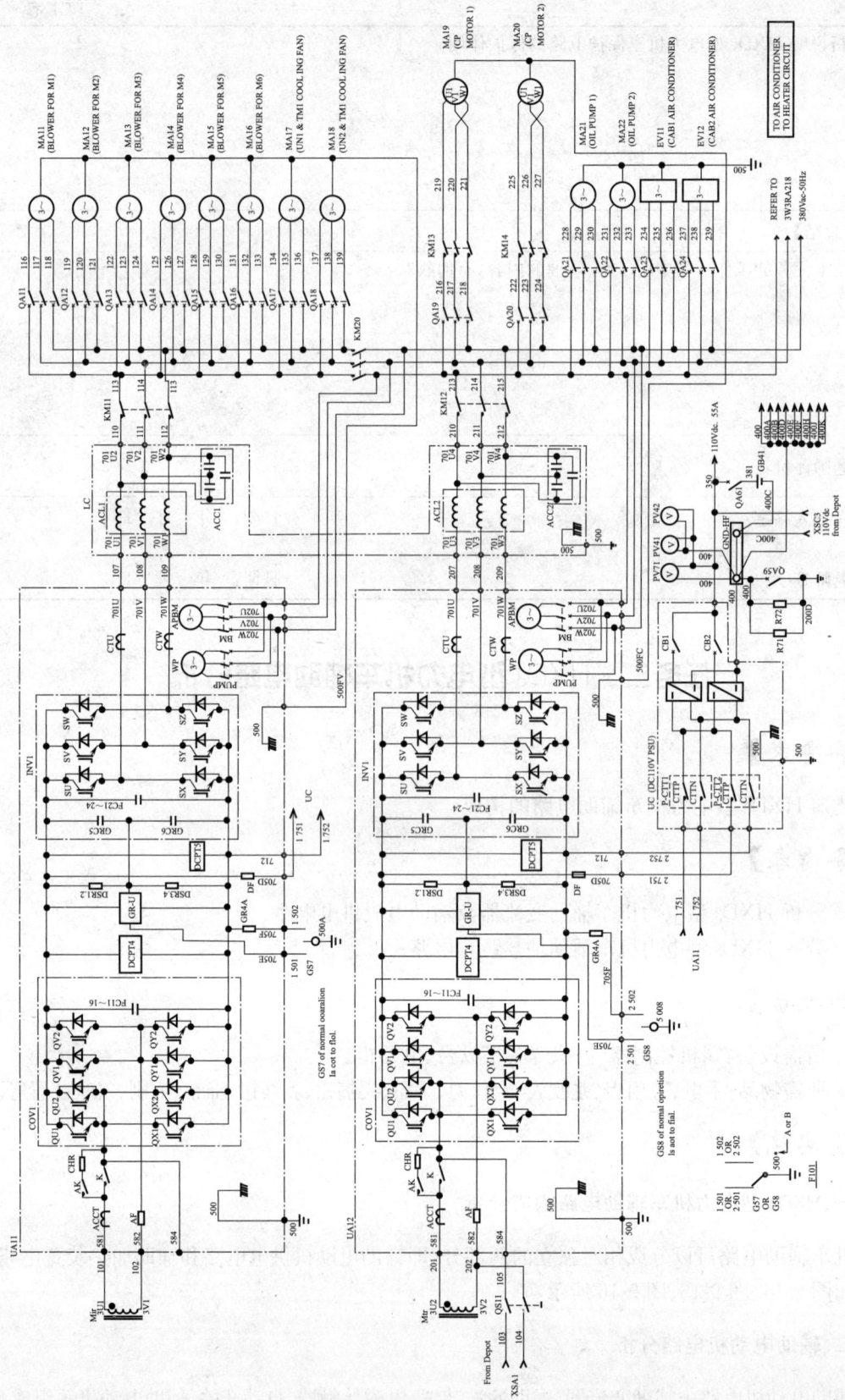

图 9-14　辅助电动机供电电路

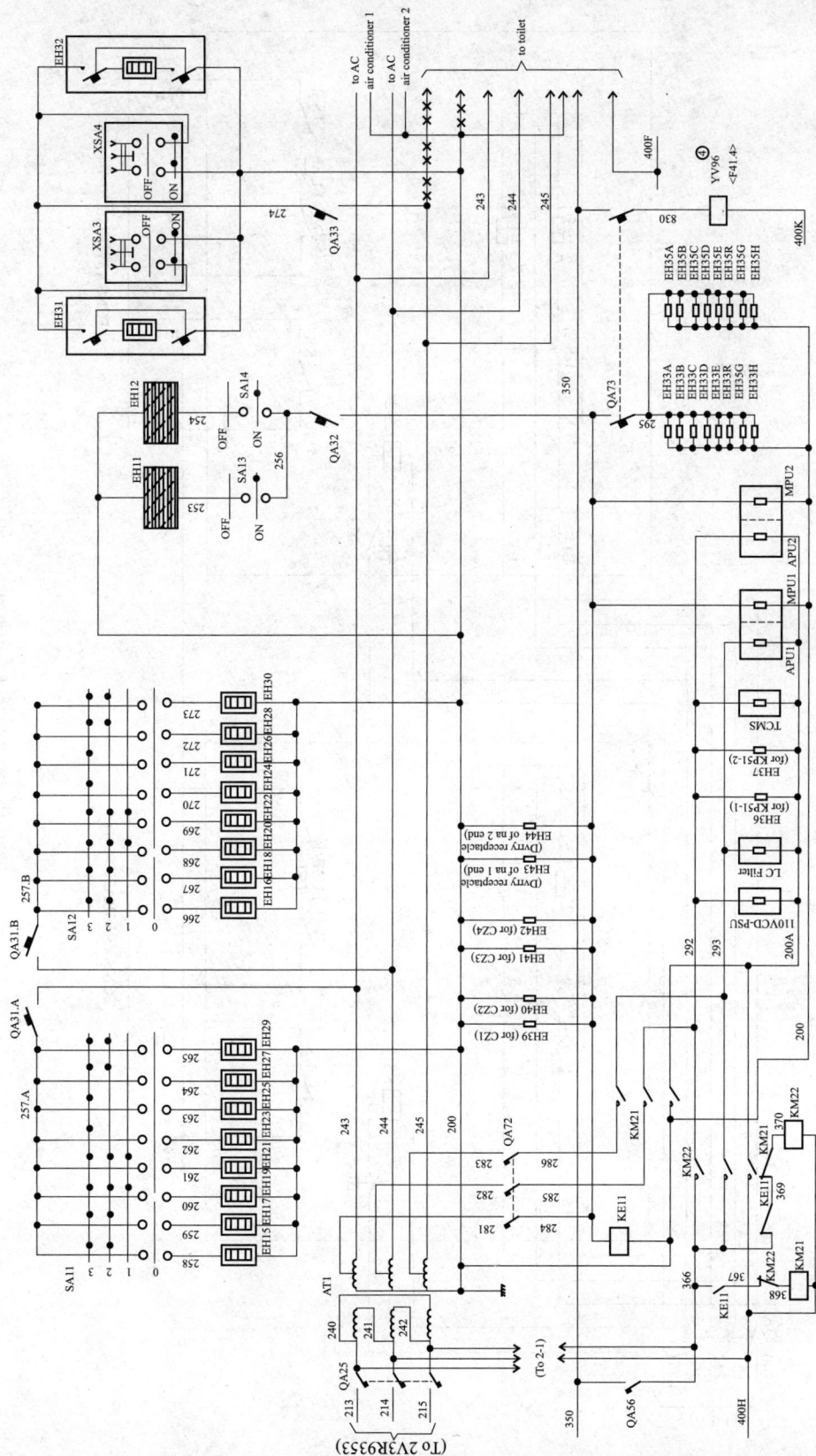

图 9-15　辅助加热装置电路 1

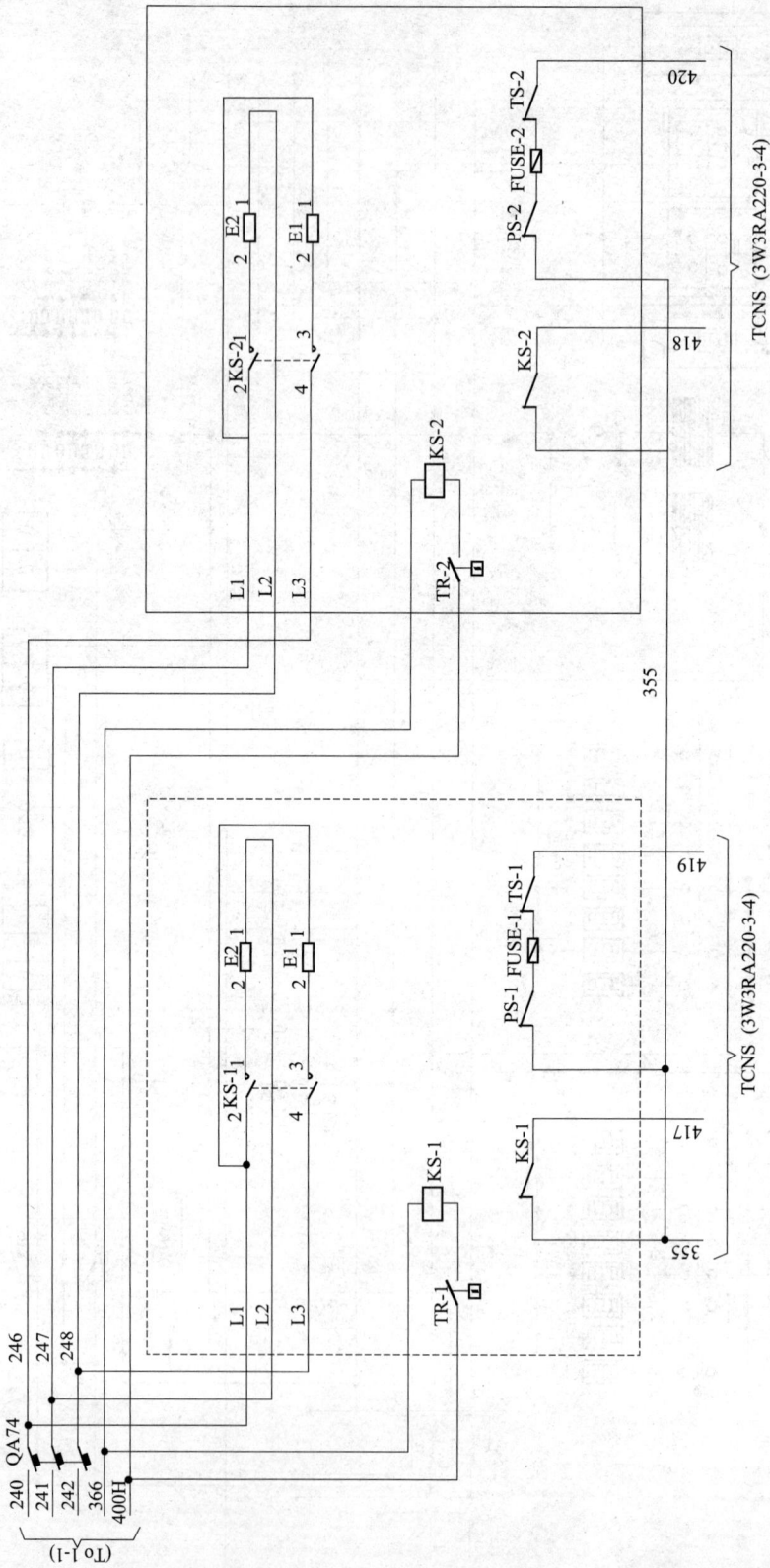

图 9-16 辅助加热装置电路 2

（一）辅助变流器

辅助变流器主要技术参数

额定输入电压 ·· AC 399 V（单相）

额定输入频率 ·· 50 Hz

直流中间回路电压 ··· DC 750 V

元件类型 ··· IGBT（1 700 V，1 200 A）

调制方式 ··· 四象限整流（输入）＋PWM（输出）

恒频恒压变流器输出容量 ··································· 230 kV · A

输出电压 ··· AC 380 V（三相）

输出频率 ··· 50 Hz

变频变压变流器输出容量 ··································· 230 kV · A

频率控制范围 ··· 0. 2～50 Hz

电压控制范围 ··· AC 2～380 V

辅助变流器是辅助电动机供电电路的核心。机车共设置有两套辅助变流器 UA11、UA12（又称作 APU1、APU2），分别同两套主变流器 UM1、UM2 安装在一起，如图 9-17 所示。

辅助变流器 UA11、UA12 都有变电压、变频率 VVVF 和恒电压、恒频率 CVCF 两种工作方式，可以依据连接的辅助电动机情况进行设置。机车正常运行时，辅助变流器 UA11 工作在 VVVF 方式，辅助变流器 UA12 工作在 CVCF 方式，分别为机车辅助电动机供电。每一台辅助变流器的额定容量是按照独立带整车辅机的情况设计的，因此正常情况下，辅助变流器 UA11、UA12 基本上以 50％的额定容量工作。

当某一套辅助变流器发生故障时，不需要切除任何辅助电动机，另一套辅助变流器可以承担机车全部的辅助电动机负载。此时，该辅助变流器按照恒电压、恒频率 CVCF 方式工作，辅助电动机系统按全功率运行，惟有两台压缩机中，只有操纵端压缩机可以投入工作，从而确保机车辅助电动机供电系统的可靠性。辅助变流器的故障转换控制由机车微机控制系统 TCMS 自动完成。

辅助变流器的中间直流回路同时给 110 V 电源充电模块供电。辅助变流器 UA12 的输出还经隔离变压器，给司机室各加热设备及低温预热回路。辅助变流器内设有元器件过压、过流保护。

（二）辅助变流器电路

辅助变流器 UA11、UA12 的额定容量均为 230 kV · A，分别由主变压器 TM1 的两个辅助绕组 3U1-3V1、3U2-3V2 经过工作接触器 K、AK 供电，辅助绕组的电压均为 399 V。

辅助变流器 UA11 的输出，经过辅助滤波器 LC，通过输出接触器 KM11 给牵引风机电动机 MA11、MA12、MA13、MA14、MA15、MA16 和冷却塔风机电动机 MA17、MA18 供电。

辅助变流器 UA12 的输出，同样经过辅助滤波器 LC，通过输出接触器 KM12 给空气机压缩机电动机 MA19、MA20、主变压器油泵 MA21、MA22、司机室空调 EV11、EV12、主流器内部的水泵 WP1、WP2、辅助变流器风机 APBM1、APBM2 供电，同时 UA12 还经过隔离变压器 AT，分别向司机室内的辅助加热设备、卫生间及压缩机加热回路和低温预热设备提供 AC 220 V 和 AC 110 V 电源。

在辅助变流器 UA11 或辅助变流器 UA12 发生故障的情况下，TCMS 将自动断开其相应的输出接触器 KM11 或输出接触器 KM12，再闭合故障转换接触器 KM20，把发生故障的辅助变流器的负载切换到另一套辅助变流器上，由该辅助变流器对全车的三相辅助电动机供电。

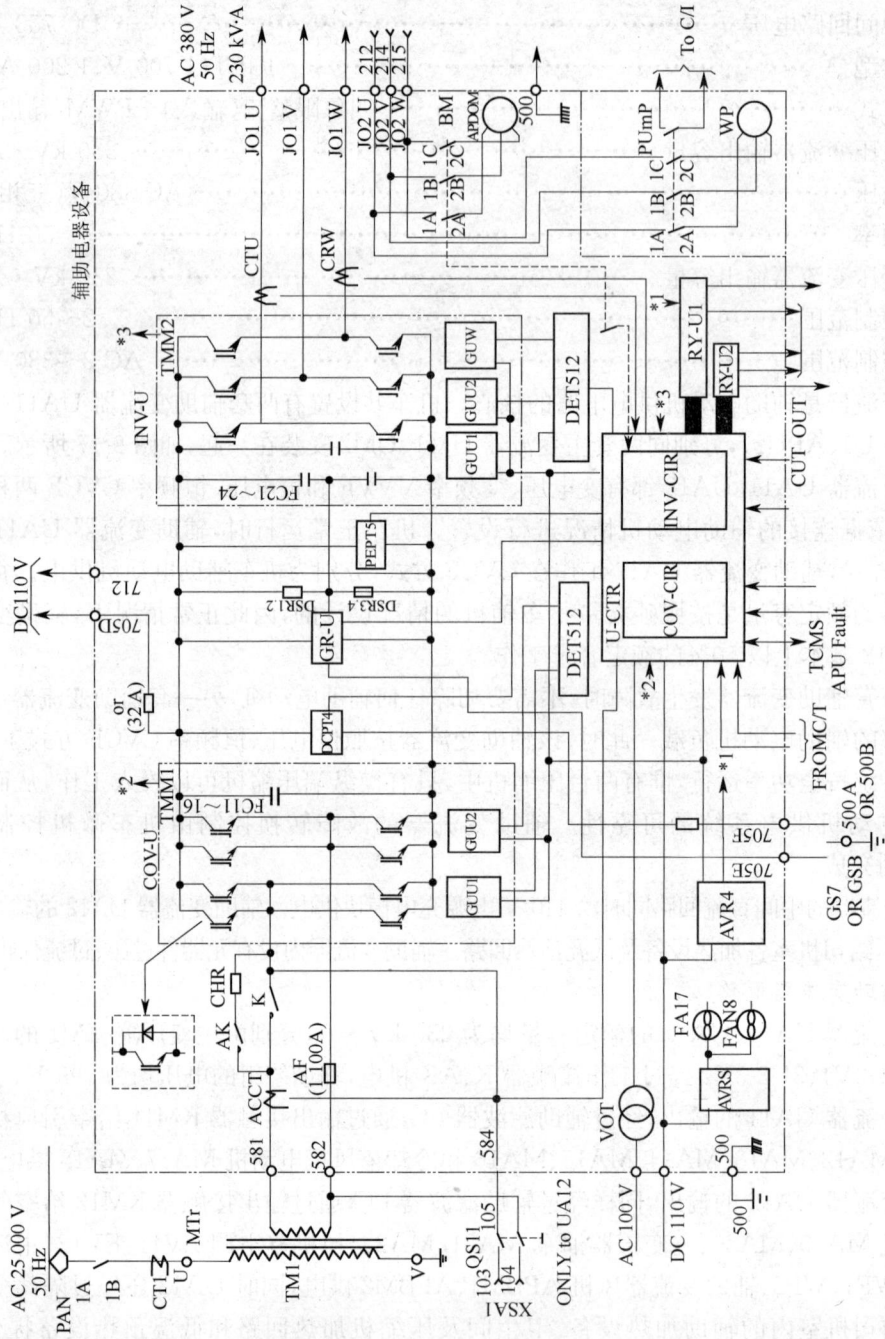

图 9-17　辅助变流器电路

当在库内需要对机车的辅助电动机进行动作及转向确认时,可通过辅助电路库用插座XSA1,并操作辅助电路库用转换开关QS11将DC600 V库内电源引入辅助变流器UA12进行辅助系统库内600 V动作试验。为了确保所有辅机均可工作,应通过微机显示屏将辅助变流器UA11隔离。

（三）辅助电动机电路

机车上的各辅助电动机均通过各自的自动开关与辅助变流器连接,除两台空气压缩机外,均不设电磁接触器,使得辅助电动机电路更简化、更可靠。当辅助变流器采用软启动方式进行启动,除空气压缩机电动机外,其他辅助电动机也随之启动。空气压缩机的启动受电磁接触器的控制,电磁接触器受机车司机控制扳键开关和总风缸空气压力继电器的控制,原理如图9-18所示。

（四）辅助电动机电路的保护系统

1. 辅助系统主电路接地保护

在辅助变流器UA11、UA12内部,各有一套接地保护装置,进行辅助系统主电路的接地保护。当对应辅助回路发生接地故障且确认只有一点接地时,可以将控制电器柜内对应的接地故障转换开关置"中立"位,继续维持机车运行,回段后再作处理,也可将故障的辅助变流器切除,机车维持一组辅助变流器供电,回段后再作处理,如图9-19所示。

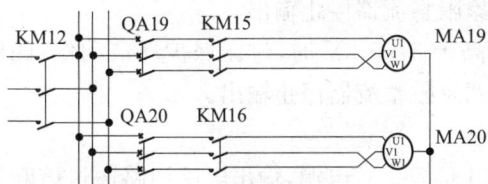

图9-18　辅助电动机电路

图9-19　辅助系统主电路接地保护

2. 辅助变流器的过流和过载保护

在每一组辅助变流器的输入回路中,设有输入电流互感器ACCT,起控制和监视辅助变流器充电电流及辅助绕组短路电流的作用,其动作保护值为1 600 A。保护发生时,四象限整流器的门极均被封锁,工作接触器K、AK均断开,同时向微机控制系统发出跳主断的信号,该故障消除后10 s内自动复位,如果此故障在2 min内连续发生两次,该辅助变流器将被锁死,必须切断辅助变流器的控制电源,才可解锁。

在每一组辅助变流器的输出回路中,设有输出电流互感器CTU和CTW,对辅助电动机回路过载及辅助电动机三相不平衡起控制和监视保护作用,辅助电动机回路过载保护的动作值为850 A 保护发生时,逆变器的门极均被封锁,同时向微机控制系统发出跳主断的信号。该故障消除后10 s内自动复位,如果此故障在2 min内连续发生6次,该辅助变流器将被锁死,必须切断辅助变流器的控制电源,才可解锁,如图9-20所示。

3. 辅助变流器中间直流回路电压保护

辅助变流器中间直流回路设有两组电压监测环节,其中DCPT4是用于四象限整流器的控制,DCPT5是用于逆变器的控制。当DCPT5监测到中间回路电压大于等于825 V或小于

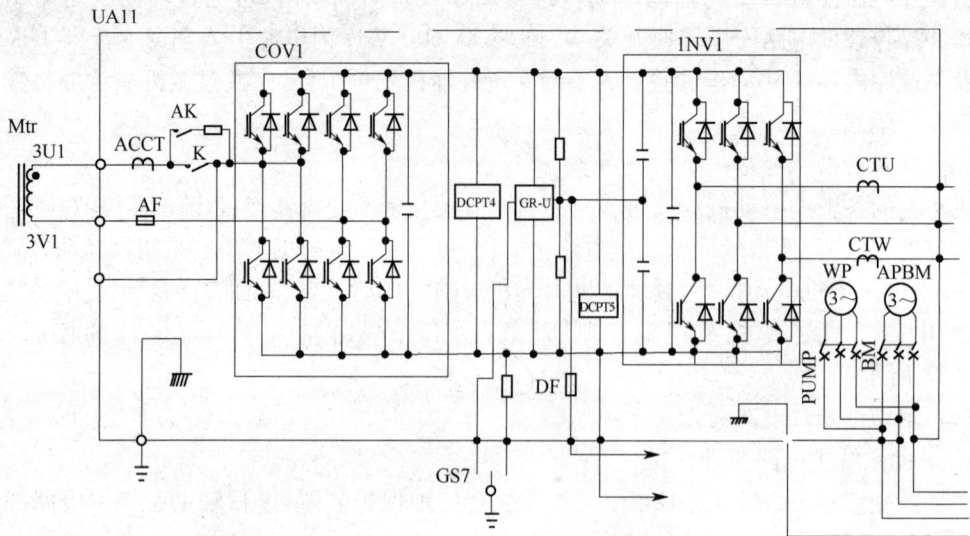

图 9-20　辅助变流器的过流和过载保护

等于−80 V时,中间回路电压保护环节动作,逆变器门极被封锁,逆变器停止输出;当 DCPT4 监测到中间回路电压大于等于 825 V 或小于等于 2 V,则整流器停止输出。

4. 辅助变流器输入电压的保护

当辅助变流器的输入电压低于 279 V,即网压低于 17.5 kV 时,低压保护环节动作。四象限整流器门极被封锁,工作接触器 K、AK 断开,四象限整流器停止输出。

当辅助变流器的输入电压高于 502 V,即网压高于 31.5 kV 时,过压保护环节动作,四象限整流器的门极被封锁,工作接触器 K、AK 断开,四象限整流器停止输出。

5. 110 V 充电模块输入电源的短路过载保护

每组辅助变流器,均可向 110 V 充电模块提供 DC 750 V 电源,输出电源回路通过熔断器 DF 进行短路过载保护,熔丝额定值为 32 A。当熔断器 DF 出现熔断后,辅助变流器将通知微机控制系统 TCMS,进行 110 V 充电模块输入电源的转换,由非故障的辅助变流器向 110 V 充电模块提供直流电源,同时微机显示屏也进行相应故障显示和记录。

三、辅助加热装置电路分析

机车辅助加热装置主要有电热玻璃 EH11～EH12、膝炉 EH15～EH18、侧墙暖风机 EH19～EH22、脚炉 EH23～EH26、后墙暖风机 EH27～EH30、司机室多功能热水器 EH31～ EH32 及低温预热回路等,它们均由 UA12 通过隔离变压器 AT1 进行供电,如图 9-15 所示。

在膝炉、侧墙暖风机、脚炉、后墙暖风机支路上设置了功能转换开关 SA11、SA12,进行投入和切除转换,并设置了空气自动开关 QA31A 和 QA31B 进行过流保护。

在电热玻璃支路上设置了功能转换开关 SA13、SA14,进行投入和切除转换,并设置了空气自动开关 QA32 进行过流保护。

在司机室多功能热水器支路上设置了空气自动开关 QA33 进行过流保护。另外,还设置了两个司机室电源插座 XSA3、XSA4,给司机室提供 AC 220 V 电源,满足机车的需要。

机车辅助加热回路中,还设有低温预热回路,最初采用 DC110 V 低温预热,机车一旦可以升弓合主断,辅助变流器可以工作,就转由 AC110 V 低温预热。当机车需要低温预热时,首先闭合自动开关 QA56、QA72,接触器 KM22 闭合,将采用 DC110 V 低温预热方式,对辅助变流器、110 V 电源充电模块、TCMS 微机系统等进行加热。预热一定时间,当微机可以升弓合主断,辅助变流器正常工作后,继电器 KE11 和接触器 KM21 闭合,接触器 KM22 断开,转由 AC110 V 进行低温预热,对主变流器、辅助变流器、110 V 电源充电模块、总风压力开关、重联插座等进行加热。通过闭合自动开关 QA73 可以对撒砂装置进行加热。通过闭合自动开关 QA74 可对压缩机进行低温加热,通过温控开关 TR-1 可以实现压缩机低温加热的自动投入和切除,当压缩机进行低温加热时压缩机不能工作。在压缩机的控制回路里,还设有温度保护开关 TS-1 和压力保护开关 PS-1,通过其常闭连锁,实现对压缩机的安全保护。

【实践与训练】

工作单 9.2

项目名称	HXD₃型电力机车电路分析与电气试验	
任务名称	HXD₃型电力机车辅助电路分析	
班　级		姓　名	

【基础知识的认知】

说明 HXD₃型电力机车辅助电路的构成及工作原理。

【动手能力训练】

1. 分析说明 HXD₃型电力机车辅助电机电路保护系统的作用。

2. 分析说明 HXD₃型电力机车的辅助加热装置电路作用。

【工作总结】

说明在本任务的工作过程中所了解、掌握的内容，有何收获。

指导老师评价：

任务完成人签字：	日期：　　年　月　日
指导老师签字：	日期：　　年　月　日

任务三　HXD₃ 型电力机车控制电路分析

【任务要求】

1. 熟知 HXD₃ 型电力机车控制电路的功能。

【任务内容】

1. 分析 HXD₃ 型电力机车控制电源电路。
2. 分析 HXD₃ 型电力机车司机指令与信息显示电路。
3. 分析 HXD₃ 型电力机车机车逻辑控制和保护电路。
4. 分析 HXD₃ 型电力机车机车主辅变流器控制电路控制电路。

【任务准备】

1. 所需设备：司机控制器、模拟驾驶操纵台、电器柜。
2. 所需物品：手电、万用表、兆欧表、螺丝刀、手钳、尖嘴钳、剥线钳、棉布、毛刷、气吹装置等。

【相关理论知识】

一、概　　述

HXD₃ 型电力机车的控制系统是以日本东芝公司的机车微机控制系统 TCMS 为核心，结合目前国内现有的机车行车安全综合信息监控系统和克诺尔的 CCB-Ⅱ 电控制动系统，配以机车外围电路来进行设计的。TCMS主要功能是实现机车特性控制、逻辑控制、故障监视和诊断，并将有关信息送到司机操纵台上的微机显示屏。TCMS包括一个主控制装置和两个显示单元，其中主CPU采用冗余设计，设有两套控制环节，一套为主控制环节Master，一套为备用控制环节Slave。当主控制环节Master发生故障时，备用控制环节Slave立即自动投入工作。

二、控制电路功能

HXD₃型电力机车的控制电路系统主要完成下列功能：

(1)顺序逻辑控制。如升、降受电弓，分、合主断路器，司机控制器的换向、牵引、制动、辅助电动机的逻辑控制，机车库内动车逻辑控制，主辅变流器库内试验逻辑控制等。

(2)机车特性控制。机车采用恒牵引力(制动力)和准恒速特性控制，实现对机车的控制要求。

(3)定速控制。根据机车运行速度，可以实现牵引工况下机车恒定速度控制。

(4)辅助电动机的控制。除空气压缩机外，机车各辅助电动机根据机车准备情况，在外部条件具备的前提下，由TCMS发出指令，与辅助变流器同时启动、运行。空气压缩机则根据总风缸压力情况，通过控制接触器的分合来实现控制CCB-Ⅱ制动机的电空网络控制和机车防滑行保护。

(5)机车黏着控制。包括防空转、防滑行控制、轴重转移补偿控制。

(6)故障诊断、显示与保护。通过设在司机室的微机屏显示机车正常运行的状态信息，如网压、原边电流、机车工况、级位、机车牵引力、机车速度等；正常的设备工作状态，如主变流器、辅助变流器等；正常的设备开关状态，如主断路器、辅助接触器、各种故障转换开关；显示机车即时发生的故障信息，发生故障的设备、故障处理的方法等，并将故障发生时的有关数据记忆。

(7)机车重联控制。HXD₃型电力机车最多可以实施同型号的4台机车重联。

【任务实施】

一、控制电源电路分析

DC110 V充电电源模块PSU的具体电路如图9-21。机车DC110 V控制电源采用的是高频电源模块PSU与蓄电池并联，共同输出的工作方式，再通过自动开关分别送到各条支路，如微机控制、机车控制、主变流器、辅助变流器、车内照明、车外照明等。

PSU的输入电源来自UA11或UA12的中间回路电源，当UA11和UA12均正常时，由UA12向PSU输入DC750 V电源；当UA12故障时，转由UA11向PSU输入DC750 V电源。DC110 V充电电源模块PSU含两组电源，通常只有一组电源工作，故障发生时另外一组电源自动启动，每组电源模块的输入电压为DC750 V，输出电压为DC110(1±2%)V，额定输出电流为55 A，输出功率为6 050 W (25 ℃)，采用自冷方式，控制电源电压采用DC750 V。

PSU电源模块上设有两个转换开关SW1和SW2，其中SW1有两挡，"TCMS"和"手动控制"，SW2也有两挡，"电源1"和"电源2"，其中"TCMS"挡表示由微机自动控制，奇数日，电源1工作，偶数日，电源2工作，如果其中一组电源出现故障，可自动切换。"手动控制"表示人为设定，如果SW2置"电源1"，表示电源1工作，如果SW2置"电源2"，表示电源2工作，如果在手动状态下，电源出现故障，不能自动切换。

控制电路自动开关见表9-1。

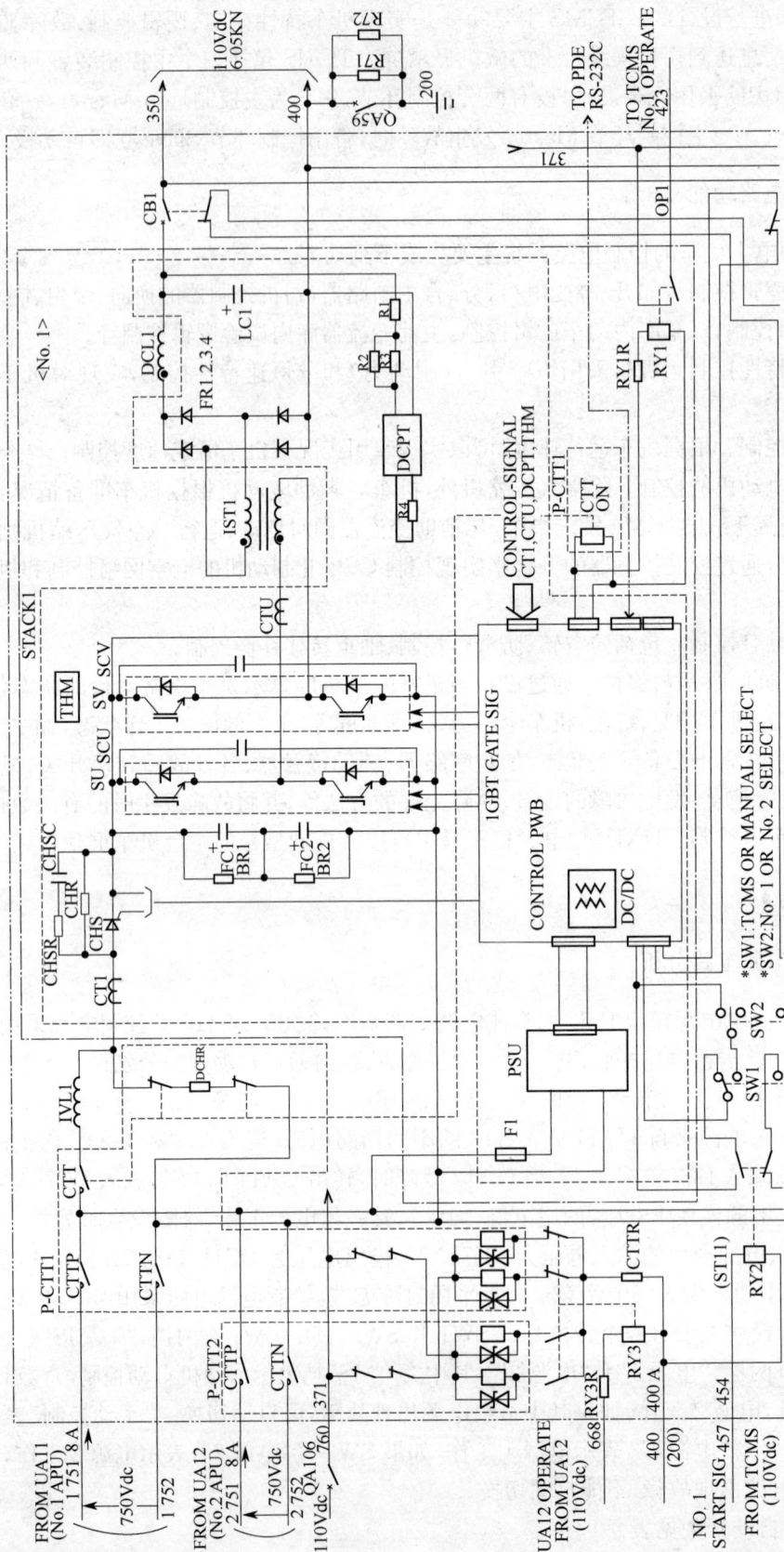

图 9-21　DC 110 V 充电电源模块电路

表 9-1　控制电路自动开关

名　称	代　号	名　称	代　号
微机 1 控制自动开关	QA41	微机 2 控制自动开关	QA42
司机控制 1 自动开关	QA43	司机控制 2 自动开关	QA44
机车控制自动开关	QA45	主变流器自动开关	QA46
辅助变流器自动开关	QA47	车内照明自动开关	QA48
车外照明自动开关	QA49	前照灯自动开关	QA50
辅助设备自动开关	QA51	无线电台自动开关	QA52
自动信号自动开关	QA53	监控装置自动开关	QA54
电控制动自动开关	QA55	低温预热自动开关	QA56
110V 电源控制自动开关	QA106	门控开关	QA102
自动过分相控制开关	QA71	空调机组控制开关	QA104
撒砂加热控制开关	QA73		QA105

在控制电器柜上设置了控制电源电压表 PV71,在两端操纵台上也设置了控制电源电压表 PV41、PV42,用于随时监视控制电源的电压情况,并且通过微机显示屏也可监视控制电源的电压情况。

二、司机指令与信息显示电路

司机指令与信息显示电路如图 9-22 及图 9-23 所示。在机车Ⅰ、Ⅱ端司机室设置了完全相同的控制指令开关,可以分别对机车微机控制监视系统发出命令,实现对机车的控制。下面以Ⅰ端司机室控制指令为例进行说明,同时将Ⅱ端对应的控制器件代号用"( )"进行表示。

(一)机车的常规司机指令控制

司机电钥匙开关 SA49(SA50)有"合"、"分"两个位置,当置"合"位置时,机车Ⅰ端即被设定为操纵端。

主司机控制器 AC41(AC42)有方向手柄和调速手柄两个。方向手柄有"向前"、"向后"和"0"三个位置。调速手柄可以提供牵引级位 0~13 级,制动级位 *~12 级。两个手柄之间设有机械连锁,当调速手柄在"0"位时,方向手柄方可进行转换;方向手柄在"0"位时,调速手柄不能移动,只能在"0"位。

受电弓扳键开关 SB41(SB42)有三个位置,分别为"前受电弓"、"后受电弓"、"0"位。当 SB41 置"前受电弓"或"后受电弓"位时,受电弓电空阀 YV41 或 YV42 线圈得电,在空气管路压力正常的前提下,受电弓 AP1 或受电弓 AP2 升起;当 SB41 置"0"位,受电弓 AP1 或受电弓 AP2 均降下。

主断路器扳键开关 SB43(SB44)有三个位置,分别为"主断分"、"主断合"、"0"位。该扳键开关为自复式,正常位置是"0"位。当开关置"主断合"位 1 次时,如果主断闭合的相关逻辑正常,主断路器 QF1 线圈得电,在空气管路压力正常的前提下,主断路器 QF1 闭合;当扳键开关置"主断分"位 1 次时,主断路器 QF1 线圈失电,主断路器 QF1 分断。

空气压缩机扳键开关 SB45(SB46)有三个位置,分别为"主压缩机"、"强泵"、"0"位。在辅助变流器工作的前提条件下,当开关置"主压缩机"位,并且总风缸空气压力继电器 KP51-1、KP51-2(KP51-1:风压低于 750 kPa 时闭合,风压高于 900 kPa 时断开;KP51-2:风压低于 825 kPa

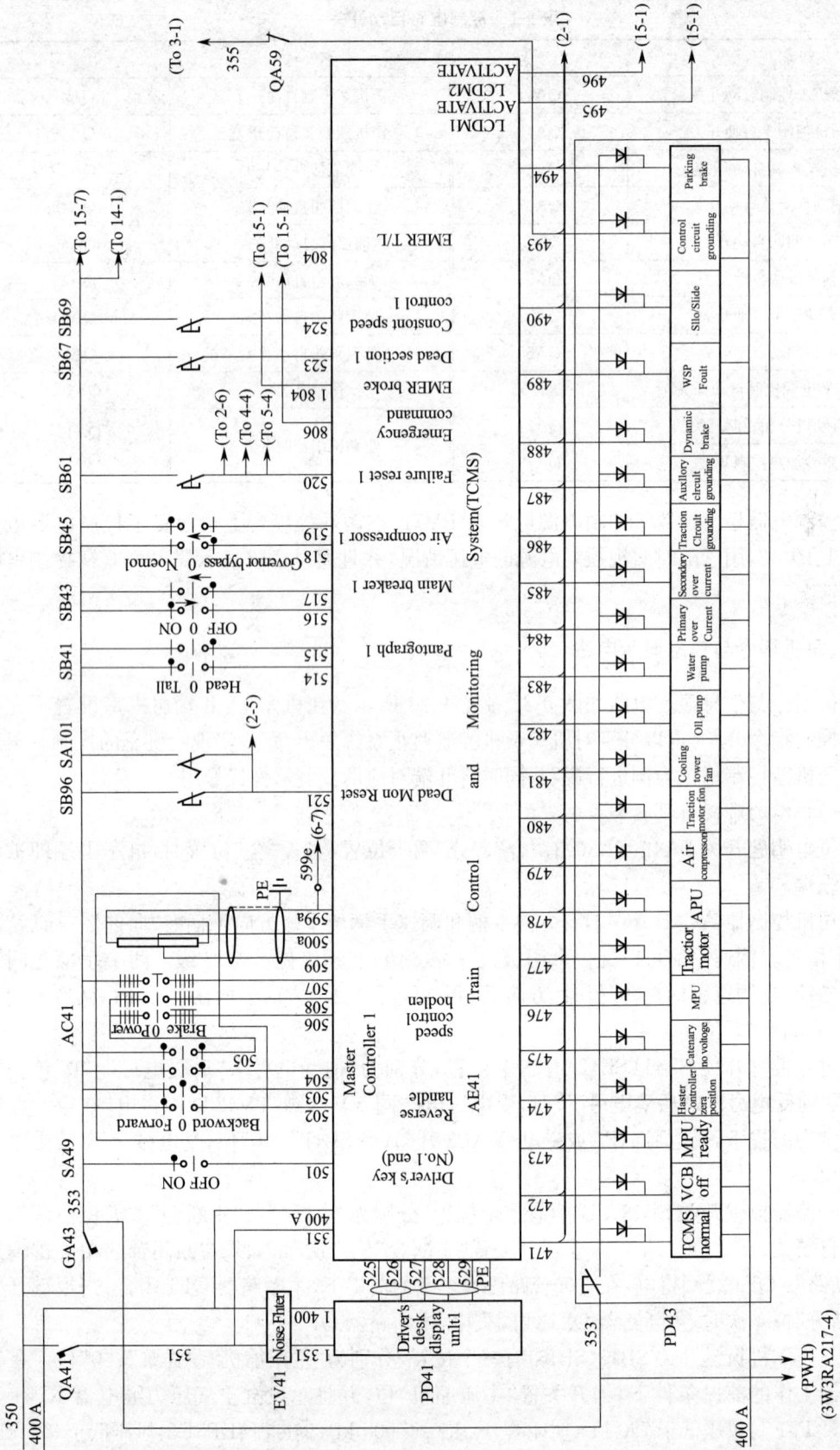

图 9-22　控制电路原理图 1

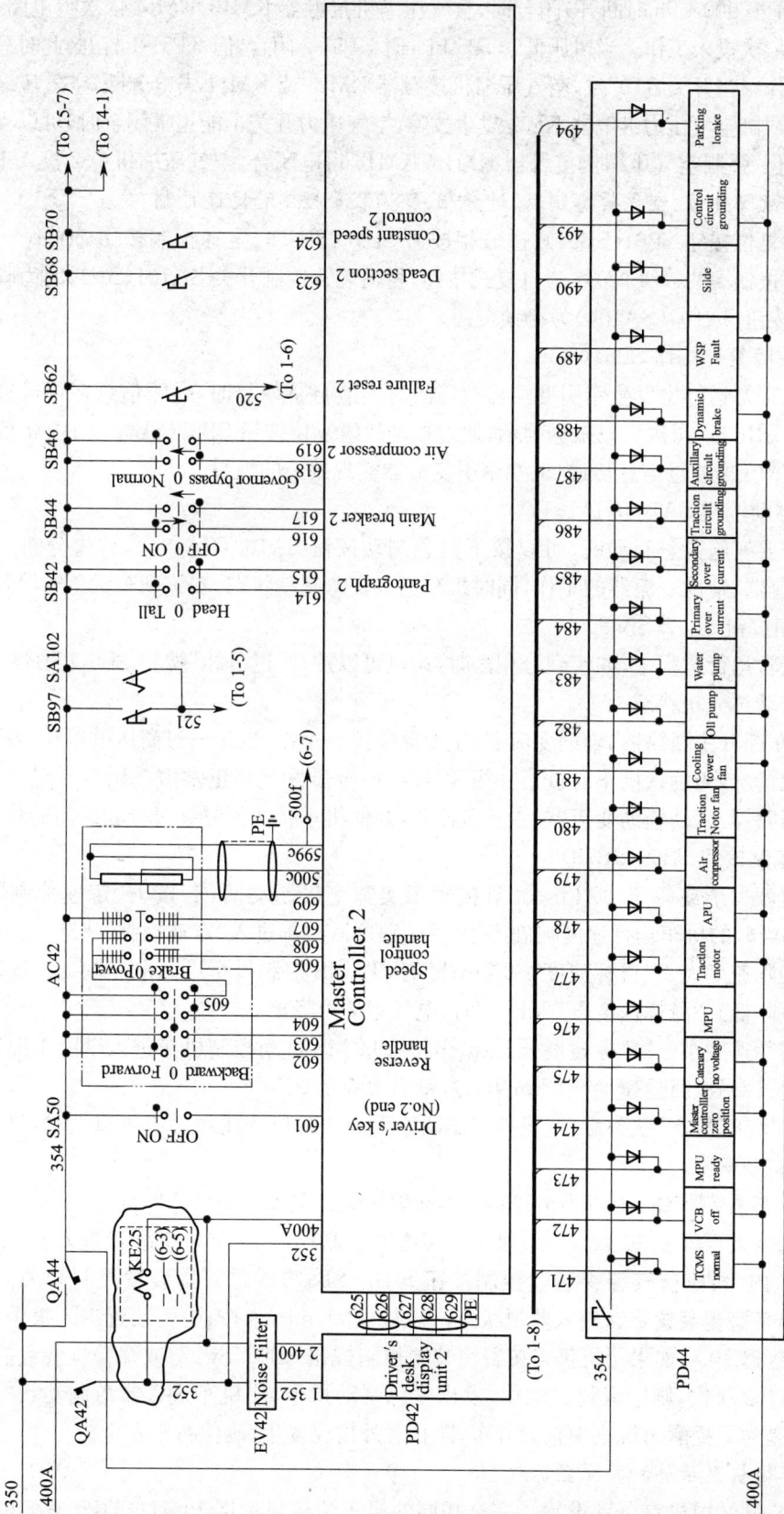

图 9-23　控制电路原理图 2

时闭合,风压高于 900 kPa 时断开)闭合时,空气压缩机接触器 KM13、KM14 依次得电闭合,空气压缩机 1、2 依次投入工作。当风压低于 825 kPa 时 KP51-2 闭合,但 KP51-1 打开,此时只有操纵端压缩机工作。当开关置"0"位,空气压缩机接触器 KM13 或 KM14 失电分断,空气压缩机停止工作。若总风缸空气压力继电器 KP51 发生故障,空气压力开关不能正常闭合时,可以将扳键开关置"强泵"位,强制空气压缩机接触器 KM13、KM14 得电闭合,空气压缩机 1、2 投入工作。

　　(二)机车故障复位、空气紧急制动、过分相、警惕装置控制和定速控制

　　机车故障复位按钮 SB61(SB62)、过分相按钮 SB67(SB68)、定速控制按钮 SB69(SB70)、警惕装置控制按钮 SB96(SB97)均为自复式按钮,警惕装置控制开关 SA101(SA102)为脚踏开关,紧急制动按钮 SA103(SA104)为自锁按钮。

　　1. 机车故障复位按钮 SB61(SB62)

　　当机车在正常运行中发生牵引变流器故障同时不能自行恢复时,故障信息在司机室信息显示单元中显示出来,司机可以根据提示,通过按动故障复位按钮 SB61(SB62)1 次,将信号送到 TCMS,TCMS 再通过信息传递,通知牵引变流器实现故障的恢复。

　　2. 紧急制动按钮 SA103(SA104)

　　当机车需要实施紧急制动时,可以按下紧急制动按钮 SA103(SA104),首先分断主断路器,停止主变流器、辅助变流器的工作,同时机车进入紧急制动状态,实施列车紧急空气制动。

　　3. 过分相按钮 SB67(SB68)

　　在机车正常运行过程中,如快到分相区时,司机可以按动"过分相"按钮 SB67(SB68)1 次,机车进入半自动过分相状态。

　　首先,机车断开主断路器,辅助变流器、主变流器停止工作,机车通过高压电压互感器检测机车网压变化情况,当确认机车通过了分相区,接触网电压恢复至正常值并延迟一定时间后,自动闭合主断路器,启动辅助变流器、主变流器等,并使机车状态恢复到过分相区前的状态。

　　4. 定速控制按钮 SB69(SB70)

　　当机车速度大于或等于 15 km/h,且机车未实施空气制动时,若按下"定速控制"按钮 SB69(SB70),当时的机车运行速度被确定为"目标速度",机车进入"定速控制"状态。

　　当机车实际速度大于"目标速度+2 km/h"时,TCMS 控制机车进入电气制动工况;当机车的实际速度降低到"目标速度+1 km/h"时,电气制动力降至 0。

　　当机车实际速度小于"目标速度-2 km/h"时,TCMS 自动控制机车进入牵引工况;当机车的实际速度升高到"目标速度-1 km/h"时,牵引力降至 0。

　　机车进入"定速控制"状态后,司机控制器调速手柄的级位变化超过 1 级以上时,机车"定速控制"状态自动解除。

　　5. 警惕装置控制按钮 SB96(SB97)和警惕装置控制开关 SA101(SA102)

　　当机车速度大于等于 30 km/h,且机车未实施紧急制动时,机车警惕装置进入监视状态,此时每 1 min 内,司机应按警惕装置控制按钮 SB96(SB97)或踩警惕装置控制开关 SA101(SA102)1 次,使警惕装置重新进入监视状态,否则超过 1 min 未按,警惕装置进入报警状态,蜂鸣器响,再延迟 10 s,如果司机仍未按警惕装置控制按钮 SB96(SB97)或踩警惕装置控制开关 SA101(SA102)1 次,则警惕装置动作,发出紧急制动指令,使机车进入紧急制动状态。此装置的设立,是为了提醒司机集中精力开车,防止意外情况发生,确保行车安全。

　　(三)机车微机显示屏和故障显示灯

　　在机车 I、II 端司机室分别设置了完全相同的机车微机显示屏 PD41、PD42,它们的信息

来自 TCMS。TCMS 将来自机车主变流器、辅助变流器、各个控制继电器、接触器、转换开关等的信息进行综合，通过微机显示屏 PD41、PD42 进行显示，方便司机了解机车各主要电器设备的工作情况，确保行车安全。

在机车Ⅰ、Ⅱ端司机室分别设置了完全相同的机车故障显示灯，安装在两个多功能状态仪表组合模块中，用于机车故障的显示。分别为微机正常、主断分、预备、零位、欠压、主变流器故障、牵引电动机故障、辅助变流器故障、压缩机故障、牵引风机故障、冷却风机故障、油泵故障、水泵故障、原边过流、次边过流、主接地、辅接地、电制动、制动系统故障、空转、控制接地、停车制动。其中，除微机正常、主变流器预备为绿色工作显示外，其他均为红色故障显示。

三、机车逻辑控制和保护电路分析

HXD₃ 型电力机车逻辑控制和保护电路如图 9-24 所示。机车逻辑控制和保护电路主要是将各辅助电动机自动开关、各风速继电器故障隔离开关、高压故障隔离开关、压缩机接触器状态、主断路器状态、辅助变流器库内试验开关、主变流器试验开关、各种接地保护、空气管路系统压力继电器等的状态指令送入 TCMS，用于机车的各种工作逻辑及保护逻辑控制，并通过 TCMS 与主变流器和辅助变流器之间的通信，将有关控制指令信息送到主变流器和辅助变流器，达到整车联控的目的。

（一）各辅助电动机自动开关

1. 牵引通风机自动开关 QA11～QA16

用于牵引通风机的故障保护和相应的逻辑控制。当牵引通风机过流造成自动开关断开后，主触点断开对应牵引通风机的供电电路，辅助触点将故障信号送到 TCMS，然后通过 TCMS 一方面送到司机故障显示灯，另一方面自动隔离对应的牵引电动机的牵引变流器。

2. 冷却塔通风机自动开关 QA17～QA18

用于冷却塔通风机的故障保护和相应的逻辑控制。当冷却塔通风机过流造成自动开关断开后，主触点断开对应冷却塔通风机的供电电路，辅助触点将故障信号送到 TCMS，然后通过 TCMS 一方面送到司机故障显示灯，另一方面自动隔离相应的主变流器，使该转向架上的牵引电动机停止工作。

3. 空气压缩机自动开关 QA19～QA20

用于空气压缩机的故障保护。当空气压缩机自动开关断开后，断开对应空气压缩机的供电电路，并将故障信号通过 TCMS 送到司机故障显示灯，同时断开对应空气压缩机的控制接触器线圈支路，使该接触器不能得电闭合。

4. 油泵自动开关 QA21～QA22

用于主变压器油泵的故障保护和相应的逻辑控制。当油泵自动开关断开后，断开对应油泵供电电路，故障信号一方面送到司机故障显示灯，另一方面自动隔离对应的主变流器和对应转向架上的牵引电动机，同时，使另一套主变流器和另一转向架上的牵引电动机降功率工作。

（二）受电弓故障隔离开关 QS1～QS2

用于受电弓的故障隔离保护和相应的逻辑控制。

（三）空气压缩机接触器状态信号 KM13～KM14

用于空气压缩机电磁接触器的工作确认，确保机车空气压缩机投入工作。

（四）主断路器状态 QF1

用于主断路器的工作状态的确认，确保在主断路器闭合后，主变流器、辅助变流器才能投

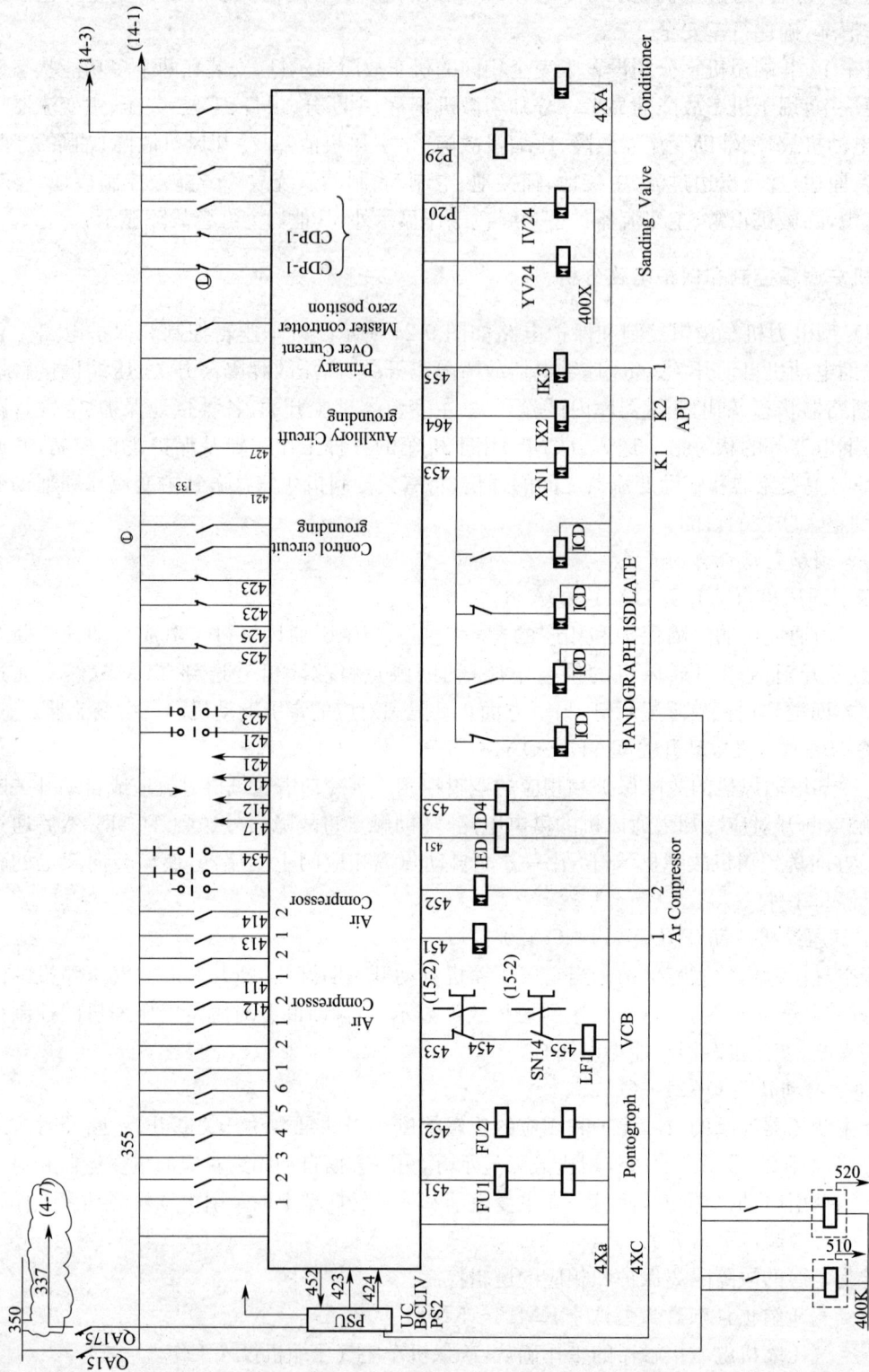

图 9-24　机车逻辑控制和保护电路

入工作。

（五）辅助变流器库内试验转换开关 QS11

用于辅助变流器在库内试验时的转换。当该开关闭合后，其辅助触点送信号给 TCMS，使机车进入辅助回路库内试验环节。此时，机车主断路器不必闭合，辅助变流器 APU2 和辅助电动机便可以投入工作。

（六）原边过流继电器 KC1

当机车发生原边过流故障时，原边过流继电器 KC1 动作，其联锁触点信号送入 TCMS，跳开主断路器，实施故障保护。原边电流的保护值为 800 A，对应次边电流为 10 A，此时 KC1 动作。

（七）主变压器温度过高继电器 KP52

当机车主变压器发生温度过高故障时，主变压器温度继电器 KP52 动作，其联锁触点信号送入 TCMS，跳开主断路器，实施故障保护。

（八）总风缸压力继电器 KP51-1、KP51-2、KP60

继电器 KP51-1、KP51-2 和 KP60 三个继电器都是监测机车总风压力的。KP51-1、KP51-2 用于机车空气压缩机的启动控制；但它们的动作值不同，KP51-1 为 750～900 kPa，KP51-2 为 825～900 kPa。当总风缸压力小于 750 kPa 时，KP51-1、KP51-2 均闭合；当总风缸压力大于 900 kPa 时，KP51-1、KP51-2 都断开；但是当风缸压力小于 825 kPa 时，继电器 KP51-1 断开，继电器 KP51-2 闭合；通过继电器的不同闭合方式，实现机车刚启动时，两组压缩机均工作，一旦风压建立起来，那么每当风压低于 825 kPa 时，机车Ⅰ端操纵时，压缩机 1 工作，机车Ⅱ端操纵时，压缩机 2 工作。

继电器 KP60 的动作值是当总风压力高于 470 kPa 时闭合，当总风压力低于 350 kPa 时断开，该继电器的连锁触点送入 TCMS，参与整车的牵引控制，当总风压力太低低于 KP60 的保护值，牵引变流器将禁止功率输出，确保行车安全。

（九）停车制动压力继电器 KP59

用于机车的弹簧储能停车制动。当机车实施弹簧储能停车制动时，该压力继电器断开，指令信息输入 TCMS，控制机车禁止功率输出。反之，该压力继电器闭合，说明机车未投入弹簧储能停车制动。

（十）机车制动缸压力继电器 KP61

继电器 KP61 用于监控机车制动缸的压力。当机车制动缸压力高于 100 kPa 时，继电器 KP61 闭合；当机车制动缸压力低于 50 kPa 时继电器 KP61 打开。该指令信号送入 TCMS，参与机车踏面清扫控制，即在机车制动缸压力高于 100 kPa 时，踏面清扫投入，当机车制动缸压力低于 50 kPa 时，踏面清扫解除。

（十一）机车主变流器试验开关 SA75

当机车主断路器不具备闭合条件时，可以使用该开关通过 TCMS 对机车主变流器的控制单元进行检测，并在微机显示屏上进行显示。

（十二）原边电流监测 TA2

为了实现机车原边电流监测，原边电流互感器电流信号 TA2 也送到 TCMS，通过微机显示屏来显示机车原边电流。

（十三）撒砂控制 YV240、YV241

机车设有两个撒砂电空阀，分别为前侧 YV240、后侧 YV241。

撒砂电空阀的控制可以通过三条途径来实现：一是司机室脚踏撒砂阀 SA83、SA84，当司机认为机车需要撒砂时,可以通过脚踏撒砂开关进行人为撒砂;二是当机车运行时,如果发生空转、滑行等情况时,机车的六台牵引电动机转速会不同,机车主变流器的控制单元就会将撒砂信息送到机车 TCMS,由 TCMS 给出信号实现撒砂;三是当机车实施紧急制动时,由 CCB-Ⅱ制动机发出撒砂指令,实现机车撒砂。

四、主变流器控制电路

机车两套主变流器装置 UM1、UM2 的控制电路基本一致。不同的是,Ⅰ端主变流器装置 UM1 的装置识别设定为 110 V,Ⅱ端主变流器装置 UM2 的装置识别设定为 0 V,下面以Ⅰ端主变流器装置 UM1 的控制进行说明。

1. 机车主变流器装置的控制主要是按照司机控制器给定指令,由 TCMS 通过通信线传递给主变流器控制单元,按照机车牵引制动特性曲线,完成对牵引电动机的控制。

2. 主变流器发生接地、次边过流、牵引电动机过流等故障时,故障信号送 TCMS,进行故障显示和记录,并在司机显示屏中给出提示,指导司机进行有关故障隔离等操作。主变流器的故障可以通过按动"故障复位"按钮进行恢复。

3. 主变流器允许投入前必须具备的信号有牵引风机风速继电器 KP41、KP42、KP43,冷却塔通风机风速继电器 KP47 和主变压器油流继电器 KP49 信号。当这些风速或流速继电器均正常闭合时,说明主变流器工作的外围条件具备,可以投入运行。

4. 对主变流器的控制还设置了牵引变流器隔离开关。该开关置于微机显示屏内,是触摸开关。在正常情况下,这些开关均闭合。当由于某种原因,如牵引电动机发生故障、主变流器支路发生接地等,需要对某个牵引变流器支路或牵引电动机进行隔离时,可以通过微机显示屏进行隔离相应变流器,使之停止工作。这些开关还可以用于牵引电动机转向试验和机车旋轮等。

5. 主变流器的控制用信号还有牵引电动机速度传感器 BV41、BV42、BV43 的信号。每个速度传感器同时送出两个速度信号至主变流器控制装置,用以实现主变流器对牵引电动机的矢量控制,有效地实施机车的防空转、防滑行保护,并对机车的轴重转移进行补偿。

6. 库内动车信号通过库用开关 QS3 或 QS4 送到主变流器控制单元,用于在库内动车时主变流器按照特定的控制程序工作。

7. 主变流器装置试验开关 SA75,用于在低压试验或机车出厂前时对主变流器的控制单元进行试验检查,确认其是否工作正常。

8. 为满足主变流器工作需要,在主变流器的控制单元内引入高压电压互感器 TV1 同步信号。

9. 主变流器控制单元与 TCMS 的接口信号除两套通信线外,还设有主变流器隔离、工作、功率预备和故障等信号。

五、辅助变流器控制电路

机车两套辅助变流器装置 UA11、UA12 的控制电路基本一致。不同的是,正常情况下,Ⅰ端辅助变流器装置 UA11 设定为变电压、变频率 VVVF 工作方式,当主断路器闭合、换向手柄离开零位后,UA11 开始工作;Ⅱ端辅助变流器装置 UA12 设定为恒电压、恒电流 CVCF 工作方式,只要主断路器闭合,UA12 就开始投入工作。下面以Ⅱ端辅助变流器装置 UA12 的控制进行说明。

1. 机车主断路器闭合后,由 TCMS 发出命令,闭合辅助变流器 UA12 输出电磁接触器 KM12,并将信息传递给辅助变流器控制单元,由辅助变流器控制单元发出指令,控制辅助变流器 UA12 启动。

2. 当机车某一辅助变流器发生故障,故障的辅助变流器能及时发信息给 TCMS,通过 TCMS 的控制,自动完成输出电磁接触器的动作转换。若辅助变流器 UA11 发生故障,则电磁接触器 KM11 断开,电磁接触器 KM20 闭合;若辅助变流器 UA12 发生故障,则电磁接触器 KM12 断开,电磁接触器 KM20 闭合。故障的辅助变流器将信息传递给另一组辅助变流器,使其工作在 CVCF 方式,同时,故障的辅助变流器被隔离,此时所有辅助电动机全部由另一套辅助变流器供电,不受其他指令的控制,牵引电动机通风机和冷却塔通风机将正常满功率工作。

3. 为便于辅助变流器的隔离,在微机显示屏内设置了辅助变流器开放隔离开关,通过触摸开关进行隔离。正常情况下,这些开关均闭合。当由于某种原因,需要进行隔离操作时,可以通过微机显示屏进行相应辅助变流器的隔离。

4. 为确保辅助变流器正常工作,将电磁接触器 KM11、KM12、KM20 的信号引入辅助变流器控制单元。

5. 辅助变流器控制单元与 TCMS 的接口信号除 1 套通信线外,还设有辅助变流器隔离、功率预备和故障等信号。

【实践与训练】

工作单 9.3

项目名称	HXD₃ 型电力机车电路分析与电气试验		
任务名称	HXD₃ 型电力机车控制电路分析		
班　级		姓　名	

【基础知识的认知】

说明 HXD₃ 型电力机车控制电路的功能。

【动手能力训练】

1. 分析说明 HXD₃ 型电力机车控制电源电路的工作原理。

2. 分析说明 HXD₃ 型电力机车的逻辑控制与保护电路的作用。

续上表

【工作总结】
说明在本任务的工作过程中所了解、掌握的内容,有何收获。
指导老师评价:
任务完成人签字:　　　　　　　　　日期:　　年　月　日
指导老师签字:　　　　　　　　　　日期:　　年　月　日

任务四　HXD₃ 型电力机车高、低压电气试验

【任务要求】

熟知 HXD₃ 型电力机车高、低压试验程序试验前的准备。

【任务内容】

1. 进行 HXD₃ 型电力机车低压试验。

2. 进行 HXD₃ 型电力机车高压试验。

【任务准备】

1. 所需设备:司机控制器、模拟驾驶操纵台、电器柜。

2. 所需物品:手电、万用表、兆欧表、螺丝刀、手钳、尖嘴钳、剥线钳、棉布、毛刷、气吹装置等。

【相关理论知识】

一、HXD₃ 型电力机车高、低压试验程序试验前的准备

1. 确认车顶无人后锁闭车顶门。

2. 用 1 000 V 兆欧表测量原边电路对地绝缘应不小于 5 MΩ。

3. 用 1 000 V 兆欧表测量主电路对地绝缘应不小于 1 MΩ。

4. 用 500 V 兆欧表测量辅助电路对地绝缘应不小于 1 MΩ。

5. 拆除制动装置、ATP 装置、TCMS 装置显示器、语音箱、仪表模块上的插头,拆除 EBV 插头,拆除控制电气柜的 CNQE 插头,UM1、2 插头,TCMS 的插头,拔下顶盖 RFCN1、2、3 插头,所有速度传感器插头,拆除空气管路柜的控制单元插头,PDU 及 EV33(自动过分相)插头,风速继电器的接线,用 500 V 兆欧表测量控制电路对地绝缘应不小于 5 MΩ。

6. 各管路塞门在正常工作位置,总风缸压力不小于 700 kPa,机车闸缸压力不小于 300 kPa。

7. 确认主电路的外部电源切换开关 QS3、QS4 处在"运转"位置。

8. 确认辅助电路的外部电源切换开关 QS11 处在"运转"位置。

9. 确认主电路接地开关 GS1～GS6、辅助电路接地开关 GS7、GS8 全部处于"正常"位。

10. 确认空气管路的各切断阀门处在"运行"位置、制动器单元的各切断阀门也处在"运行"位置。

11. 确认电器控制箱的空气断路器全部处在"断开"位。

二、低压试验

机车低压试验的目的是在机车组装完毕后对全车各电路、电气设备的连接正确与否,各电气设备的执行机构动作程序及逻辑关系正确与否作全面的检查。低压试验前应对机车上安装的各种电气部件或组件以及电气线路作一次一般性整备检查,并对某些电气和机械设备做必要的操作。

(一)低压试验准备工作

1. 确认各装置内没有异物,各电器机器、开关、手柄等顺利地动作,处在正确的位置,各接触器的接点没有明显的烧损。

2. 确认蓄电池组状态良好,无放电、烧痕现象。导线连接正确、紧固到位。闭合控制接地自动开关 QA09,蓄电池自动开关 QA61。确认控制电器柜上电压表 PV71 显示不低于 90 V,Ⅰ、Ⅱ端司机操纵台上的控制电压表 PV41、PV42 的电压指示应与控制电器柜上电压表 PV71 表示一致,不超过误差范围。注意:在闭合蓄电池自动开关前,应先确定蓄电池及 110 V 回路无短路、接地现象,即先闭合控制接地自动开关 QA59,再闭合蓄电池自动开关 QA61 后,QA59 不应跳开。若 QA59 跳开则说明回路存在短路或接地现象,此时应排除故障,如确认微机柜 TCMS 变流柜及空气管路的输入电源极性正确。依次闭合微机控制自动开关 QA41、QA42、司机控制自动开关 QA43、QA44、机车控制自动开关 QA45、主变流器自动开关 QA46、辅助变流器自动开关 QA47、电控制动自动开关 QA55,各回路应无短路、接地现象。通过 TCMS微机显示屏确认 MPU(CI)、APU 和制动系统的状态是否正常。通过微机显示屏中的信号状态画面,确认 TCMS 的输入输出信号是否正确。

3. 确认控制台上的仪表、各显示屏画面无异常。

4. 确认主电路的外部电源切换开关 QS3、QS4 处在"运转"位置。

5. 确认空气管路的各切断阀门处于"运行"位置、制动器单元的各阀门也处在"运行"位置。

(1)闭合蓄电池自动开关 QA61,注意检查蓄电池电压表显示不低于 92 V。注意逐个闭合空气断路器,确认各回路是否正常。合上电钥匙通电。

(2)通过 TCMS 微机显示屏确认 MPU(CI)APU 和制动系统的状态是否正常。通过微机显示屏中的信号状态画面,确认 TCMS 的输入输出信号是否正确。

（二）辅助压缩机动作试验

按一下控制电气柜内的 SB95 开关（自复位），听 KMC1 闭合声音，辅助压缩机工作。观察空气管路柜处的压力表，当气压达到（735±20）kPa（KP57 断开）时辅助压缩机自动停止工作。注意：辅助压缩机不宜长时间和频繁启动。打风时间应在 10 min 内，如超过 10 min 还没有停机，应断开 QA45 和 QA51，检查相应空气管路是否泄漏。

（三）受电弓动作试验

通过操作操纵台开关 SB41、SB42 及控制电气柜处的 SA96 进行受电弓试验，检查其动作情况，检测上升时间小于 5.4 s，下降时间小于 4 s，按规定条件检测压力在（70±5）N。其动作逻辑见表 9-2。

表 9-2　受电弓动作试验

开关	开关位置	SA96		
		正常	受电弓 1 隔离	受电弓 2 隔离
SB41	前受电弓	前受电弓上升	前受电弓不上升	前受电弓不上升
	后受电弓	后受电弓上升	—	后受电弓不上升
SB42	前受电弓	前受电弓上升	后受电弓上升	后受电弓不上升
	后受电弓	后受电弓上升	前受电弓不上升	—

当在 Ⅰ 端操纵时，闭合开关 SB41 置"前受电弓"位、如果 SA96 在"正常"位，1 端受电弓上升，如果 SA96 在受电弓 2"隔离"位，前受电弓上升；当在 Ⅱ 端操纵时，则相反。确认受电弓能够正常升降，并确认其上升时间小于 5.4 s，下降时间小于 4 s。

（四）操作 SA96 确认高压隔开关 QS1、QS2 动作逻辑试验

操作 SA96 确认高压隔离开关 QS1、QS2 动作逻辑试验，见表 9-3。操作高压隔离开关 SA96：正常位时，QS1、QS2 闭合，隔离受电弓 1，QS1 断开；隔离受电弓 2，QS2 断开。

表 9-3　高压隔离开关 QS1、QS2 动作逻辑试验

高压隔离开关	正常	受电弓 1 隔离	受电弓 2 隔离
QS1	闭合	断开	闭合
QS2	闭合	闭合	断开

（五）主断路器 VCB 动作试验

将控制电气柜处 SA75 开关置"试验"位，合主断 SA43 或 SA44，听主断路器 VCB 动作声音。

将试验开关 SA75 置于"试验"位，换向器置于"向前"或"向后"位，再操纵主控器的手柄，确认控制单元的动作表示和各接触器的动作。

将 SAT5 开关置"正常"位，通过操作 SA43、SA44 确认主断路器 VCB 是否正常闭合、断开，确认网络有电 QS3、QS4、QS11、QS10 处在正常位置。VCB 气压正常（升弓风缸压力足以保证 KP58 的信号 470 闭合）。MPU 控制单元 1 台以上运转正常；司控器主手柄处于"0"位。

（六）受电弓故障检测器动作试验

Ⅰ 端/Ⅱ 端的受电弓上升后，按下 PDU1/PDU2 试验开关，确认主断路器 VCB 断开，受电弓降下。

注：Ⅰ 端受电弓操作 PDU1，Ⅱ 端受电弓操作 PDU2。

（七）APU 控制动作试验

将 APU1 和 APU2 的控制单元（整流器、逆变器）的拨码开关设定为试验模式。

通过按动 PBS，使 LED2 显示处于接通状态，APU 的动作条件成立，动作情况如下。

1. APU1 TEST AK 闭合→K 闭合→AK 断开→KM11 闭合。

2. APU2 TEST AK 闭合→K 闭合→AK 断开→KM12 闭合。

3. APU1 和 APU2 TEST AK 闭合→K 闭合→AK 断开→KM11、KM12 闭合→APU1 的冷却风机自动开关 BM 断开→KM11 断开→KM20 闭合。

4. APU1 和 APU2 TEST AK 闭合→K 闭合→AK 断开→KM11、KM12 闭合→APU2 的冷却风机自动开关 BM 断开→KM12 断开→KM20 闭合。

5. 试验后将 APU 复位，必须先闭合 BM、切断 QA47，然后再闭合 QA47。确认在 TCMS 显示屏可以断开，复位 APU。

（八）空气压缩机控制动作试验

1. APU1、APU2 设定为试验模式，总风压力在 750 kPa 以下，闭合自动开关 QA19、QA20。

2. SB45（Ⅰ端）置"压缩机"位→（KM11 闭合 10 s 后）KM13 闭合→3 s 后 KM14 闭合→SB45 置"0"位→KM13、KM14 断开→SB45 置"强泵风"位→KM13 闭合→3 s 后 KM13 闭合。

3. SB46（Ⅱ端）置"压缩机"位→（KM11 闭合 10 s 后）KM14 闭合→3 s 后 KM13 闭合→SB45 置"0"位→KM13、KM14 断开→SB45 置"强泵风"位→KM14 闭合→3 s 后 KM13 闭合。

（九）MPU 动作试验

将 SA75 设定为试验模式［MPU 的每组控制单元 LED S2＝2(F)点亮］。VCB 断开，QS3、QS4 置"运行"位。确认 MPU1 中的控制单元 LED S2＝2(8)均亮，而 MPU2 的控制单元 LED S2＝2(8)均灭。

当在Ⅰ端操作时，确认 6 台控制单元及 6 组接触器的动作状态，并注意观察 TCMS 显示屏的显示，其逻辑关系见表 9-4。

表 9-4　Ⅰ端的 6 台控制单元及 6 组接触器动作状态表

序　号	操　作		接触器动作		TCMS 显示
	换向手柄	主手柄	AK	K	
1	F	0	开→关	开	箭头指向Ⅰ端
2	N	0	关	关	
3	R	0	开→关	开	箭头指向Ⅱ端
4	F	P1	开→关	开	挡位表示 1 级
5	F	P13	关	开	挡位表示 13 级
6	F	0	关	开	挡位表示 0 级
7	F	B13	关	开	挡位表示 13 级
8	F	B1	关	开	挡位表示 1 级

1. 当换向手柄置"向前"位，调速手柄在"0"位时，接触器 AK 由断开到闭合，接触器 K 断开，机车运行方向为Ⅰ端向前。

2. 当换向手柄置"0"位，调速手柄在"0"位时，接触器 AK 闭合，接触器 K 闭合。

3. 当换向手柄置"向后"位，调速手柄在"0"位时，接触器 AK 由断开到闭合，接触器 K 断开，机车运行方向为向后运行。

4. 当换向手柄置"向前"位,调速手柄在牵引区"1"位时,接触器 AK 由断开到闭合,接触器 K 断开,机车运行方向为向前运行,挡位显示为 1 级。

5. 当换向手柄置"向前"位,调速手柄在牵引区"13"位时,接触器 AK 闭合,接触器 K 断开,机车运行方向为向前运行,挡位显示为 13 级。

6. 当换向手柄置"向前"位,调速手柄置"0"位时,接触器 AK 闭合,接触器 K 断开,机车运行方向为 I 端向前,挡位显示为 0 级。

7. 当换向手柄置"向前"位,调速手柄在制动区 13 级时,接触器 AK 闭合,接触器 K 断开,挡位显示为 13 级。

8. 当换向手柄置"向前"位,调速手柄在制动区 1 级时,接触器 AK 闭合,接触器 K 断开,挡位显示为 1 级。

在 II 端操作,确认 6 台控制单元及 6 组接触器的动作状态。其逻辑关系与 I 端操作相似,见表 9-5。

表 9-5　II 端的 6 台控制单元及 6 组接触器的动作状态

序号	操作		接触器动作		TCMS 显示
	换向器	主手柄	AK	K	
1	F	0	开→关	开	箭头指向 I 端
2	N	0	关	关	
3	R	0	开→关	开	箭头指向 II 端
4	F	P1	开→关	开	挡位表示 1 级
5	F	P13	关	开	挡位表示 13 级
6	F	0	关	开	挡位表示 0 级
7	F	B13	关	开	挡位表示 13 级
8	F	B1	关	开	挡位表示 1 级

(十)辅机的检查与试验

断开 QA106,打开 KM12、KM20,依次闭合水泵自动开关、辅助变流器风机自动开关,看 TCMS 显示屏相应显示信号应正常无误。依次闭合牵引通风机 MA11~MA16,复合冷却塔风机 MA17、MA18,变压器冷却油泵 MA21、MA22,看 TCMS 显示屏相应显示信号应正常无误。

三、高压试验

机车高压试验的目的是检验机车在接触网供电工况下各辅助电气设备启动、运行情况,并初步验证机车牵引、制动性能。高压试验一般在工频 25 kV 接触网供电情况下升弓后静止进行,与工作无关的人员要离开试验现场。

(一)准备工作

1. 检查和复位

将控制电器柜内的主电路库用开关 QS3、QS4 置"运行"位,辅助电路库用开关 QS11 置"运行"位,并将柜内的所有接地开关闭合。车顶门作用良好,并锁闭此门,拔下黄色钥匙,插入接地开关 QS10,并将 QS10 置正常"运行"位,将蓝色钥匙拔出,并插入空气管路柜的升弓气路阀,开通升弓气路。通过 TCMS 显示屏,将 6 组 CI 全部隔离。将各故障隔离开关至"正常"

位,保证机车空气制动系统作用良好,检查各风速继电器状态良好。

2. 辅机检查

首先观察空气管路柜上的辅助风缸压力表,检查气压是否达到 480 kPa 以上,即压力继电器 KP58(480~650 kPa)是否闭合。如果风压不足,按下控制电器柜内的 SB95 开关(自复),KMCI 闭合,辅助压缩机开始打风,当气压达到(735±20)kPa(KP57 断开)时,辅助压缩机自动停止工作。闭合电钥匙,将受电弓扳键开关 SB41(SB42)置"后受电弓"位,受电弓升弓,网压表能正确显示网压。将主断路器扳键开关 SB43(SB44)置"主断合"位,主断路器应可靠闭合,同时辅变流器 APU2 开始启动运行,油泵、水泵均投入工作,注意观察油流方向、水流方向均正常。将压缩机扳键开关 SB45(SB46)置"空压机"位,空气压缩机 1、2 依次投入工作,空气压缩机转向应正确,否则会出现压缩机接触器打摆的现象。

确认 110 V 充电模块 PSU:(1)如果 SW1 置"手动"位,SW2 置"1"位,通过 CTMS 显示屏确认 PSU1 工作;如果 SW2 置"2"位,通过 CTMS 显示屏确认 PSU2 工作;(2)如果 SW1 置"自动"位,由 TCMS 实现 PSU 的自动转换,即奇数日 PSU1 工作,偶数日 PSU2 工作。

(二)机车高压试验

1. 主司机控制器试验

按"检修状态"按钮,进入密码设定画面;输入密码后,按"确定"进入试验菜单画面;按"主司机控制器试验"按钮,进入"主司机控制器的试验"画面;此时询问试验是否开始,按"确认"后,根据消息框的提示进行试验。

升受电弓,闭合主断路器,将主司机控制器制动最大级位"0"位,将司机控制器置"0"位。最后根据结果是否正常来判断试验是否正常,如不正常及时处理。

2. 启动试验

按"启动试验"按钮,进入"启动试验"画面。此时询问试验是否开始,按"确认"后,根据消息框的提示进行试验。

升受电弓,闭合主断路器,实施停车制动,将主司机控制器牵引"1"位,提示试验正在进行。然后,将主司机控制器置"0"位。试验结束。

最后根据结果是否正常来判断试验是否正常,如不正常应及时处理。

3. 零级位试验

按"零级位试验"按钮,进入"零级位试验"画面。此时询问试验是否开始,按"确认"后,根据消息框的提示进行试验,其中"请将主司机手柄置'0'位"是指将换向手柄置"0"位。

降受电弓,断主断路器,将试验开关 SA75 置"试验"位,将主司机控制器置"向前"位;提示试验正在进行;将主司机控制器置牵引"1"位;等待试验进行,然后将主司机控制器置"0"位(指换向手柄、调速手柄均置"0"位);将试验开关 SA75 恢复,试验结束;最后根据结果是否正常来判断试验是否正常,如不正常应及时处理。

4. 辅助电源试验

按"辅助电源试验"按钮,进入"辅助电源试验"画面。此时询问试验是否开始,按"确认"后,根据消息框的提示进行试验。

升受电弓,闭合主断路器,将主司机控制器置"向前"位,提示试验正在进行。试验结束。

最后根据结构是否正常来判断试验是否正常,如不正常应及时处理。

5. 显示灯试验

按"显示灯试验"按钮,进入"显示灯试验"画面。此时询问试验是否开始,按"确认"后,显示试验正在进行,除"控制接地"灯不显示外,这时在状态指示灯中的信号灯会逐一显示。

【实践与训练】

工作单 9.4

项目名称	HXD₃ 型电力机车电路分析与电气试验		
任务名称	HXD₃ 型电力机车电器试验		
班　级		姓　名	

【基础知识的认知】

1. 说明 HXD₃ 型电力机车低压试验前应做好哪些准备工作。

2. 说明 HXD₃ 型电力机车高压试验前应做好哪些准备工作。

【动手能力训练】

1. 按照要求进行 HXD₃ 型电力机车低压试验,并概括试验内容。

2. 按照要求进行 HXD₃ 型电力机车高压试验,并概括试验内容。

【工作总结】
说明在本任务的工作过程中所了解、掌握的内容,有何收获。
指导老师评价:
任务完成人签字:　　　　　　　　　　　　　日期:　　年　月　日
指导老师签字:　　　　　　　　　　　　　日期:　　年　月　日

项目十 电力机车常见故障分析处理

任务一 SS4G型电力机车常见故障分析处理

【任务要求】

熟悉 SS4G 型电力机车常见故障。

【任务内容】

1. 分析 SS4G 型电力机车常见故障的原因。
2. 处理 SS4G 型电力机车常见故障。

【任务准备】

1. 所需设备:司机控制器、模拟驾驶操纵台、电器柜。
2. 所需物品:手电、万用表、兆欧表、螺丝刀、手钳、尖嘴钳、剥线钳、棉布、毛刷、气吹装置等。

【相关理论知识】

一、受电弓升不起

(一)故障现象

按下司机台后受电弓扳键开关,后受电弓不升弓,网压表无显示。

(二)故障处理

1. 后弓升不起,换前弓运行,换前弓正常时,维持运行。

2. 若两弓均升不起,首先检查电源柜受电弓自动开关 602QA 是否闭合正常,602QA 跳开时,先向下扳到断开位,再重新闭合,若 602QA 闭合正常,检查两节车高压室两侧门是否闭合到位,联锁锁闭销是否伸出到位,若联锁锁闭销没有伸出,合电锁钥匙检查 287YV 是否动作,287YV 未动作,分别进入 1、2 高压柜,检查入库开关 20QP、50QP,车顶门开关 297QP 是否到位,若各开关到位,人为顶合 287YV,并作捆绑处理,维持运行。

3. 若 287YV 动作,则为 1YV 受电弓电空阀故障,人为顶合 1YV,并作捆绑处理,通过合断电锁钥匙来升降受电弓(注意安全),此时,合电锁钥匙,则受电弓升弓。

二、受电弓刮弓损坏

(一)故障现象

运行中,受电弓刮弓后,受电弓降弓,网压表无显示。

(二)故障处理

除按规定申请停电,并做好各项安全措施,对故障弓做好捆绑处理后,断开故障受电弓高压电联系,将故障节 587QS 受电弓故障隔离开关置"隔离位",换另一端受电弓维持运行。

三、主断路器不合闸

(一)故障现象

主断路器自动跳断,按下主断路器开关,主断路器不合闸。

(二)故障处理

观察故障显示屏,确认跳主断原因,若故障显示屏有故障显示,则排除相应故障后合主断。故障显示屏无故障显示,按以下方式处理。

人为合闸电磁铁,主断合闸正常,则故障在控制回路。可人为合闸维持运行,将 236QS 置故障位,切除零压保护,降弓过分相。

合闸后马上跳主断,检查高压柜 97KE、98KE 有无动作卡滞,检查低压柜 282KC、101KC 等有无动作卡滞,若情况正常,则进行电子柜 A、B 组转换。

合闸时,主台显示屏"主断"信号指示灯熄灭,主断路器合闸正常,按下各辅机开关时,跳主断,主台显示屏"主断"信号指示灯亮,则是零压、辅助过流故障,可将 236QS 置"故障"位,切除零压保护,维持运行。或根据故障显示屏故障显示,切除相应故障辅机,维持运行。

四、主断路器断不开

(一)故障现象

操纵主断扳扭(开关)断开主断路器,显示屏"主断"灯不亮。

(二)故障处理

1. 若两节车都断不开,则检查操纵节机车主断路器自动开关 603QA 及主断扳钮 400SK,不良处理。

2. LCU 机车进行 A、B 组转换。

3. 运行中无法处理时,降弓过分相,注意加强仪表观察及走廊巡视,发现异常立即降弓。

五、劈相机工作不正常

(一)故障现象

按劈相机扳键开关,劈相机启动,劈相机灯不灭,劈相机噪声大。

(二)故障处理

1. 逻辑控制柜由 A 组转换 B 组。正常时,用 B 组维持运行。

2. 若劈相机启动电阻 263R 烧断,将 296QS 打至"故障"位,换另一组劈相机启动电阻。

3. 若劈相机启动噪声大,劈相机灯不灭,启动电阻发红,重新启动劈相机,在劈相机启动后 2~3 s,人为按 1 号低压柜 283AK 试验按钮,完成启动。

4. 若 283AK 故障,则在劈相机启动后 2~3 s 用短接线短接 283AK 联锁,甩掉启动电阻后拆除短接线,完成启动。

六、劈相机不工作

(一)故障现象

1. 605QA、215QA 跳开。

2. 283AK 未动作(劈相机灯常亮)。

3. 213KM、201KM 未吸合。

(二)故障处理

1. 将电源柜内的辅助控制脱扣开关 605QA、2 号低压柜内的劈相机保护脱扣开关 215QA 恢复。

2. 发现劈相机灯亮 5 s 以上时,立即人为闭合 1 号低压柜内的劈相机启动中间继电器 283AK。

3. 转换 1、2 低压柜内的逻控单元 LCU。

上述处理无效后,用第一通风机代替劈相机,方法如下:

1. 将 2 号低压柜门上的 242QS 置于 1FD 位。

2. 将 2 号低压柜内的劈相机故障隔离闸刀 296QS 置于下合位(电容位)。

3. 闭合劈相机开关 404SK,听通风机启动声,劈相机灯常亮(属正常现象)。

七、某台牵引通风机不工作

(一)故障现象

按通风机扳键开关,某台牵引通风机不工作。

(二)故障处理

1. 检查三相保护脱扣 219QA、(或 220QA)是否跳开,如跳开经过 2～3 min 冷却后,向下打到分断后,再直接向上闭合到运行位。

2. 逻辑控制柜由 A 组转换 B 组。正常时,用 B 组维持运行。

3. 某台牵引通风机仍不工作,可利用通风机故障隔离开关 575QS、576QS 切除相应通风机,维持运行。

发生某台牵引通风机故障而不工作时,应禁止使用电阻制动。

八、变压器风机或油泵不工作

(一)故障现象

按通风机扳键开关,牵引通风机工作正常,变压器风机或油泵不工作。

(二)故障处理

(1)检查三相保护脱扣 227QA、(或油泵 212QA)是否跳开,如跳开经过 2～3 min 冷却后,向下打到分断后,再直接向上闭合到运行位。

(2)逻辑控制柜由 A 组转换 B 组。正常时,用 B 组维持运行。

(3)变压器风机或油泵不工作,利用故障隔离开关 599QS、584QS 切除相应辅机,维持运行,应注意观察主变压器油温不得超过 80 ℃。

九、两位置转换开关故障

(一)故障现象

将司机台换向手柄置前位(或其他位置),两位置转换开关不动作,机车不换向。

(二)故障处理

1. 逻辑控制柜由 A 组转换 B 组。正常时,用 B 组维持运行。

2. 检查电源柜控制器自动开关 604QA 是否闭合正常。若断开则恢复,恢复后正常维持运行。

3. 调速手柄回零,换向手柄回零,断开各辅机、断主断、降弓,在确认 12KM~42KM 均释放情况下,检查两位置转换开关,如电空阀犯卡或烧损,人为将转换开关转换到所需位置。

4. 若为传动风缸垫破损或风管断裂漏风严重时,可将其风管砸扁或关闭该电器柜风路塞门(141 或 142),人为将转换开关转换到所需位置,维持运行。

5. 若转换开关上两个电空阀均吸合(窜电),无其他异常时,人为将转换开关转换到所需位置。

注意:人为转换时需降弓断电,部分机车需断开蓄电池闸刀,否则高压室门打不开,人为转换时必须确认受电弓已降落。

十、预备信号指示灯不灭

（一）故障现象

换向手柄置"前进"位,预备信号指示灯不灭。

（二）故障处理

1. 将逻辑柜转换另一组,正常时,用 B 组维持运行。

2. 调速手轮回零,换向手柄回零,断开各辅机、断主断、降弓,在确认 12KM~42KM 均释放情况下,检查两位置转换开关是否到位。若为两位置转换开关故障,按两位置转换开关故障处理。

3. 检查主断是否闭合,劈相机是否工作。若出现异常,分别处理。

4. 检查牵引通风机,若牵引通风机工作正常,可把 573QS 或 574QS 风速隔离开关置"隔离"位,正常时,维持运行。

十一、线路接触器故障

（一）故障现象

将司机台换向手柄置前位(或其它位置),调速手柄离开零位,线路接触器不动作,机车不走车。

（二）故障处理

1. 逻辑控制柜由 A 组转换 B 组。正常时,用 B 组维持运行。

2. 确认牵引风机隔离开关是否在正常位。若不在正常位则恢复,恢复后正常维持运行。

3. 线路接触器焊接不释放,则将其撬开,将相应牵引电机隔离开关置"故障"位运行。

十二、控制电源不充电

（一）故障现象

升弓,合主断路器后,控制电压表仍显示蓄电池电压,控制电源不充电。

（二）故障处理

(1)将电源柜电源开关 A、B 组转换。正常时,用 B 组维持运行。

(2)检查交流电源单极自动开关 600QA、整流输出开关 666QA 是否闭合良好。若有断开则恢复,恢复后正常维持运行。

(3)交流电源单极自动开关 600QA、整流输出开关 666QA 闭合良好。仍不行,若控制电源高于 88 V,则关闭不必要的照明,利用蓄电池维持运行。

十三、全车失电

（一）故障现象
断主断路器时，全车失电，受电弓自然降弓，蓄电池电压表无显示。

（二）故障处理
将空气制动阀扳键由"电空"位转至"空气"位，调整操纵端调压阀 53 或 54 为列车管定压，将转换阀 153 至"空气"位。

人为闭合合闸电磁铁，主断合闸正常，则故障在控制回路，可人为合闸维持运行，将 236QS 置"故障"位，切除零压保护，降弓过分相。捆绑 287YV。人工按压升弓电磁阀 1YV，弓升起后方可松手。

十四、主回路接地

（一）故障现象
机车运行中，主断路器自动分闸，显示屏上"主断"、"主接地"信号指示灯亮。

（二）故障处理
机车运行中，主回路接地使主断路器自动分闸后，应退调速手柄回"0"位，合主断开关，看主接地能否恢复，以判断是否是主回路瞬间接地。主接地能恢复，主回路为瞬间接地，可维持机车运行。仍跳，LCU 机车进行 A、B 组转换。

合主断开关，主接地不能恢复而跳闸，主回路存在接地。应进行故障判断及处理方可维持机车运行。断电钥匙 570QS 后，将牵引电机故障开关 19QS～29QS（或 39QS～49QS）置"中间"位，人工解锁接地继电器 97KE（或 98 KE），观察接地继电器能否解锁成功。

接地继电器能解锁成功，逐个恢复牵引电机故障开关 19QS～29QS，（或 39QS～49QS）。当恢复某个故障开关时接地继电器动作，可将其置"中间"位，甩掉此牵引电机，维持机车运行。

接地继电器解锁不成功，可将接地故障开关 95QS（96QS）置"下方"位，再人工解锁接地继电器 97KE（或 98KE），观察接地继电器能否解锁成功。接地继电器能解锁成功，可将接地故障开关 95QS（96QS）置"下方"位（主接地 1 灯亮，拉 95QS。主接地 2 灯亮，拉 96QS），维持机车运行。

接地继电器不能解锁，可拆掉接地继电器 97KE（或 98KE）上的导线 464，维持机车运行。运行中加强巡视，防止接地电阻过热烧损发生火灾。

十五、辅助回路接地

（一）故障现象
机车运行中，主断路器自动分闸，主显示屏上"主断"、"辅助回路"、"辅接地"信号指示灯亮。

（二）故障处理
机车运行中，辅助回路接地使主断路器自动分闸后，应退调速手柄回"0"位，合主断开关，看辅助接地能否恢复，以判断是否是辅助回路瞬间接地。辅助接地能恢复，辅助回路接地为瞬间接地。可维持机车运行。

合主断开关，辅助接地不能恢复而跳闸，辅助回路存在接地。应进行故障判断及处理方可维持机车运行，断开电炉、窗加热、热风机、取暖、空调各自动开关后，合主断开关，观察主断路器能否合闸成功。主断路器合闸成功,断开电炉、窗加热、热风机、取暖、空调各自动开关,维持机车运行。

主断路器不能合闸,可将辅助接地故障开关237QS置"故障"位,再合主断开关,观察主断路器能否合闸成功。主断路器合闸成功,维持机车运行。

十六、控制回路接地

(一)故障现象

升弓、合主断路器后,显示屏"控制回路"显示灯亮,控制回路有接地。

(二)故障处理

(1)检查电源柜接地开关,如电源柜接地开关616QA跳开,可不用处理,维持运行。

(2)如蓄电池开关601QA断开,则逐个断开电源柜其他自动开关,判断接地负载。

十七、原边过流

(一)故障现象

机车运行中,主断路器自动分闸,主显示屏上"主断""原边过流"、信号指示灯亮。

(二)故障处理

机车运行中,原边过流使主断路器自动分闸后,应退调速手柄回"0"位,合主断开关,看原边过流恢复,以判断是否是瞬间原边过流。原边过流能恢复,原边过流为瞬间过流,可维持机车运行。

合主断开关,原边过流不能恢复而跳闸,存在原边过流。降弓,合主断开关,观察主断路器能否合闸成功。主断路器不能合闸,为原边过流误动作,检查101KC。

降弓,合主断开关,主断路器能合闸。升弓,合主断开关,主断路器不能合闸。检查101KC动作情况,101KC动作,为原边有过流。101KC不动作,为次边有短路。

晶闸管击穿的处理:

晶闸管击穿可能有较大爆炸声,车内有异味,快速熔断器键弹出。

电子柜选择开关由"A"组转到"B"组,换"B"组操纵。降弓,断主斯开关,将主接地闸刀95QS、96QS置"故障"位,手摸4个快速熔断器感测温度高低,查找故障熔断器后并拆除熔断器连接软线,恢复95QS、96QS,升弓,合主断开关,提手柄运行。

十八、牵引电机过流

(一)故障现象

机车运行中,主断路器自动分闸,主显示屏上"主断""牵引电机"信号指示灯亮。

(二)故障处理

(1)将相应牵引电机故障隔离开关置"断开"位,切除相应牵引电机后维持运行。

(2)重新合主断开关,提手柄,若主断路器不跳闸时,可低手柄维持运行。

十九、辅助过流

(一)故障现象

机车运行中,主断路器自动分闸,主显示屏上"主断""辅助回路""辅过流"信号指示灯亮。

（二）故障处理

机车运行中，辅助回路过流使主断路器自动分闸后，应退调速手柄至"0"位，合主断开关，看辅助过流能否恢复，以判断是否辅助回路瞬间过流。辅助过流能恢复，为瞬间过流，可维持运行。

合主断开关，辅助过流不能恢复而跳闸，辅助回路存在过流。应进行故障判断及处理方可维持机车运行；降弓，合主断开关，主断路器仍跳闸，为辅助过流保护误动作，检查282KC是否卡滞、粘连。

升弓，合主断开关，主断路器跳闸时，辅助回路线路有过流，检查辅助回路大线有无破损、放电、短路。

升弓，闭合主断开关正常，闭合劈相机开关，主断路器跳闸。若劈相机保险215QA跳闸，闭合劈相机保险215QA，重复试一次，仍不行，即甩掉故障劈相机，用通风机替代劈相机。

升弓，合主断、劈相机开关正常，合辅机开关，主断路器跳闸时。若辅机保险220QA跳闸，合上辅机保险220QA，重复试一次，仍不行时，甩掉故障辅机。

二十、机车发生空转

（一）故障现象

机车运行中，电机电流波动，主显示屏上"空转"信号指示灯亮。

（二）故障处理

可适当降低手柄极位，采取预防性撒砂，将电子柜选择开关由A组转到B组，换B组操纵（两节车必须同在A组或同在B组）。

二十一、无电流无电压

（一）故障现象

机车运行中，提手柄，牵引时牵引电机无电流无电压。

（二）故障处理

（1）将逻辑柜转换为另一组，正常时，维持运行。

（2）仍不正常，换辅台或换室操作，正常时，用辅台维持运行。

（3）将电子柜选择开关由A组转到B组，换B组操纵（两节车必须同在A组或同在B组），有电流时维持运行。

二十二、功补过流

（一）故障现象

机车运行中，主显示屏上"功补"信号指示灯亮。

（二）故障处理

机车运行中，主显示屏上显示功补故障后，应退调速手柄至"0"位，断开主断路器，重新合主断开关，看功补故障能否恢复。"功补"信号指示灯熄灭，功补故障能恢复，可维持机车运行。

合主断开关，"功补"信号指示灯亮，功补故障不能恢复，功补回路存在过流。应将电子柜选择开关由A组转到B组，换B组操纵。或将功补隔离开关572QS置"故障"位，功补故障隔离开关119QS、129QS、159QS、169QS置"故障"位。

二十三、机车窜车

（一）故障现象

将司机台换向手柄置前位（或其他位置），调速手柄离开"0"位，机车电压、电流过大，机车冲动窜车。

（二）故障处理

（1）如果手柄一离开"0"位就出现窜车现象，则可能是司机控制器故障引起，换辅台操作维持到前方站。

（2）如果机车在运行中经常出现窜车现象，应将电子柜选择开关由 A 组转到 B 组，换 B 组操作。

二十四、牵引电机故障

（一）故障现象

牵引电机灯亮，主断跳闸。

（二）故障处理

（1）重新合闸一次。

（2）仍跳，转换 LCUA、B 组。

（3）仍跳，则将故障电机闸刀置"中间"位。

注意：牵引电机故障时，严禁使用电阻制动。

【实践与训练】

工作单 10.1

项目名称	电力机车常见故障分析处理	
任务名称	SS$_4$G 型电力机车常见故障分析处理	
班　级	姓　名	

【基础知识的认知】

1. 分析说明 SS$_4$G 型电力机车受电弓升不起的处理办法。

2. 分析说明 SS$_4$G 型电力机车主断路器合不上的处理办法。

续上表

【动手能力训练】
1. 分析说明 SS_{4G} 型电力机车发生主接地故障后的处理办法。
2. 分析说明 SS_{4G} 型电力机车通风机故障的处理办法 。
【工作总结】
说明在本任务的工作过程中所了解、掌握的内容,有何收获。
指导老师评价:
任务完成人签字:　　　　　　　　　　日期:　　年　月　日
指导老师签字:　　　　　　　　　　日期:　　年　月　日

任务二　HXD₃ 型电力机车常见故障分析处理

【任务要求】

熟悉 HXD₃ 电力机车常见故障。

【任务内容】

1. 分析 HXD₃ 电力机车常见故障的原因。
2. 处理 HXD₃ 电力机车常见故障。

【任务准备】

1. 所需设备：司机控制器、模拟驾驶操纵台、电器柜。
2. 所需物品：手电、万用表、兆欧表、螺丝刀、手钳、尖嘴钳、剥线钳、棉布、毛刷、气吹装置等。

【相关理论知识】

一、受电弓故障

（一）故障现象

升不起弓或自动降弓。

（二）故障处理

1. 检查升弓气路风压是否高于 600 kPa。若低于此值应按压下辅压机按钮 SB95（在控制电器柜上），使用辅助压缩机泵风，当风压达到 735 kPa 时，辅助压缩机自动停打。

2. 检查控制电器柜上的各种电器开关位置，是否置于正常位置。如有跳开现象，请确认后，重新闭合开关。

3. 换弓升弓试验。

4. 若机车运行中自动降弓，则应停车确认受电弓损坏程度，记录刮弓的地点。通过低压电器柜上的开关 SA96，控制隔离开关 QS1 或 QS2 隔离损坏的受电弓。换弓后继续运行。

若刮弓导致受电弓破损严重，需要登车顶作业，则应请求停电，参照执行机安函〔2006〕135 号文件内容，做好必要的安全防护。

5. 若故障在乘务员接乘时出现，应检查管路柜内蓝色钥匙是否处于竖直位，即开放状态。

6. 故障在接乘时出现，可以使用正常的受电弓运行，也可以按照下面的步骤查找故障受电弓的问题。

（1）检查升弓塞门 U98，应置于"打开"位（顺位开通）。

（2）主断控制器，将其上面的开关置于"停用"位，如能升起弓，说明主断控制器故障。

二、主断路器故障

（一）故障现象

主断路器合不上。

（二）故障处理

1. 检查气压正常，不低于 650 kPa（保证风压继电器 KP58 闭合）。

2. 检查司控器主手柄处于"0"位。

3. 检查两端司机室操纵台上的紧急制动按钮，应该在"弹起"位。

4. 半自动过分相按钮在正常"弹起"位。

5. 过分相后合不上主断，关闭全自动过分相装置。

6. 若故障在接乘时发生，检查各相应的塞门开关。检查主断气路塞门 U94 置"开启"位（顺位开通）。检查 CI 试验开关 SA75 置"正常"位。

三、主手柄故障

（一）故障现象

提牵引主手柄，无牵引力。

(二)故障处理

1. 确认已经升弓、合主断。

2. 确认各风机启动完毕(换向后,风机启动)。

3. 确认停车制动在缓解位,制动缸压力小于 150 kPa 时操纵台"停车制动"红色指示灯应熄灭。

4. 确认制动系统 CCB-Ⅱ 显示屏不显示动力切除状态。

5. 监控未发出卸载信号。

6. 通过 TCMS 显示屏查看机车部件的状态,发现异常,到低压电器柜检查对应的自动开关是否处于闭合位。

四、主变流器故障

(一)故障现象

跳主断,故障显示灯亮,微机显示主接地、牵引电机过流、主变压器牵引绕组过流、中间回路过电压、网压异常等信息。

(二)故障处理

1. 将司控器手柄回"0"位,按操纵台"复位"按钮,再合主断提手柄试验。此时注意 TCMS 提示的内容,包括故障信息和电机牵引力情况。

2. 若合不上主断,或提手柄后就跳主断,应根据提示隔离相应的主变流器,然后再合主断试验牵引。隔离操作需要在微机屏上手触进行。隔离切除后,机车损失部分动力。

注意:当故障严重时,在司机室有可能听到机械间里有很大的"放炮"声音,并可能有冒烟现象,司机室微机屏显示相应的主变流器故障。

五、辅助变流器故障

(一)故障现象

跳主断,故障显示灯亮,微机显示辅助变流器输入过流、辅助回路过载、中间回路过电压、辅助回路接地等故障信息。

(二)故障处理

1. 辅助变流器有二组,当一组出现故障,微机会自动转换。此时通过微机显示屏查看信息,KM20 应闭合。

2. 若微机转换异常,可以手触显示屏"开放"故障的一组辅助变流器,让 TCMS 切除转换;也可以断合低压电器柜上的辅助变流器自动开关 QA47 进行复位转换。

3. 若还不能正常转换,需要停车降弓,断开蓄电池总电源 30 s 以上进行复位。

注意:当切除一组辅助变流器后,牵引风机将全速运转,只有一台空压机投入工作。

六、油泵故障

(一)故障现象

机车降功率 1/2,微机显示信息,故障显示灯亮。

(二)故障处理

1. 当两个油泵有一个故障时,先断合几次故障油泵的空气自动开关(QA21、22),如能恢复继续运行。

2. 如仍有故障,TCMS 检测到信号后会自动将相应的三组主变流器隔离,即切除一个转向架的动力。在可能的情况下,维持运行至前方站,再做处理。

七、主变油温高故障

(一)故障现象

跳主断,继电器 KP52 动作,微机显示信息。

(二)故障处理

1. 在停车状态下,用手触摸油箱检查油温,观察机车右侧油温表是否异常,不能高于 90 ℃。若油温高,油温高继电器动作,不允许机车运行,否则影响变压器绝缘、氮气保有量等,需请求救援。

2. 断合总电源复位,若故障消除继续运行。无效,请求救援。

八、牵引风机故障

(一)故障现象

机车降功 1/6,故障显示灯亮,微机显示风机故障或风速故障。

(二)故障处理

1. 当一组风机故障时,可断合几次相应的空气自动开关(低压电器柜上)。

2. 若故障无法恢复,TCMS 会自动将相对应的一组 CI 切除,也可在微机屏手触切除,即主变流器 6 组中有一组不工作,机车保持 5/6 的牵引力,可维持运行。

九、冷却塔风机故障处理

(一)故障现象

故障显示灯亮,微机显示冷却塔风机或风速故障。

(二)故障处理

1. 当一组冷却塔风机故障时,可断合几次相应的空气自动开关 QA17、QA18。

2. 若确实故障,只在 TCMS 显示器上报故障,机车仍能继续牵引。

注意:虽然能正常工作,但变压器油温会逐渐升高,最终会因为油温高而停止动力输出。司机可根据牵引吨位、行走路程,判断是否前方站停车,也可以征求技术人员意见作出判断。

十、空转故障

(一)故障现象

空转故障显示灯亮,微机显示电机空转。

(二)故障处理

1. 按压"复位"按钮,适当降低牵引级位,人工撒砂。

2. 若某个电机持续空转,通过微机屏切除相应的主变流器。

十一、110 V 充电电源 PSU 故障

(一)故障现象

微机显示 PSU 故障。

(二)故障处理

1. PSU 共有二组,当有一组出现故障,微机会自动转换。

2. 若微机没有转换,尽量在前方站停车,输入检修密码"000"、修改日期。例如,今天是 6 月 1 日,改成 6 月 2 日或 5 月 30 日等,以此类推,即改变日期的奇偶数,断合总电源复位,微机重启将 PSU 转换到另外一组工作。

十二、控制回路接地

(一)故障现象

操纵台控制回路接地故障显示灯亮,控制回路接地开关 QA59 跳开。

(二)故障处理

1. 检查低压电器柜上的各开关,是否有跳开(除 QA59)。

2. 若有跳开,查看其对应的功能,尝试重新闭合。

十三、原边过流故障

(一)故障现象

主断跳开,故障显示灯亮,微机显示信息。

(二)故障处理

1. 手柄回"0"位,按"复位"按钮,重新闭合主断试验牵引。

2. 若无效,请求救援。

十四、各种电器故障

(一)故障现象

各种电器不能复位、不能解决的处理。

(二)故障处理

HXD3 型电力机车是微机控制机车,多数故障微机系统能自动进行转换处理,并提示相关的信息。

若微机系统没有处理或转换异常,而现存故障又严重影响机车牵引时,需要停车降弓,断开蓄电池电源 QA61 30 s 以上,让微机系统重启复位。

特别注意:机车在断开蓄电池总电源后,列车管压力将以常用最大减压量减到 0。

十五、制动机系统故障产生的惩罚制动

(一)故障现象

机车实施常用或紧急制动,制动显示屏显示惩罚制动、显示器识别错误等信息。

(二)故障处理

1. 通过变换制动机手柄位置,尝试恢复。

2. 停车降弓,断开蓄电池总电源 30 s 以上,再重新闭合。

3. 这种故障一般只在一个操纵端出现。乘务员换成后端操纵，二人配合，一人控制机车，一人在前端瞭望，将列车维持进前方站后，请求救援。

【实践与训练】

工作单 10.2

项目名称	电力机车常见故障分析处理	
任务名称	HXD₃ 电力机车常见故障分析处理	
班　级		姓　名

【基础知识的认知】

1. 分析说明 HXD₃ 电力机车受电弓升不起的处理办法。

2. 分析说明 HXD₃ 电力机车主断路器合不上的处理办法。

【动手能力训练】

1. 分析说明 HXD₃ 型电力机车主变流器故障。

2. 分析说明 HXD₃ 型电力机车各种电气故障不能复位、不能解决的处理办法。

【工作总结】
说明在本任务的工作过程中所了解、掌握的内容,有何收获。
指导老师评价:
任务完成人签字:　　　　　　　　　　　　日期:　　年　月　日
指导老师签字:　　　　　　　　　　　　　日期:　　年　月　日

参 考 文 献

[1] 中国铁路总公司．铁路技术管理规程．北京：中国铁道出版社，2014.

[2] 谢家的，祁冠峰．电力机车电器[M]．北京：中国铁道出版社，2008.

[3] 华平．电力机车控制[M]．北京：中国铁道出版社，2008.

[4] 张龙，陈湘．电力机车电机[M]．北京：中国铁道出版社，2013.

[5] 杨兆昆．韶山 4G 型电力机车乘务员[M]．北京：中国铁道出版社，2005.

[6] 张耀武．电力机车控制[M]．北京：中国铁道出版社，2013.

[7] 张曙光．HXD₃ 型电力机车[M]．北京：中国铁道出版社，2010.

[8] 谢维达．电力机车牵引与控制[M]．北京：中国铁道出版社，2010.

[9] 张林．电力机车电器[M]．北京：中国铁道出版社，2008.

[10] 连级三．电力牵引控制系统[M]．北京：中国铁道出版社，2001.

[11] 周平．铁道概论[M]．北京：中国铁道出版社，2007.

[12] 赵叔东．韶山₈型电力机车[M]．北京：中国铁道出版社，1998.

[13] 余卫斌．韶山₉型电力机车[M]．北京：中国铁道出版社，2005.

[14] 刘子林．电机与拖动基础[M]．武汉：武汉理工大学出版社，1998.

[15] 张效融，吴国祥．电力机车电器[M]．北京：中国铁道出版社，2013.